経験がなくて不安な 税理士・調査官のための 税務調査を今一度ちゃんと考えてみる本

村上 博隆 著

税務経理協会

はじめに

本書は、税務調査が不安な税理士にも、新人調査官にも役立ててもらえるように、税務調査を「受ける側」・「進める側」の両方の視点から、税務調査を振り返りつつ、検証したものである。

私は、高校卒業後、東京国税局に入局し、都内の税務署において中小企業の税務調査に従事してきた。その後、在職中に公認会計士試験に合格し、退官後に監査法人にて会計監査に携わった。そして、国税調査官としての経験、会計監査人としての経験を活かして、法律事務所にて大規模法人の税務調査対応や税務訴訟等に従事した。現在は会計士・税理士として活動している。

調査を行う調査官として、調査を受ける税理士として、訴訟に発展してしまった調査事案の補佐人税理士として、様々な立場から税務調査に関わり続けてきたが、その経験を踏まえると、税務調査をめぐる様々な情報には、いまだ多くの誤解や不確かな情報が氾濫していると思う。

本書が少しでもその解消に役立つのであれば望外の喜びである。

執筆にあたって、税務調査に関する書籍をいろいろと読んでみたところ、温度感の多少の違いはあれども、「国税vs税理士（納税者）」という図式から書かれたものが多くあった。実際の税務調査においては、致し方なく、対立した図式になってしまう場面もあるのだとは思うが、個人的には、調査官も税理士（納税者）も力むことなく自然体で税務調査に臨めるような環境になって欲しいし、また、そういった環境によって、お互いの誤解が解消されていくのではないだろうかと考えている。

それを踏まえ、どのようなことを、どのように書けば、その目指すところに貢献できるのかと思案してみた結果、自身が税務職員として働いていた時に経験し、感じたことを疑似体験できるような内容と、書き方にするのが良いのではないかいう結論に至った。

また、私が経験した悩みや疑問と、それらに対する一応の解は、現在の新人調査官たちが、今まさにぶち当たっている、悩みや疑問に対するヒントや答えとなり得るのではないかというアドバイスをいただいたこともあり、そういった観点からの内容も書くようにした。もちろん、守秘義務の観点から、現実と遜色がないように考慮しつつ、ある程度の脚色を加えていることにも言及しておく。

正直なところ、書き手として、この本にある情報が読み手の方にどのような価値を与えるのかは、まったく想像がつかない。だが、インターネット環境が発達し、多くの情報に簡単にアクセスできるようになった昨今においては、単なる情報の提供ではなく、具体的な経験に紐づけた情報を共有することに、より大きな意味が見いだされつつあるように感じている。

読み手が置かれた環境や、経験値、知識の量などによって、一つの情報、文章をどのようにとらえるのかは変わってくると思う。いろんな色があって構わないので、ゆっくりと、いろいろと考えながら本書を読んで欲しいと思う。

最後に、常日頃応援してくださっている企業の税務担当の皆様、また、執筆のチャンスと、たくさんのアドバイスをくれた税務経理協会の小林さんをはじめとして、本当に多くの皆様の支えがあって、執筆を続けることができ、また、単行本化にいたることができた。この場をお借りして、心より感謝を申し上げる。

2024年 6 月

村上博隆

Contents

第3章

税務調査（全体）　45

第4章

準備調査では何をしているのか　57

第5章

実地調査～雑談と概況聴取～　70

第19章
税務訴訟 224

序章　税務調査を必要以上に怖がる必要はない

税務署で税務調査を担当していた頃、税務調査先の顧問税理士から「私、税務調査が苦手なんです」と言われたり、税務調査での臨場[1]時に異常にビクビクされた経験がある。反対に、何を言ったわけでもないのに、調査初日から非常に不機嫌な態度をとられたこともあった。理由はわからないが、税務調査は怖いものであるという噂を信じていたり、実際に税務調査で嫌な思いをしたことがあったのかもしれない。

国税局を退職し、税理士になってからは、さすがにやり過ぎだろうと感じた税務調査の相談を受けたこともあるし、任意の税務調査において、東京国税局査察部出身の調査官から会議中ずっと睨まれ続けたこともある。

いきなりこのようなことを書くと、やっぱり税務調査は怖いものだと思われてしまうかもしれないが、実際のところは、不必要に税務調査を怖がる必要はまったくないと考えている。また、不機嫌な態度をとるなどのコミュニケーションを阻害するような行為についても、お互いに得るものは何もないと考えている。

まずは、そのような方々へのメッセージとして、「税務調査対応は社会人としての世間一般のコミュニケーション能力があれば、それで充分足りる」とお伝えしたい。

インターネットで「税務調査　税理士」といったキーワードで検索してみたところ、税務調査の経験が豊富な国税OBや、タフそうな方々が検索結果としてヒットした。

この検索結果のとおり、税務調査対応というと、豊富な税務調査の経験やタフさが求められるように感じてしまう方もいるかもしれないが、国税局の資料調査

1　税務調査を行うために、調査官が納税地（法人の本店所在地）を訪問すること。

2　国税局に設置されている、大口不正計算が見込まれる事案など、税務署では対応が困難な事案の税務調査を取り扱っている部署のこと。

課事案[2]や特別調査部門・班[3]の事案の対応など特殊なものを除いて、一般的に行われている税務調査においては、そこまでの経験や能力は必要ないと考えている。

実際に試験合格組の税理士[4]で、税務調査対応が非常に上手な方とご一緒したこともある。

残念ながら、税務調査のやり方としていかがなものかと感じる事案に遭遇してしまうこともあるかもしれない。そのような場合であっても、いったんは世間一般のコミュニケーションで対応をしてみて、それでも改善がなされないような場合には、税務調査を専門としている税理士の方々に支援を要請してみるということでも良いのではないだろうか。

[税務調査の情報について思うところ]

書籍・雑誌・Webなどで発信されている「税務調査」に関する情報には、正確性に欠けるものや、明らかな誤解といえるものが数多くみられるように感じている。

例えば、

- 調査官はノルマがすべてだから何が何でも増差[5]を取りに来る（増差のノルマなどない）
- 反論すると調査が長引く、それどころか心証を害すると顧問先すべてに調査が入る（調査官はいかに調査をスムーズに終わらせるかを考えている。嫌がらせするために税務調査をしているのではない）
- 調査先として選定されるのは、不正の証拠をつかんでいるから（心当たりがないのであれば堂々としていれば良い）

3　不正経理等が想定される法人に対する税務調査を担当している調査部門又は班のこと。[税務調査の種類] 26 ～ 27 頁にて、他の部門も含めて紹介している。

4　税理士の資格を得る方法として、税理士試験に合格する、国税職員として一定期間勤務するなどがあるが、そのうち、税理士試験に合格して税理士になった方を指している。ここでは、税務調査を実施する側としての経験がない方という意味合いで、この言葉を使用している。

5　税務調査において発見された所得計算誤りによって、増加した所得金額又は税額のこと。「増差所得」や「増差税額」といった言い方をする。

・雑談に注意した方が良い（雑談は雑談。それ以上でもそれ以下でもない）

といったものである。

これらの情報は、世間一般はもとより、税理士などの専門家の間であっても、まことしやかに語られていることがあり、中には都市伝説に近い情報も含まれているように感じている。税理士となった後に、いろいろな方とお話をさせていただく中で気づかされたが、税務調査を実施してきた人間からすると、「何それ？」と思うような情報であっても、税務調査を受ける側からすると、その真否を判断することは難しいようである。

そして、このような情報が、いたずらに、税務調査に不慣れな納税者や税理士を不安にさせ、「国税vs納税者（税理士）」という対立構造を作り出すことを助長しているようにも感じている。

［なぜ上記の問題は解決されないのか］

税務調査については、過去から現在に至るまで、数多くの書籍が刊行されてきたし、雑誌でも数多くの特集記事が組まれてきた。最近では、ネット記事やYouTubeによる動画でも盛んに情報発信がされるようになってきている。

これだけ情報が溢れているにもかかわらず、なぜか、税務調査についての不正確な情報はなくならない。その理由として、例えば以下のことがあるように思う。

・調査をしてきた国税OB、又は調査を受けてきた税理士のどちらか一方だけの視点のみで語られることが多かった

・国税局の資料調査課や、税務署の特別調査部門・班などが行う税務調査と、多くの納税者と税理士が経験する（している）一般部門の調査を、区別せずに語られてきた（これまでの情報の多くが、資料調査課や、特別調査部門・班の話）

・税務署でコツコツと中小企業の税務調査を担当し続けて、税務調査の現場を担っていた調査官ほど、情報発信してこなかった（退官する頃には、とうの昔に現場から離れているし、一般部門の事案では、その内容に読み物としての面白みに欠ける）

・国税調査官がいろいろなバックボーンを抱えた人達の集まりであるという認識

が薄かった（調査官も人の子でロボットではない。個々人を見て接するべき）
・そもそも、もう昭和や平成初期の頃とは違う（時代は移り変わっていく）

情報発信者側にポジショントークが含まれているといった事情もあるので、上記ポイントの修正だけで、このような情報が完全になくなることはないと思うが、これらを見直すだけでも、「何それ？」と思うような情報は、ある程度はなくなっていくのではないかと考えている。

このことを踏まえ、本書を執筆するにあたっては、国税調査官として、税理士としての両方の視点からの思いや気づきを書くようにし、税務調査の場面は基本的には、税務署の一般部門が行っている税務調査を前提として書いた。調査官にもいろいろな人がいるのだという点については、本書を読んでいただくことで、私のように飄々としているタイプから、情熱的なタイプや勤勉なタイプ、やる気をどこかに置いてきてしまったタイプなど、普通の組織と同じでいろいろな人たちの集まりであることをご理解いただけるのではないかと思う。

本書の内容の鮮度については、私が税務調査を担当していたのは、平成20年頃（執筆時点において10年以上前）であるため、残念ながら、私が経験してきたことも、もう古い情報なのかもしれない。

[本書の構成] 調査官 税理士

本書では、税務調査先の選定から修正申告まで、一般部門の税務調査の一連の流れに沿って書いている。まずは「税務調査」を大枠でとらえるために、「国税庁の統計データ」や「国税の組織及び調査体制」といった外形的な視点の解説から始めた。

初めからやや硬い話となってしまっているが、押さえておいた方が、よりクリアに税務調査をイメージができるのではないかと考えて、あえて一番最初に書いた。ただ、初めからこのような硬い話を読まされるのがつらく感じる方もいらっしゃると思う。その場合は、えいやっと読み飛ばしてもらってかまわない。

そして、税務調査の具体的な話に入り、「選定」→「準備調査」→「実地調査」→「帳簿調査」といったように、時系列で順番に書いている。

本書は、調査する側である調査官と、受ける側である税理士・納税者に向けて、税務調査に関することを書いていることと、調査の一連の流れを扱っている都合上、「準備調査のやり方」などの調査官にとって参考になる情報と、「税務調査の種類」などの税理士にとって参考になる情報が混在して書かれている。そこで、各項目の見出しに横に 税理士 、調査官 をそれぞれ（又は両方）付すことで、その項目が誰に向けて書かれたものなのかわかるようにした。

また、時系列でつなげることはできないが、特に書いておきたいと考えた、「消費税還付審査」「無予告現況調査」「無申告法人に対する税務調査」「印紙税の税務調査」「消費税単独調査」「税務訴訟」といった項目については、巻末で書いた。こちらも読んでみて欲しい。

[自己紹介] 調査官 税理士

まずは少し、私の自己紹介をさせていただきたい。私は、地元の商業高校を卒業した後、東京国税局に高卒の公務員（国家Ⅲ種税務職）として入局した。約1年間の税務大学校での研修を経て、東京都区内の税務署の法人課税部門に配属され、約1年間の内部事務[6]の担当を経て、法人税等の税務調査を担当した。

税務署の税務調査といっても、特別国税調査官部門が行う規模の大きい会社に対する税務調査や、特別調査部門・班が行う不正が想定される法人に対する税務調査などがあるが、私が主に担当していたのは一般部門の税務調査、つまり、家族経営の法人に対する税務調査である。

国税局を退職した後は、公認会計士・税理士として、東京国税局による大規模法人等に対する税務調査の支援や、税務訴訟への補佐人税理士[7]としての関与などを経験しているが、この本が対象としている読者層のニーズに合致しないと考えられることから、これらに関する私の経験や考えは、読者にとって有用であると考えた事項を除いて、基本的に書いていない。

6　内部事務一元化後において管理運営部門が担当している、申告書の発送・入力業務等の業務のこと。

7　税理士は、租税に関する事項について、裁判所において、補佐人として、弁護士である訴訟代理人とともに出頭し、陳述をすることができる（税理士法２条の２）。

[国税庁の統計からみる税務調査の状況] 

まずは、法人税に関する申告件数等の概要に簡単に触れることとしたい。

国税庁が公表している統計情報（令和３年度分）[8]によると申告法人数は約287万社であり、その内訳は、資本金の額が１億円未満の法人数は約284万社、１億円以上の法人数は約３万社となっていた。

税務署が所管する法人は、基本的に資本金の額が１億円未満の法人である。つまり、申告法人のうち約99％の法人が、税務署が所管する法人という計算となる。

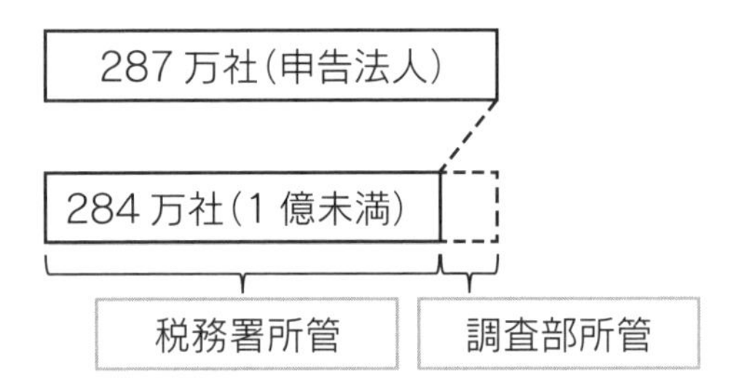

次に、国税庁が公表している「法人税等の調査事績の概要」[9]（平成30事務年度～令和４事務年度の情報を抜粋して下記の表に集約）によると、実地調査[10]件数、簡易な接触事績[11]、及び３年間の接触率の状況は次のとおりであった。

8　国税庁ホームページ「刊行物等」⇒「統計情報」⇒「国税庁」

9　国税庁ホームページ「お知らせ」⇒「報道発表」⇒「国税庁発表分」

10　調査官が納税地（法人の本店所在地）に臨場して行う税務調査のこと。

11　書面や電話による連絡や来署依頼による面接により、自発的な申告内容の見直しを要請するもの。

項目	平成30事務年度	令和元事務年度	令和２事務年度	令和３事務年度	令和４事務年度
実地調査件数	99千件	76千件	25千件	41千件	62千件
申告漏れ所得金額	13,813億円	7,802億円	5,286億円	6,028億円	7,801億円
追徴税額	1,943億円	2,367億円	1,936億円	2,307億円	3,225億円
調査一件当たりの追徴税額	1,964千円	3,135千円	7,806千円	5,701千円	5,241千円

項目	平成30事務年度	令和元事務年度	令和２事務年度	令和３事務年度	令和４事務年度
簡易な接触件数	43千件	44千件	68千件	67千件	66千件
申告漏れ所得金額	44億円	42億円	76億円	88億円	78億円
追徴税額	40億円	27億円	62億円	104億円	71億円

項目	令和２事務年度	令和３事務年度	令和４事務年度	３年計
接触率（法人税・消費税）	2.9%	3.3%	3.9%	10.1%

平成30事務年度から令和２事務年度[12]にかけては、コロナの影響で、実施調査件数が減少していた。令和３事務年度以降においては多少持ち直してきているものの、コロナ禍前の平成30事務年度の99千件と比較すると少なく、その代替手段として、簡易な接触による件数が増加していることがわかる。

また、納税者に対する３年間の接触率の合計は10%であり、接触率はあまり高くない。

３年間で合計10%の接触率であるため、単純計算で100%まで30年間を要す

12　７月１日～翌年６月30日を事務年度といい、４月１日～翌年３月31日を会計年度という。事務年度が６月末で終了するため、税務職員の定期人事異動は７月10日となっている。

ることとなる。確かに、「20年くらい税務調査は来ていませんでしたよ」と税務調査先で言われたことが何度かあった。

なお、1件当たりの追徴税額がいずれの年度も数百万円となっているが、これは平均値であるため、国税局が行っている事案で、数億円や数十億円単位の追徴税額となった事案も含まれているからであると考えられる。

考えてみて欲しい。数百万円の追徴税額ということは、法人税率が仮に30%だとすると、5,241千円（令和4年）÷0.3＝17,470千円が、所得ベースでの平均指摘金額となる。売上高が100億円を超えたくらいの規模になると、このくらいの増差所得が平均的にあっても不思議ではないが、売上高が数億円や数千万円の規模の会社で、1,747万円もの増差所得が出た場合、計上していた経費のほとんどが否認されたか、思いっきり売上を抜いていたといった状況となる。さすがにこれが平均的な税務調査の状況かといわれるとそのようなことはないと思うし、税理士として顧問をしていて、数千万単位で誤りが生じるような事態を放置して申告書を作成することはないのではないかと思う。

よって、税務署の一般部門の税務調査の1件当たりの追徴税額の平均額とは考えない方が実態に即しているように思っている。感覚値ではあるが、最頻値（データのうち、頻度が最大のもの）で1件当たり十数万円くらいなのではないだろうか。

COLUMN

「平均値」が実態を示しているとは限らない　税理士

先に、平均値ではなく、最頻値（データのうち、頻度が最大のもの）を用いて追徴税額について書いたが、なぜ「平均値」では実態を示すことができていないのかについて、少し説明をしておきたい。

例えば求人情報で、「平均年収1,000万円」と書かれていた場合、みなさんはどのように思われるだろうか。一般的なイメージは、「この会社で働いている人はみんな高給取りなんだな」というものではないかと思う。

では、この平均値を算定するために使用した各人ごとの年収が、下記のような状態であった場合でも、同様に高給取りの印象を持つだろうか。

	年収
従業員A	300 万円
従業員B	400 万円
従業員C	250 万円
従業員D	3,550 万円
従業員E	500 万円
合計	5,000 万円
平均	1,000 万円

従業員Dさんは、よほどできる営業職員で、契約形態がフルコミット制など、他の従業員の方とは状況が違うのかもしれないが、いずれにしても、平均年収1,000万円が与える印象と、個々の金額を見たときの印象は大きく違うのではないかと思う。

説明のために、あえて少し極端な事例としたが、「平均値」では上記のようにデータの中に極端に大きな金額があると、平均値はその大きな金額につられて大きくなる。

統計情報を読むにあたっては、その情報を出す目的を考えながら見ると良いのではないかと思う。国税庁が税務調査に関する情報を提供する一つの目的として、納税者に対する牽制効果があると思っている。「1件当たり、数百万円も平均で追徴課税を受けているんだ、税務調査って怖いな」という印象を与えるということである。

これによって、税金をごまかしても、税務調査で見つかって多額の追徴課税を受けるのだから、そういったことはしないでおこうということにつながれば良い。実際に、多少はそういった影響をもたらしているとは思うが、税務調査について書かれた情報を見ていると、税務調査の経験があまりない方に対して、税務調査を怖いものであると煽るための情報として利用されてしまっている印象を受けている。

税務調査に関する情報や数値を参考にする際は、情報の提供元、そして、その提供元がどういった目的を持ってその情報を公表しているのかを考えて利用することをお勧めする。

第1章
国税の組織と調査体制

　序章で書いたが、資料調査課、特別調査部門・班などが行う税務調査と、多くの納税者と税理士が経験する一般部門の税務調査の区別が明確にされることなく語られてきた点が気になっている。普段、税務署との接触の機会がない納税者であれば、査察の強制調査とそれ以外の任意調査すら、その違いがわからないまま、不安に感じることもあるのかもしれない。

　それを踏まえ、税務調査に関する情報の導入として、国税組織がどんな組織なのかを簡単に説明をしておきたい。国税に勤めている方からすると、当たり前すぎる情報しか書いていないので、読み飛ばしていただいて問題ないし、税理士や納税者の方におかれては、「へぇ〜、違うんだな」といったくらいの軽い気持ち

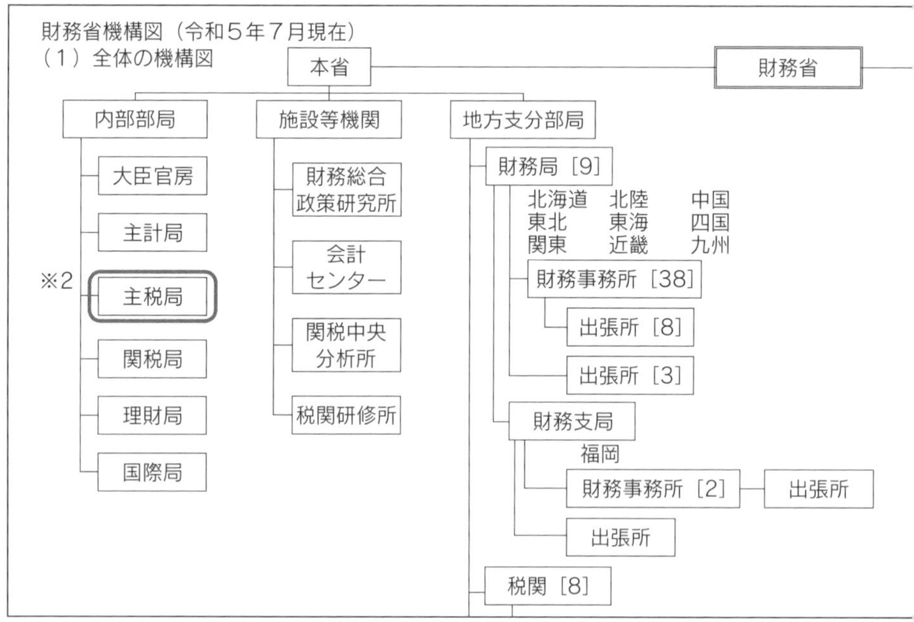

出典：財務省ホームページ　財務省の機構
https://www.mof.go.jp/about_mof/introduction/organization/index.htm

で読んでみてもらいたい。

[国税の組織及び調査体制] 税理士

まず、大きな括りとして、財務省という組織があり、その外局として、国税庁という組織がある（※1）。

財務省というと、霞が関にいるキャリア官僚のイメージが一般的だと思うが、実は、キャリア官僚ではない職員もたくさん勤めている。

財務省内には、主税局（※2）といって、税制改正や国税に関する制度についての調査を行っている部署もあり、税務署や国税局で税務調査などの経験を積んだ職員が勤務している。

そして、国税庁の中に、国税局や税務大学校、国税不服審判所[1]、税務署がある。

---

1 国税に関する法律に基づく処分についての審査請求に対する裁決を行うことを目的に、昭和45年5月に設置された国税庁の特別の機関。税金の裁判所のようなところ。

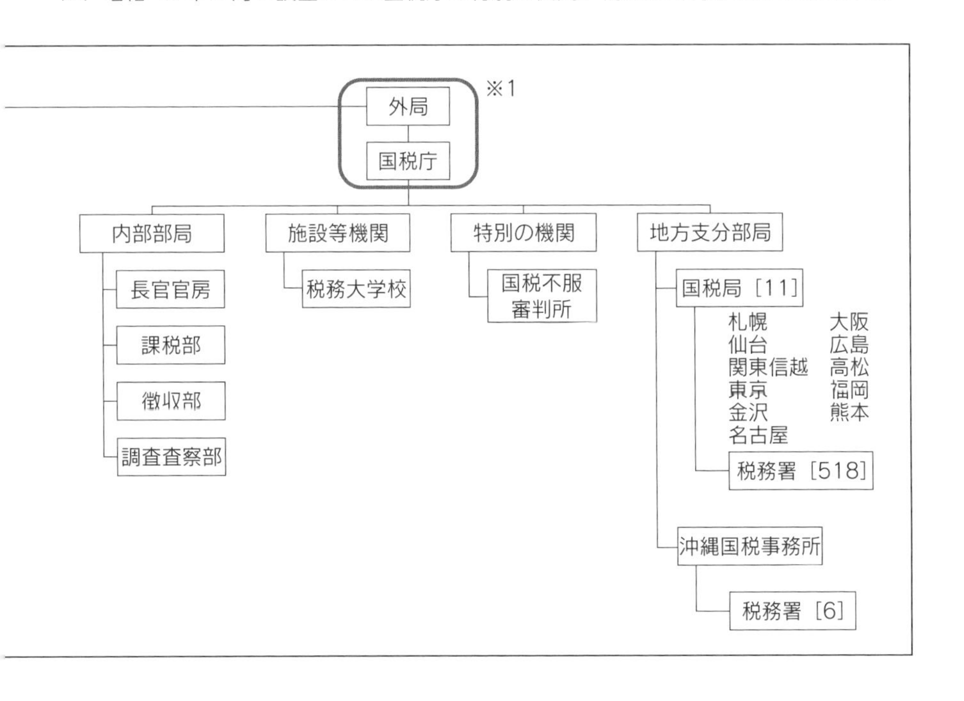

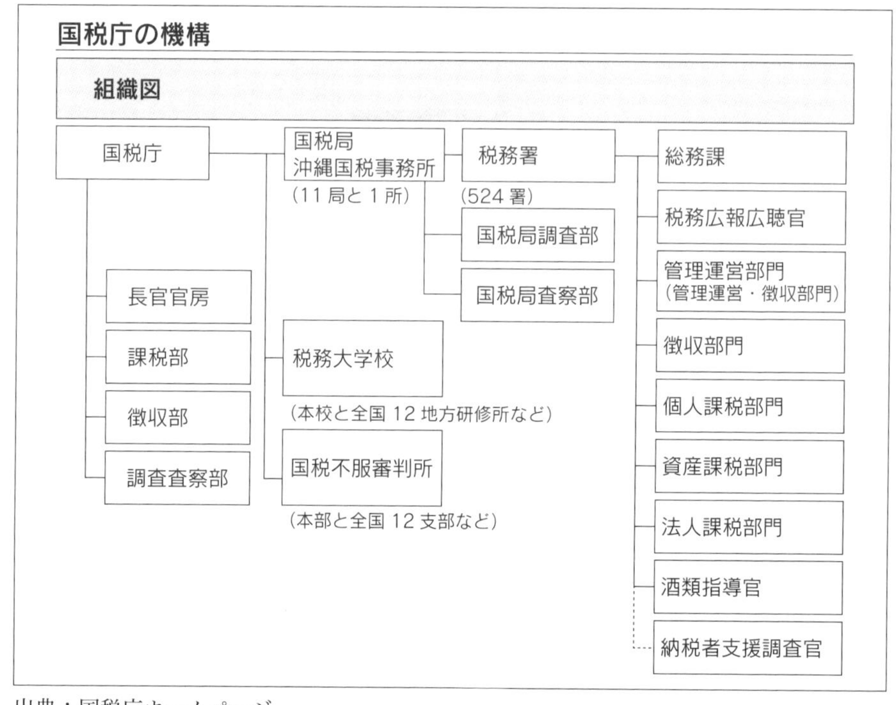

出典：国税庁ホームページ
(https://www.nta.go.jp/about/introduction/shokai/kiko/kikou.htm)

国税庁は、主に税務行政に関する企画・立案や国税局・税務署の指導監督などを行っている。

国税庁の下に国税局と税務署があるが、みなさんが税務調査でイメージされるであろう査察（マルサ）は国税局内にある査察部が行っている。

税務署は税目ごとに部門が設置されており、法人課税部門が、主に中小企業の税務調査を行っている。

よく、国税局と税務署の職員は採用が違うように思われていることがある。国税専門官試験、国家Ⅲ種という２つの採用枠があるが、どちらで採用されても、主に国税局や税務署で働き、勤務評定や研修における成績の状況によっては、主税局や国税庁に勤務するなど、そこまで大きな違いはなく、明確に区別されているようにも感じなかった。

ちなみに、私が国税組織の説明をするときは下記のように説明している（ざっと説明をするとこうなる）。

財務省に国税庁があって、国税庁の下に国税局と税務署がある。税務調査をしているところは国税局と税務署。マルサは国税局で、中小企業の税務調査は税務署。国税局も税務署も同じ税務職員です。

これくらいのざっくりとした理解でまったく問題ない。

[強制調査は査察、税務署の調査は任意調査] 税理士

先に、査察部を紹介したが、査察（マルサ）は強制調査であり、税務署の調査は任意調査という違いがある。「任意」という言葉から来ているのではないかと思うが、「任意」だからといって、税務署の税務調査を受けたくないからという理由で断れるわけではない。税務を生業にしていると、当たり前のこと過ぎて、書くのも憚れるのだが、インターネット上には、「任意」だから、税務調査を拒否できるといった情報があり、そして、同業からも、そういったアドバイスを顧問先に、税理士ではないコンサルタントなどからされてしまい、困ってしまったという話を聞いたりもするので、一応書いておいた。

[税務署に勤めることの良さ]

先に紹介したとおり、国税組織はとても大きな組織だが、税務調査に対するイメージばかりが先行してしまっているように感じている。

国税組織内には、主税局のような税制改正といった大きな仕事に関わることのできる部署や、国税庁のように、より大きな視点で税務行政に携われることができる部署もあるし、広報といった国税に関する情報を発信している部署や、厚生課といった職員向けの福利厚生関係を担当する部署など、本当にいろいろな職種がある。

また、税務大学校での研修を終えて、税務署に配属される頃には、自分が担当する税目（系統（けいとう））が決まっているため、一つのことを突き詰めたいタイプの人は、担当する税目の税務調査や審理[2]を突き詰めることもできるし、金融庁などの他の省庁へ数年間出向したり、交流といって、他の税目を数年間担当したり、転科といって系統が変わることもある。

さらに言うと、研修制度が充実している。中にいると気づかないが、これは本当にすごい。税法の学習環境はかなり整っているし、マナー研修といった社会人として基本的なことも税務大学校で学ぶことができる。

[税務署に勤めることの悪い点] 調査官

あえて、悪い点も紹介してみたい。

まず、税法の頭でっかちになりがちである。毎日税法に向き合って仕事をしているので、当たり前ではあるのだが、税法以外にも大切なことはたくさんある。バランス感覚のあるプロになって欲しい。また、情報管理の観点などから、アナログな面が多く、現状を知らないが、いまだに紙文化なのではないかと思う。私は国税を退職して、監査法人に入ったのだが、監査法人の業務はデジタル化が進んでいたので、とても驚いたし、キャッチアップが大変だった。「退官後に学ぼう」では遅い。

また、大きな組織になればどこも同じような問題があるのかもしれないが、内部の調整業務が非常に多い。また、ヒエラルキーが強いため、「1年違えば虫けら同然」というのは本当に先輩に言われた。なので、私のように、採用年次や役職を気にせずに、どーんと、率直に意見を言うタイプの人間は苦労するのではないかと思う。

ただし、大きな組織がどのような仕組みで動いているのかを学ぶにはもってこいの環境だと思う。退官後には、基本的には中小企業とお仕事をすることとなるが、大きな組織ではどのようにしているのだろうという疑問を持っている方は多い。もちろん、役所でやっていたことをそのまま民間企業に持ってきたところで、上手くいくとは思わないが、多くの人間が働いている職場で、どのようにして統率しているのかの参考事例になると感じている。

とある先輩職員が、「財務省では、税務署を村、国税局が町で、国税庁が○○(忘れてしまった)と呼んでいる」と話してくれたことがあった。正直げんなりしたのだが、所属している(していた)部署で、その人をラベルリングするという

2　税務調査における課税処分を行うにあたり、その処分が、法令の解釈や事実関係への法令の当てはめが適切であるかを検討すること、又は、それを専門に行っている部門のこと。

文化があるように思う。税務署の外に出ると、国税OB以外は、局なのか署なのかという点は、ほぼまったくと言っていいほど、気にしていない。ちなみに、私は税務署の経験しかないので、元「村人」である。

大切なことは、村人であったとしても、町民であったとしても、いかに目の前の仕事に一生懸命に取り組んだのか（取り組んでいるのか）、なのではないかと思う。

COLUMN 税務大学校の試験について思うこと

国税職員として国税局に採用されると、簿記や税法などを税務大学校で勉強することになる（普通科研修）。

国家Ⅲ種（主に高卒で採用される公務員）で採用された後、5年間（私が在籍していた頃は7年だった）勤務し、本科研修の選抜試験を突破すると、税務大学校でより専門的な税法等の勉強をすることができる（本科研修）。

普通科研修については、研修生が税法の知識がほぼない状態であるため、まずは税法に慣れさせるという意味で、試験で講本の内容や講義で説明を受けた内容をそのまま書き起こすことを求める問題を出題してみて、それができた研修生に高い評価を与えることでも良いように思う。ただし、本科研修で同じやり方で評価を与えることについては、「本当にこれでいいのか」という思いがある。

税法の判断をするにあたっては、その条文が定められた経緯などを、税制改正の解説[3]やコンメンタール[4]を読んで理解し、その理解した情報に基づいて個別事案の判断をすべきだと思っているのだが、実際のところは、時間的な制約もあり、市販の質疑応答集や国税庁のタックスアンサーなどで同様の問いとその回答がないか調べる（書籍などによる答え探し）ことに終始しがちなのではないかと思う。

一般的な質問であれば、この対応でも支障はないと思うのだが、これまで存在しなかった新しい取引についての税法の判断を行う場合には、答え探しにいくら

3　財務省主税局が公表している、毎年の税制改正に関する解説。改正の経緯や、条文上取扱いが明らかではない点などについても説明されている。

4　第一線の実務家や立法担当経験者が、多角的な視点で条文を、要旨・沿革・注釈の順に逐条で解説したもの。

時間を費やしても答えが見つかるわけがない。新しい取引についての判断を行うこととなる税務職員が、答え探しのスキルしか持ち合わせていないということは、まずいのではないかと思っている。

そのような状況にならないためにも、本科研修では、模範解答をそのまま書かせ、それができた研修生を高く評価するのではなくて、現在係争中の案件や実務者目線と学者目線で判断が分かれるような、答えのない税法の論点を出題してみて、なぜそう考えるのかを書かせてみることが必要なのではないかと思っている。そして、しっかりとした自分の判断を示すことができた研修生に高い評価を与え、より成長させていくことが大切なのではないだろうか。

自らで判断するスキルを持っている税務職員は人数的に限られるように思われ、また、現場にいたとしても、主税局や国税庁に引き抜かれて、すぐに現場からいなくなってしまう。職員全体の底上げをすることで、自分で考えることができる職員をもっと増やしてほしいと思っている。そうしていかないと、どんどん複雑になっていく税法に対応しきれなくなってしまうのではないだろうか。

COLUMN 本科研修の選抜試験 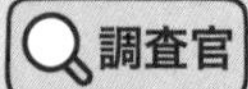

本科研修の選抜試験を受けたのは、もうずいぶん前のことであるため、当時と試験の内容が様変わりしているかもしれないが、少し書いてみたいと思う。

一次試験は、会計、法律、時事問題からなる選択式の問題、二次試験は、専攻税法と面接だったと記憶している。

一次試験対策として、本科試験をパスされた先輩方が過去問とその解答（解答はできる職員さんが余暇を使って作成）を整理してくれており、「頑張れ！！」というメッセージとともに、どさっと資料を渡された記憶がある。

この過去問を解いていれば一次試験対策としては大丈夫。

二次試験対策は、私は過去問を解き、理論対策として税大の講本[5]を読んでいた。これで十分。

5　国税庁ホームページ「国税庁等について」⇒「組織（国税局・税務署等）」⇒「税務大学校」⇒「税務大学校講本」

面接は、一人の社会人としてしっかりと受け答えができれば、問題ないと当時教えられた。

私の面接は、国税局の査察部部長室で査察部長と次長の二人との面接だった。私の生意気な性格が原因で散々な状況だったのだが、蓋を開けてみれば、合格していた。合格判定に至る過程の詳細はわからないが、自分よりもはるか上の役職者に楯突く若者を寛容に対処してくれる組織はすごいなと感じた。

本科研修は絶対に行った方が良い。国税の職場を定年まで勤め上げるとすると、まだ何十年も税務職員として勤務することになる。どうせ働くなら、本科試験を修了して、ご自身の可能性を広げて、いろいろな仕事を楽しんだ方が良いのではないかと思う。本科研修の同期の、その後の仕事内容を見ていて、心からそう思う。

本科研修では本科研修特有の苦しみもたくさんあったが、知識面の強化はもちろんのこと、税務職員として、社会人として生きていくために重要なことを、たくさんの人たちから学ぶことができた。

勉強が得意で知識豊富な若手の方には、上には上がいることを知ることができるし（地方局の研修生や他省庁の研修生はとても優秀）、10個ほど年の離れた先輩方から、管理者としての立ち振る舞いや、根回しといった物事の進め方などを学ぶことができる。何よりも、いろいろな人とのつながりができる。そして、人とのつながりの重要さに気づけるか否かで、本科研修後の道が大きく変わるように思っている。

とある本科研修の講義で、「本科で成績が一番になった研修生よりも、不思議と、そのちょっと下くらいの成績の研修生の方が、その後に伸びるんだよなぁ」と、講師の方が、話していたのを覚えている。「呑んでばかり」では駄目だが、何事もバランスが大切なのだと思う。

[国税局の税務調査と税務署の税務調査]

申告法人のうち約99％の法人が、税務署が所管する法人であると先に述べたが、税務調査に関する情報を見聞きしていると、国税局所管の法人に対する税務調査の情報と、税務署所管の法人に対する税務調査の情報が、一緒くたに説明されている点が気になっている。

国税局所管の法人に対する税務調査では、国際税務や組織再編など、やや小難しそうな論点が議論されることが多いが、税務署の行う税務調査で、これらが論点となることはあまりない。売上除外や架空仕入、架空人件費といった不正経理がないかの調査がメインではないかと思う。

国税局調査部の税務調査においても、従業員等による架空経費や予算消化のための経費の前倒し計上等が指摘されることはあるが、組織としての統制が働いている企業と、統制がほぼない家族経営の会社に対する税務調査とでは、その目的が大きく異なることは当然のことである。

税務署所管の法人は規模が小さいので、国税局所管の法人のような論点が生じないということを言っているではなく、この違いは税理士の顧問先への関与の仕方の違いからくるものではないかと思っている。

中小企業の顧問税理士は、記帳業務も併せて顧問業務として受けていることが多く、会社の取引情報に頻繁に接することができるため、記帳や決算の段階で、網羅的に税務上の取扱いを判断しつつ処理することができ、結果として税務上の取扱いが税務調査で議論されることはそこまで多くないのではないかと考えている。

調査官もこのことは理解しているので、税務調査の初日に行う概況聴取[6]などで、顧問税理士の関与の頻度（月次で関与、四半期、年一など）や、決算申告をするにあたって行った業務をヒアリングすることで、顧問税理士が行った業務をチェックする項目から外すなどしている。

当然、年一の関与の場合の方が間違いが多い。私が調査1年目の時に、同じ部門の上席国税調査官[7]の事案に同行したことがあるが、その際に、「税理士が行った業務を見ても意味がない」（非違[8]が出ることはない）と教わったことを覚えている。

国税職員として働いていても、税務調査の経験があまりないと、税務調査では

6　会社が行っている事業の内容などを質問すること。77頁～82頁でその内容を紹介している。

7　税務署に配属されると、事務官→国税調査官→上席国税調査官→統括国税調査官と役職が上がっていく。40代前後の経験豊富なベテラン調査官。国税局では役職の名称が異なり、実査、総括主査といった役職がある。

8　課税所得の計算における、税法の適用誤りや計算誤りのこと。

税法の議論をしているようなイメージを持ってしまうかもしれないが（私自身が持っていた）、そこは経験を通じて肌感覚として学んでほしい。税務署の調査では、まったく税法の指摘がないということではなく、毎年改正される税法のアップデートを怠っている税理士や税理士事務所職員が作成した申告書をチェックすると、びっくりするような誤りが、そこかしこで見つかる。税務調査をする際は、相手を見極めること。そして、その判断に基づいて、適切な対応をとることに尽きる。

COLUMN　急拡大している事務所 

とある急拡大している税理士事務所があった。中小企業の法人顧問をメインにしているようであった。当時は、営業がとてもうまいか、何か強みがあるのかな、くらいにしか思っていなかったのだが、ふとしたタイミングで、この税理士事務所に関する情報に触れることができた（税務職員であっても、役職によって、接することのできる情報の量が違う）。投書[9]か何かの情報だったのだろうか、情報リソースはわからない。その情報によると、急拡大している理由として、従業員に対してインセンティブ制をとっており、新しい顧問先を見つけてくると、年間顧問報酬の一定割合が追加の給与として支給されるため、従業員が一生懸命に新規の顧問先を見つけてくるということが書かれていた。

頑張った従業員が報われるのはそれで良いと思うのだが、新しい顧問先を見つけるために、顧問先候補から、例えば、税金を低く抑えて欲しいと言われた場合に、なんでも受け入れてしまうなど、過度に納税者寄りの対応をしてしまうという問題があったらしい。

そして、急拡大しているがゆえに、従業員の教育が追い付かず、リソース不足で月次での関与なども難しく、結果として、めちゃくちゃな決算書や申告書が多数見受けられるので注意されたいとのことであった。

これは税理士事務所に限ったことではなく、法人においても同様で、急拡大した法人は、総務部や経理部などの管理機能が企業の成長についていけず、めちゃ

9　文書によるタレコミのこと。

くちゃな状況になりがちなように思う。そして、こういった法人ほど、税務署のお客さんになる傾向にある。

もちろん、すべての急拡大のケースでこのような状況にあるわけではなく、地に足をつけて、しっかりとした事務所を築かれている事例もあると思う。

ただ、税務会計という専門的な業務について、一人で問題なく対応できる職員を育成するのには非常に時間がかかるし、税務顧問先に、適切に関与しようとすると、月次ないし四半期で関与するなど、ある程度の工数がどうしてもかかってしまうように思う。急拡大している状況において、それなりのサービスのクオリティを保つことは、相当難しいことなのではないかと思う。

[国税局と税務署の調査は違うのか？] 税理士

国税在籍時に上司や先輩などからよく聞いた話として、国税局の調査は厳しいし、調査官のレベルも高いけれど、税務署の調査はそうでもないという話がある。

これについて、これまでの経験を踏まえると、「本質的には何も変わらない」と思っている。税務調査を担当している職員は国税局であっても税務署であっても、みな同じく社会に出てから国税局に採用となり、研修等を経て実務経験を積んできた人たちである。職業全般にいえることだと思うが、同じ組織に属している職員はみな同じようなマインドを持っていると思うし、調査手法も細かな違いを除けば税務署と国税局とで大きな違いはないように感じている。

国税局の税務調査対応をした際に、質問の仕方、依頼する書類の当たりの付け方、調査の進め方などを観察してみたのだが、署との違いは特に感じられなかった。あえて、違いを挙げるならば税務調査に対するやる気が違う。「国税局で税務調査をしている＝俺たちは選ばれたんだ!!」といった感じ。

税務署の調査の場合、調査先の会社の規模がそこまで大きくないので、顧問税理士がほぼすべての取引に目を通していることもよくあったし、国際取引等のとっつきにくいと感じるような取引も少なく、指摘事項[10]がまったくないという

10　実地調査における税務調査で挙がった、課税所得の計算における、税法の適用誤りや計算誤りのこと。

こともよくあった。

対して、調査部の所管になるような規模の会社（売上高数百億～数千億円規模）は、経理担当者が税務に対応しきれていないような状況もままあり、この規模になると顧問税理士が、すべてをカバーすることは現実的ではなく、質疑応答集などを読んで、論点となる事項をおおまかに知っていれば、間違いを指摘できるような状況が結構あるように感じている。実際、会計監査で上場企業の税金計算のチェックを行うと、結構な頻度で誤りを見つけることができた。

税務署が所管している法人は、そもそも書類が整っていない状況にあることを挙げて、書類がない中での判断をするのが税務署の調査で、国税局が所管している法人に対する調査では、書類が整っているのは当たり前で、それをどう解釈するのかが調査部の調査だと聞いたこともある。これについては、書類がない状況であるべき判断する方がよほど難しいのではないかと感じている。

書類がないからといって、それを理由にして調査官の側で一方的に決めつけて課税できるわけがなく、納税者にも顧問税理士にも誤りであることを理解してもらう必要がある。そのためには、判断の拠り所となる証拠を集める必要があり、判断の材料となりうる資料がまったくない場合には、税務調査を通して学んだ取引慣習などの知識を総動員して、税務調査を進めることとなる。けっこう難しい。

中小企業の事業主（社長）に税金のことを説明し、理解を得ることと、大企業にお勤めの従業員（経理部員）の方に税金のことを説明して理解を得ることも、同じことを説明しているのに、その難しさが大きく違う。

この手の話は、国税OBくらいしか気にしていないのではないかと思っていたのだが、上場などを果たして、税務署所管から調査部所管になることで（「調査課所管法人の指定通知書」という書面が送達される）、この違いを不安に感じられる経理部の方もいるようであったので少し書いてみた。

［税務調査での税法の議論］ 調査官 税理士

税務調査というと、税法の議論を侃々諤々と行っているような印象をお持ちの方もいるかもしれない。テレビゲームで順番に攻撃と防御を繰り返すように、お互いの考えを条文などに基づいて主張しあっているような。私も税務調査の経験があまりないときは、『図解法人税』や『質疑応答事例集』などを調査バッグに入れて議論が必要になったときには調べられるようにしていたが、荷物になるだけだったので、すぐに持っていくのをやめた。

税務上の取扱いが気になる取引を見つけた場合にどのように対応していたかというと、取引内容を整理・メモした上で、帰署してから調べるなどしていた。その結果、処理誤りであると判断した場合は、根拠を示しつつ、「誤りであるように思われる」旨を顧問税理士にお伝えし、併せて「現在の税務処理が妥当であると考えるか否か、処理に誤りがないと考える場合にはその根拠を持ってきていただきたい」とお伝えしていた。

侃々諤々の議論というよりかは、「処理が正しいのか気になるので、お互いにチェックしませんか？」といったスタンスである。税務処理があっているか否かに関わらず、間違いであると決めつけたような言い方をされれば当然に気分を害するであろうと思われ、なるべく、やんわりとお伝えすることを心掛けていた。また、私が税務調査を担当していた頃は、二十代前半と非常に若かったこともあり、正しい税務処理をお伝えした場合であっても、何とか言い負かそうとして、独自の主張を大展開される方などを経験したことがあったので、そのような事態を避けるという目的もあった。

国税調査官・税理士のいずれの立場においても、税務調査の場で税法の議論をしている場面に遭遇したことがあるが、お互いに「そんな風に思う」くらいの内容であることがほとんどであった。お互いの意見が相違しているような状況で、根拠資料等を用いずに話していても埒があかないように思う。

これは税理士になってから感じていることなのだが、調査官と議論する際に、かっこよい言葉遣い（「推認される」など）をされる方がいる。こういった言葉遣いをすると知的なイメージを与えることができるので良いと考えているからかもしれないが、調査官と話すにあたっては、控えた方が良い。

こういった言葉遣いをする税理士＝理論派、つまり、調査官も理論的に話す必要があると考えるようで、その結果、議論が机上の空論のような状況になりがちなためである。書籍にあるような情報で解決できる論点なのであれば、書籍の写しを持ってくれば良い。議論している内容は、書籍にある情報では解決できない論点ではないだろうか。税務調査の現場で、〇〇説を唱えても議論は平行線のままである。

私は調査官と話すときは、意識的に、かっこよい言葉は遣わないようにしている。専門用語は遣っても大丈夫。

誤解を生じさせないために念のため書いておくが、調査官は税法の勉強をしなくて良いということを言いたいわけではない。勉強もしっかりとして、自信をつけておくこと。自信がないことは、雰囲気に出る。また、万が一知らない論点で議論となってしまった場合であっても、変な意地や見栄を張る必要はない。なめられてはいけないからと考えて、そのような態度を取ってしまうのかもしれないが、そのような態度を取って物事が良い方向に進むことはほぼない。正直に、「あまり詳しくない論点なので、調べる時間を欲しい」と言ってしまって良い。ちゃんと勉強していると、これを自信をもって言えるようになる。

20代で税務調査を1人で担当していて、バカにしたような態度で接してくる税理士事務所の事務員も残念ながらいた。特に、上席と二人で調査に行くとあからさまに態度が変わったりする。当時は、いろいろな専門書を読み漁っていたので、事務員の方が言っていることが間違っていたりすると、すぐにわかるのだが、税務調査を進める上では、なめられていた方がやりやすいので放っておいた。このような態度を取る方は、大変失礼な言い方であることを承知して言うと、税法がどれだけ膨大な情報（条文、通達、判例、学説）で構成されているかを理解できていないのではないかと思っている。一人の人間が理解して適切に処理できる量を優に超えているのではないだろうか。

会計士税理士となってからも勉強は続けているが、勉強をすればするほどに、税法がよくわからないことが、よくわかってくる。全然簡単じゃない。

[税務調査の種類] 税理士

国税局を退職した後、会計監査の往査[11]などで企業の経理部の方とお話しする機会があり、前職が国税調査官であった旨をお話しすると、ドラマなどの影響からか、国税局査察部が行う強制調査のような調査をイメージされることがよくあった。

税務署が行う税務調査は強制調査ではなく、任意調査である。よって、私は令

11　会計監査において、監査クライアント先（本社、支社、工場、海外子会社など）へ監査に行くこと。

状を見たことも触れたこともないし、事業所等に行って、たくさんの段ボール箱をトラックに運び込んだ経験もない。

税務署の行う任意調査といっても、いろいろなものがあるので、記憶を頼りにして主なものを簡単にまとめてみた。

種類	内容
一般部門が行う税務調査	特段不正経理等は想定されていないものの、過去の接触状況や申告内容から税務調査を行う必要があるとされた法人に対する税務調査。 基本的には国税調査官１名で実施する。 税務調査の日数（臨場する日数）は２～３日程度。
特別国税調査官部門が行う税務調査	税務署所管法人のうち、比較的規模の大きい法人に対する税務調査。 基本的には特別国税調査官１名と上席国税調査官１名で実施する。 税務調査の日数（臨場する日数）は１～２週間程度。
国際税務専門官が行う税務調査	貿易業など国際取引を行っている法人に対する税務調査。 基本的には国際税務専門官１名と上席国税調査官１名で実施する。 税務調査の日数（臨場する日数）は１～２週間程度。
特別調査部門・班が行う税務調査	資料調査課経験者などが在籍している部門で、不正経理等が想定される法人に対する税務調査。 基本的には上席国税調査官１名と国税調査官１名で実施する。 税務調査の日数（臨場する日数）は１～２週間程度。
特別調査情報官が行う税務調査	広域的に事業を行っているグループ法人に対する税務調査。 調査官の人数や日数は案件によりけり。

特別国税調査官（総合担当）部門が行う税務調査	他税目に及ぶ取引の解明を行う税務調査。調査官の人数や日数は案件によりけり。
国税局資料調査課との合同事案	国税局資料調査課と税務署が合同で行う税務調査。 無予告調査[12]など、資料調査課事案のような進め方で税務調査が行われる。 調査官の人数や日数は案件によりけり。

書いておいてなんだが、正直なところ、税務調査対応をするにあたって、これらの違いを意識する必要はない。また、専門誌などを読むにあたっても、これらの違いまで意識して書かれているものはないと思うので、「へぇ〜」というくらいの理解でまったく問題ない。

知識として知っておくと、税務調査の目的の当たりをつけるのに便利といった程度のものであり、実際のところは、当たりなどつけずとも、税務調査が進めば税務調査の目的（指摘事項）は、はっきりとする。

また、調査官の役職や過去の担当を確認することを勧めている情報も見聞きするが、あくまで参考程度にとどめた方が良いように思う。

例えば、上席国税調査官といっても、税務署での税務調査が性に合い長年税務署の税務調査に従事してきたタイプ（不正の発見に長けている）、優秀であるがゆえに若いうちに財務省の主税局や国税庁に引き抜かれていたが、人事の関係や長期間の研修に行くまでの短期間の間、税務署で税務調査を行っているタイプ（税法の知識などを活かして、効率的に調査をすることに長けている）、あまり仕事に積極的ではないタイプなどいろいろとあり、国税に在籍したことがない方が、外部から得られる情報のみでこれらを判別することは難しいように思う。また、民間企業と同じで、役職や経歴とその方の力量が必ずしも一致するわけでもない。

法律事務所在籍時に訴訟案件に関与する機会があった。訴訟の提起[13]をすると、担当する部や裁判官が通知されるので、税務調査と同様に、裁判官の経歴を調べる。案件メンバーの弁護士の皆さんは、「この裁判官は優秀だ云々」といったことを話していたのだが、何度説明を聞いても、さっぱりわからなかった。な

12　事前通知なしに行われる税務調査のこと。

13　裁判所に対して訴状を提出して、訴えを起こすこと。

んとか、優秀な裁判官の異動履歴のパターン[14]を知ることができたが、それを踏まえて、対応を変えることができるかというと、できないと思う。税務署に勤めたことがない方が調査官の役職や経歴を調べても、同じ状況になるように思う。

私が税務調査に関するご相談をいただいた際には、必ず調査官の名刺を共有していただいている。これは、税務調査が紛糾してしまっていて話し合いによる解決が重要な場合において、税務調査の誰がキーマンなのか当たりをつける、キーマンが議論となっている論点に明るいのか否か（議論する際に法律や業界慣行等を知っている前提で話ができそうか否か）の当たりをつける、調査官が過去の同僚などでないか確認する（過去の同僚などが担当者であった場合は、お受けしないようにしている）といったくらいの目的である。キーマンが誰かは税務調査の立ち合いをしていれば自然とわかることであるし、過去の同僚かは国税OBしか気にする必要はない。

なお、この手の情報（税務署内部の情報）は、インターネット上のそこかしこに落ちている。よって、この書籍を手に取っていただかなくても、然るべき検索ワードを使って検索すれば簡単にたどり着くことができる。当然に、私も、この書籍の執筆にあたり、この手の情報を書く際は、すでにインターネット上にある情報であるかを確認した上で、書くようにした。なので、これまで表に出ていなかった税務署の内部事情や情報などを求めてこの書籍をお求めになられた方には大変申し訳ないが、そのような情報はこの書籍にはないので、ここで明確にしておきたい。

COLUMN

税務署の職員上がりに会計監査は無理？

とある経済誌が税理士や会計士をネタにした号を毎年発刊しており、とある記事の中で「会計士、弁護士、税理士　積年の職域『縄張り争い』」という項目があった。

14　最高裁の調査官（国税調査官ではない）を経験してから、地方裁判所の裁判長を経験するなど。右陪審と左陪審の違いなどは、いまだに理解できていない。

縄張り争いというと、税理士会が会計士協会に、会計士に無条件に税理士資格を与えるのではなく、税法の試験を受けさせるべきといった主張をしていることが思い浮かんだのだが、それ以外にも、会計監査など公認会計士しか担うことができない分野への参入を税理士会は求めているとのことであった。

その記事に「会計士側からすれば、『百歩譲って試験合格組に監査業務を認めることはできても、税務署の職員上がりにやれと言っても無理だろう』となる」という記載があった。「『税務署の職員上がり』＝『国税で勤め上げた職員』」という前提を置くと、確かに難しそうだなと思った。

「税務署の職員上がり」という書きぶりから、少し煽っている印象も受けたのだが、私の意見は、能力云々のことを言いたいのではなく、会計監査と税務調査のアプローチの違いによるものである。

会計監査は基本的には分析的実証手続[15]で財務諸表が全体として適正であることを検証する。精査といって、証憑[16]と仕訳の内容が一致しているか確認する手続きを行うこともあるが、手続きのメインは分析的実証手続。よって、何か異常値が検出されるなどしない限りは、一つの取引をじっくりと多方面から検証するといったことは基本的にはしない。対して、税務調査は、実施する部署や税目によって多少の違いはあれど、個別の取引について、税務上の取扱いに誤りがないかを検証するので、会計監査のように分析を行うことはせず、個々の取引を多方面から検証することに終始する。

例えば、事務所の家賃を検証する場合、会計監査であれば、まず、賃貸借契約書を閲覧して、月額賃料や賃貸期間を把握し（フリーレントや資産除去債務の論点は割愛する）、そして、期待値（＝月額賃料×賃貸期間）を算出して、期待値が決算書数値と近似しているかを検証する。

税務調査であれば、賃貸借契約書を閲覧することは同じであるが、チェックの観点が、

・貸主は非居住者ではないか？

15　請求書などの証憑と一つ一つの仕訳を照らし合わせるのではなく、指標となる数値と勘定科目の残高の推移等が整合しているかを検証するような手続き。

16　取引を行うにあたって作成される、納品書や請求書などの書面のこと。

・物件の用途は役員の個人的な目的ではないか？

などであり、期待値を算出して云々といったことは行わない（そもそも税務調査で賃借料の検討をしないという点はご容赦いただきたい）。

売上取引の検証の場合においても、証憑突合を会計監査においては精査として、税務調査では検証のファーストステップとして行うが、会計監査では証憑の信ぴょう性について、積極的に検証を行うことを基本的にはしていない。税務調査では、仕入の証憑も併せて検証してみたり、粗利[17]が他の取引に比して低くなっていないか検討してみたり、決済のタイミングが他の取引と相違していないか？といった風に、どんどんどんどん、より詳細に突き詰めるように検証を進めていく。

私自身、国税から監査法人へ転職して会計監査を行っていたのだが、分析的実証手続だけで検討が終了してしまうことに、「本当にこれで大丈夫なのかな？」と不安に感じたことを覚えている。なので、国税で勤め上げた職員が会計監査をすると、精査をいきなり初めてしまい、いつまでたっても会計監査が終わらない状況となってしまうように思う。そういった意味で、確かに難しそうだなと思っている。

手法の細かな違いを挙げればきりがないが、会計監査を行っている会計士の財務諸表を読むセンスはやはりすごいと思うし、税務調査を行っている国税調査官の不正経理を見つけるセンスもやはりすごいと思う。

お互いに認め合えばいいのではないかと思うのだが、実際はなかなか難しいようである。

[税務調査を担当すると若いうちから判断する機会が与えられる] 調査官

20代前半の頃から国税調査官として、中小企業の税務調査を担当していた。国税組織全体としてみると、非常に小さなことだとは思うのだが、自分でその場で意思決定する裁量がある程度あったので、自分で判断をする機会に恵まれ、と

17　売上総利益のこと。売上－売上原価で計算できる。

ても良い経験ができたと思っている。

税務調査を担当する部門に配属になると、まず初めに統括官[18]や上席調査官の税務調査に数件同行して、税務調査の進め方を一通り経験する。その後は基本的には一人で税務調査を行うことになるのだが、上司のそばに、ぽつんと座って税務調査を経験するのと、自分だけで進めるというのには大きな違いがあった。税務調査を進めるにあたっては、どの科目を、どのような観点で、どの程度深く調査するかを判断する必要がある。これが、税務調査の経験があまりないうちはとても難しい。

時間が許すのであれば全部チェックしたいと考えてしまうのだが、実際にはそうもいかないので、「えいやっ」と範囲を決めて、税務調査を進めることとなる。帰り道などで、あの科目をもうちょっと詳細に見ておいた方がよかったのかな、なんて考えてしまったりするので、いっそのこと、かなり細かく見てみればいいじゃないかと考えて、結構な分量の証憑突合をしてみたり、賃借料などのあまりチェックする必要性のない勘定科目もチェックしてみたこともある。税務調査の結果だけを見ると、ほとんどが無駄に終わってしまったのだが、この小さな意思決定と失敗の積み重ねで、見るべき科目と見る必要のない科目の判断ができるようになったように思う。

ある程度の経験を積んで、自分で自信を持って判断ができるようになっても、本当にこの判断は正しかったのだろうか、という悩みがなくなるわけではないのだが、自分で判断をするという経験を重ねていくうちに、間違いを全部見つけることが重要なのではなく、インパクトが大きい間違いを見逃さないことが重要なのだと気づくことができる。

税務調査の大きな方針（より深堀りするのか、手じまいにするのかなど）は統括官に復命[19]して判断を仰ぐので、なんでもかんでも自分で判断できるということではないが、自分で判断しても良い事項なのか、上司に判断を仰ぐべき事項なのか、について考えることも判断の一つであると思う。初めのうちは頃合いがわからず、細かなことも一生懸命に伝えようとしてしまうかもしれないが、報告を受けた上司のリアクションを見ることで、「この報告はあまり重要なことではなく、

18　統括国税調査官のこと。民間企業でいうところの課長級の役職。

19　税務調査の進捗等を、所属している部門の統括官に報告・相談し、指示を仰ぐこと。

自分で判断してもいいんだな」といった具合に、だんだんとわかってくるので大丈夫。

統括官の信頼を得ることができれば、復命が「村上、どうだった？」「ここは大丈夫です。問題ないです。」だけで終わる。そのためには、復命をどうやって乗り切るかだけを考えて調査をしないこと。自分の頭で、どうやって調査をすれば、この法人の申告内容が間違っていないかの検証ができるかを真剣に考えること。復命のことしか考えていない調査官は、言われたことを考えることなく続けるので、いつまでたっても成長しない。

税理士事務所で働いていても同じなのではないかと思う。もちろん報・連・相も大切であるし、組織の雰囲気として判断をすることが一切許されない場合もあるかもしれない。それでも、相談をする際に、自分なりの意見を持って相談をするといったこともできるように思う。

ちなみに、税務署で自分の意見を言おうとすると、「お前の意見なんか誰も聞いていない（必要としていない）」と言われ、監査法人では、「相談にくる場合は、絶対に自分の意見を持ってからくること」と言われた。法律事務所では、「会議で発言しないことは無価値」と言われた。それぞれが置かれている環境で、その違いを楽しめばいいのではないかと思う。

第2章

税務調査先の選定

ここからは、序章の「本書の構成」で書いた、下記の税務調査の大きな流れに沿って話していく。

「選定」➡「準備調査」➡「実地調査」➡「帳簿調査」

[どのようにして選定されるのか？] 税理士

税務調査に関する情報を見聞きしていて、よく目にする項目として、税務調査先はどのようにして選定されるのか？　というものがある。

試しにインターネットで調べてみたところ、思った以上にたくさんの情報があり、いったいどこからそんな情報を得たのか？　というような謎な情報もあるなかで、国税OBの方々が、かなり詳細にそのプロセスを説明されているものもあった。

まず、結論から先に申し上げると、税務調査先の選定に決まったルールなど私が知る限りない。申告書上に明らかに誤っているものがあれば、当然に税務調査にて是正を行うこととなるし、長期間税務調査を行っていないためという理由で税務調査先として選定されることもある。

ベテランの統括官の場合は、申告書や勘定科目内訳明細書に記載の情報や、過去の税務調査の状況、資料せん[1]といった情報を基にして税務調査先を選定しているのが一般的であるが、あまり税務調査の経験がない統括官の場合は、KSK(国税総合管理システム)[2]といって申告・納税の事績や各種の情報を集約しているシステムから出力される分析シートの情報を参考にして、税務調査先の選定を行っていることもある。

1　税務署が独自に収集している情報のこと。

2　https://www.nta.go.jp/about/introduction/torikumi/report/2021/02_6.htm

税務調査先の選定は一般的には統括官が行うが、私が税務署で税務調査を担当していたときは、統括官にお願いして自分で税務調査先を選定していた。記憶を頼りにして、その際にチェックしていた項目を下記のとおり書き起こしてみた。

① 貸借対照表や損益計算書等の決算数値に異常な項目はないか？

▶ 粗利率が減少している、粗利がマイナスになっている、外注費など異常に多額な勘定科目がある。
▶ SPCなど、何かしらのスキームの一環として利用されている法人であることが法人名や決算書等の情報でわかるものの、そのスキームの内容が不明確であるものなど。

② 申告審理により所得の計算誤り（特に税制改正が行われた制度について）が認められないか？

▶ 受取配当等の益金不算入の計算誤り。
▶ 留保金課税の計算誤り、計算漏れなど。

③ 粉飾決算を行っている可能性はないか[3]？

▶ 棚卸資産の金額が異常に大きく、借入金の金額も大きい。
▶ 一般的にはあまり計上されない無形資産や繰延資産が計上されている。
▶ 有形固定資産が計上されているにもかかわらず減価償却費の計上がない。
▶ 建設業など入札により仕事を得る業種で、所得金額が毎年ほぼ同額で、幾ばくかの税額が算出されているなど。

④ 勘定科目内訳明細書に気になる記載がないか？ 例えば、以下のような項目

▶ 代表者貸付金が記載されている。会社と個人のお金の区別ができておらず、代表者の個人的な支払いを会社からの貸付金として処理している可能性が考えられる。代表者の傾向として、会社のお金に対してルーズであると考えられ、個人的経費の付けこみが想定される。従業員への貸付が記載されている場合は、横領などの従業員不正が生じた可能性もあり。

---

3 粉飾決算を行っている会社は実態よりも過大に利益を計上していることから、利益を過少にする売上除外、架空仕入、架空経費などが通常は想定されないため、選定対象から除いていた。ただし、消費税や売上と仕入の両落としなどの観点もあり、まったく税務調査の対象としないという訳ではない。

▶ 雑益、雑損失等の内訳書に現金過不足が記載されている。現金の管理がしっかりとできておらず、現金売上の計上漏れなどが想定される。
▶ 仮払金や仮受金が貸借対照表に計上されており、内訳書を見てもその内容が不明確。仮勘定が決算書に残っていること自体がそもそもあまりないということもあるが、仮払金については個人的支出の仮払金経理を想定し、仮受金については売上などの収益の先送りを想定する。不明残をいったんは仮勘定で処理したものの、長期間計上され続けている場合には、受入処理すべき状況にないかを想定する。

⑤ 申告書の作成状況からみて、税理士が申告書の作成に関与していない

▶ 申告書が手書きで、欄ズレ、記載漏れなどが多くある場合は、税理士が申告書の作成に関与していないことが想定され、期ズレ[4]など基本的な処理誤りが想定される。税理士のサインが申告書にないと税務調査先として選定されるということではない。

⑥ 資料せん等の情報から課税漏れが想定される

▶ 国外送金等調書[5]などから、源泉所得税の対象となる支払が見受けられるが、源泉所得税の納付事績がない。
▶ 勘定科目内訳明細書に記載されていない預金口座への支払情報がある（だいたいのケースが単なる記載誤り）。

⑦ 過去の税務調査の状況

▶ 前回・前々回と税務調査における否認事項[6]が期ズレのみの場合、税務調査先としてあまり望ましくない（複数の担当者が別の目線で税務調査をした結果として、期ズレのみが指摘事項である場合は、たいていの場合、誰が税務調査をしても同じような結果となる）。
▶ 粉飾の事実を過去の税務調査で把握している場合は、粉飾の手法とその金額が記載されているため、その内容を確認し、税務調査先からは除く。

---

4 売上の計上が現金主義になっているなど、損益を認識すべき時期がずれてしまっていること。

5 金融機関が作成して税務署へ提出する、国外送金者や相手国、送金原因などを記載した調書のこと。

6 税務調査において発見された非違事項のうち、修正申告の対象となった非違事項のこと。

⑧　その他の情報

▶　設立３期目の場合
▶　業種等から消費税の非違が想定される業種の場合（非課税売上や国際取引が多い業種など）

どのような視点で当時税務調査先を選定していたかを振り返ってみて気づいたが、私の選定方法は、粉飾を行っている会社を避けつつ、税務に対する考え方がルーズなように見受けられる法人を抽出したり、机上審理[7]で申告内容に誤りが想定される法人や、決算書数値等に特異な点がある法人を抽出していたようである。税務調査先の選定を行う時はチェックシートなどを使って一定の条件に該当するものがないかを確認していくといったことは一切なく、提出された申告書を一つ一つ丁寧に見て、頭の中で先に述べたような事項がないか、考え、想像しながら行っていた。

選定業務を疑似体験したいのであれば、税理士事務所の同僚などが作成した法人税の申告書を数社分借りてきて、その法人のうち、どの法人を税務調査すれば、誤りが発見されそうかを想像してみるとよいと思う。可能であれば同業種で同規模がよい。粗利が同業他社に比べて異常に低かったり、損益計算書におかしな科目があったり、貸借対照表のバランスがおかしいといったことが見受けられる申告書があれば、それが税務調査先として選定される可能性の高い法人である。

国税在籍時に先輩方にどうやって税務調査先を選定しているのか質問したことがあるが、「申告書を見ると、非違が出そうな法人が感覚としてわかるようになる」と教えられた。これは、単なる当てずっぽうで税務調査先を選定しているということではなく、税務調査先の選定時の想定と、実際に税務調査を行った結果とのトライ＆エラーの繰り返しで身につく、経験に基づく感覚で選定を行っているということだと理解している。

決算書の特定の勘定科目の数値の割合が○％だと税務調査の対象とならないといったような情報を見たことがあるが、機械的に税務調査先を選定しているわけ

7　税務署内で税務署に提出された申告書をチェックして、所得計算誤りがないかを審理すること。

ではないので、この情報を真に受けて、勘定科目の調整を行ったりすることは何の意味もないと思う。

これは税務調査先の選定時ではなく、税務調査を行っている最中に意識していたことであるが、顧問税理士の性格や税務行政に対する考え方、経営者の姿勢、会社の雰囲気は意識的に調査記録として残していた。顧問税理士の性格や考え方、経営者との距離感はそのまま税務処理に現れるし、経営者の姿勢も同様で誠実な方であれば、経費の付け込みなどのリスクが低くなると考えている。また、雰囲気が良い会社は従業員不正等が起こる可能性が低いように思う。

この記録の趣旨は、申告書等の数値では窺い知ることのできない情報を記録することで、次回の税務調査先の選定の参考にすることにある。つまり、誠実な経営を行っており、従業員との関係も良好、税理士ともしっかりとコミュニケーションが取れているような会社であれば、そのような記録を残し、今後は税務調査先として選定すべきではないということを伝えることにあった。

税務調査先の選定を行うにあたり、何か特殊な技法や情報を税務署は持っており、不正経理などが見込まれる法人をピックアップしているかのように思われているかもしれないが、実際のところは、統括官の長年の経験に基づく感覚を基に、法定調書などにより蓄積された情報と、調査官が税務調査で感じ取った情報の記録を参考にして、税務調査先の選定を行っているというのが実際のところではないかと思う。

税務調査先の選定方法を気にしている方々も、それを知ってどうこうしたいということではなく、単なる興味として聞いているだけだと思われるが、税務調査に不慣れであるがゆえに「税務調査が来るということは何か問題が発見されたのかな？」と不安に感じる納税者もいると聞いたので、税務調査先の選定方法について書いてみた。

繰り返しになるが、税務調査先の選定に決まったルールなど私が知る限りない。真面目に申告している納税者に限った話ではあるが、税務調査が来たからといって、「何か問題が発見されたのかな？」と心配する必要はない。

COLUMN

たくさんの申告書を見ることで得られるもの 

税務大学校での研修を終えた後、税務署の法人課税部門に配属され内部事務（申告書の入力事務など）を担当した。具体的には、提出された法人税の申告書の補完記入（別表1の右上の欄にある項目を追記）、別表や決算書の数値が正しく転記されているか、計算誤りがないかのチェック、チェック後にOCR用紙を機械に読み込ませて、読み込み誤りが生じている数値の補正などの業務を担当していた。後から聞いた話なのだが、もともと予定されていた担当業務は消費税申告書に関する内部事務であったところ、副署長の鶴の一声で、法人税申告書の担当になったとのことであった。その理由は、できる限り多くの申告書に触れさせることで、国税調査官としてのセンスを磨かせるべきと副署長が考えたかららしい。

今になって思うが、この考えは本当に正しいと思う。所属していた税務署は中規模署であったため、確か12,000社程度の法人があったと記憶している（月平均で1,000社と考えていたのを覚えているので、1,000社×12か月で12,000社と計算）。大規模署になると複数人で申告書を処理していたし、現在は内部事務一元化になったので、複数人で処理しているかもしれないが、当時は、12,000社すべての申告書の処理を一人で担当することができた（もちろん、アルバイトスタッフに業務を補助してもらったりもする）。これだけの数の申告書を見ると、その他大勢の似たような内容の申告書と、少し変わった内容になっている申告書の見分けがつくようになる。

なので、税務調査を頑張るぞと意気込んで国税職員になったものの、内部事務ばかりでつまらないなと考えるのではなく、「センスを磨いているんだ」と考えて、内部事務にも前向きに取り組んで欲しい。ただし、ただ単にたくさんの申告書を見れば良いということではなく、申告書上の情報だけで、間違いを見つけてみようといった風に、興味・関心を持って、申告書を見て欲しい。得られる経験値が各段に違う。間違いであるとは断定できないが、気になる事項がある申告書には、メモ書きを貼り付けて、調査部門に回付したりしていた。その後に税務調査先に選定されて、メモ書きの内容が当たっていたりすると、担当部門の統括官がその結果を教えてくれたりしたので、楽しかった。

量だけではなく、質ももちろん重要であるが、相当な量をこなすことで得られるものは間違いなくあるので、量にも貪欲になって欲しい。質ばかり求めると、深みがない調査官になるような気がしている。

COLUMN

勘定科目内訳明細書「住所欄」記載省略の弊害 

先に書いた選定の話は、税務署の一般部門でどのようにして選定をしていたかという話である。資料調査課や特別国税調査官部門、特別調査部門・班がどのようにして選定しているのかについては経験がないのでわからないが、資料調査課についていうと、税務調査が落ち着いた頃なのだろうか、ふとした時に税務署に来ては、会議室に籠って、一般部門が管理している法人の申告書や、法定調書などで蓄積された情報を参考にしつつ、申告書や決算書の内容などをつぶさにみて、先に彼らの案件として持って行ってしまうということだけは見たことがあるので知っている。こういった特殊な部門が行っている選定方法の詳細を知ったところで、真面目な納税者のために、ちゃんとした決算書と申告書を作るという税理士としての役目は変わらないので、税務調査をする側から受ける側となった今となっては、特に知る必要もないと思っている。おそらく、それだけ申告内容等から、おかしな点が窺えるということなのではないだろうか。

よって、一般部門が選定をすることができるのは、そういった案件が抜き取られた後となり、先に挙げたような細かな点からいろいろなことを想像しながら選定を行っている。税務に関する情報で、申告書に添付する勘定科目内訳明細書の取引先の住所欄の記載[8]を省くというものがあった。事務作業の効率化の観点からと、住所を書いたところで喜ぶのは税務署だけでしょという観点からの情報のようであった。会社の方が郵送の宛名用に、取引先の一覧データを作っているので、それの共有を受けて、コピペするだけなのではないかとも思われ、本当に効率化

8　令和６年３月１日以後終了事業年度分からは「登録番号（法人番号）」欄に、登録番号又は法人番号を記載した場合には、「名称（氏名）」欄及び「所在地（住所）」欄の記載を省略しても差し支えないとされている。

できているのだろうかと素朴に疑問に感じる。また、小規模な法人の場合は、取引先が頻繁に変わることもないようにも思われる。

税務署で、たくさんの申告書を見てきた経験から言うと、勘定科目内訳明細書の住所欄が空欄になっているのはかなり少数派である。取引先の住所を記入する手間を省いた結果、税務署が受ける印象という意味で、効率化できた以上のデメリットが生じていないだろうか。

住所を書かなかったから問題があると、形式的で、偏ったことをいいたいわけではない。こういった基本的なことを、丁寧に、しっかりとできる税理士事務所は、税務調査で対応していても、やはりしっかりしていたし、税金計算の間違いも少なかったように思う。

税務申告書を作成するときは、愚直に、セオリーどおりに作成して、他の申告書とくらべて、悪目立ちしないようにした方が良いと思う。税務調査に来てほしいのであれば、話は別であるが。

[法人事業概況説明書を税務署との会話のツールに]

これまでお伝えしたとおり、税務調査先の選定は申告書や決算書、勘定科目内訳明細書の情報などを基にして行っている。とはいえ、これらから得られる情報はそこまで多くなく、実際に税務調査に着手してみないとわからないといったこともよくある。

実際に税務調査を行うことで、あっさりと疑問点が解決したこともあったが、このような理由で税務調査先として選定されてしまうことがないように、法人事業概況説明書を税務署との会話のツールとして使ってみてはどうかと考えている。

具体的な例として、法人事業概況説明書の「19 当期の営業成績の概要」欄を有効活用されていたのを見たことがある。

19 当期の営業成績の概要	

例えば、売上が増加しているものの粗利が低下し、営業利益が落ちているような決算の内容となっている場合に、この欄に、「会社の取り扱っている商品は高粗利の商品Aと低粗利の商品Bとがあるが、当期は高粗利の商品Aの売れ行きが芳しくなかったため、売上高は増加したものの、粗利が低下し、営業利益が昨年に比して悪くなっている」といった説明書きをすることで、少なくとも、「売上高増加に比し、粗利が低調」といった理由で税務調査先として選定することはしないのではないかと考える。

もちろん、何でもかんでも積極的に開示すべきとまでは考えていないが、事前に説明することで解決できるのであれば、それをすることで、お互いに余計な手間を生じさせないほうがよいのではないだろうか。

[タレコミ] 税理士

タレコミは本当にあるのか、タレコミ情報を基にして税務調査をすることがあるのか？　という質問を受けたことがある。タレコミは実際にあり、これを基にして税務調査を行うこともあるが、一般部門がこのような事案を担当することはあまりない。

国税在籍時に、タレコミを実際に電話や書面で受けたことがあるが、同業者などからの単なる恨みつらみからのものと、本当に是正したいという気持ちを持っての情報には明確な違いがあった。単なる恨みつらみの場合は、情報が非常に漠としている。

例えば「A社の社長は売上を抜いているという噂がある。本人もそのような話をしていた」などである。この手の情報の場合は文書であることが多いため、情報提供者の真意を知ることができないのが残念であったが、このような情報で税務調査に着手することはないと考える。

対して、是正したいという気持ちを持っての情報の場合は、情報がかなり詳細である。例えば、「○○ビルの○階の寝室に金庫があるが、その中に簿外預金（△銀行□支店普通預金口座番号123456）があり、Aが管理している」といった風にである。

こういった情報を得た場合は、ある程度裏取りをした上で、税務調査を実施していたように記憶している。もちろん、税務調査先にそのような情報を持っていることは一切伝えることなく、税務調査を実施していた。

電話での情報提供者から、税務調査に入ったのか否か、入ったのであれば、その結果を報告して欲しいと言われたことがあるが、もちろん、税務調査に入ったのか否か、その結果を報告するようなことは一切ない。

ちなみにタレコミではないが、税務調査先で税務調査初日に、「ほかに脱税しているところがあるんだからそこに調査にいきなさいよ」と言われることがよくあった。「ぜひ、税務調査を実施したいので、法人名とどのような脱税をしているのか詳細に教えてください」とお伝えすると、だんまりを決め込まれてしまった（単に嫌味で言われていただけなのはわかっている）。

なお、国税庁のウェブサイトに「課税・徴収漏れに関する情報の提供」というページが開設されており、このページを通じて、情報提供ができるようになっているようである。情報をお持ちの方はぜひご活用を。

COLUMN 情報提供制度の悪用 税理士

おそらく税理士事務所にお勤めの方の話なのだと思うが、売上のノルマが達成できないときに、わざと税務署に顧問先の情報を提供して、税務調査が来るように仕向ける（事務員としては立会料が入るので売上が作れる）という話を聞いたことがある。

提供された情報が正しい情報なのであれば、税務署としては、然るべき課税ができたわけであるため、問題ないようにも思えるかもしれないが、この話を聞いたときに、ちょっと考えさせられた。

また、従業員の方から、文書での情報提供を受け、その情報に基づいて税務調査に着手したところ、着手後に、「本当に税務調査が来ると思っていなかった、情報提供は嘘であったので、税務調査を終わりにして欲しい」と書かれた文書が送られてきたことがあった。勤め先との関係で嫌な事でもあったのだろうか。

情報提供の敷居が低くなったことは望ましいことであるが、低くなったがゆえに、こういったことに利用されてしまうこともあるので、考え物だなとも思う。

COLUMN

会計案件の調査委員会での経験を踏まえて

公認会計士となった後に、会計案件の調査委員会の補助者として調査に関与する機会が何度かあった。また、同様の他の事案の情報に触れていく中で、ひと昔前とは違い、不正を働いたことが黙殺されることなく、情報提供などを通じて、表面化することが多くなってきたように感じている。

公表されている調査報告書などを見ていると、情報提供者は会社が行っている行為に問題意識を持っており、社内での解決を図ろうとするも、うまくいかず、情報提供をすることによる報復に不安を覚えながらも、正義感をもって、情報提供に踏み切っている印象を受けている。

情報提供を行うことで、調査委員会が設置され、様々な観点からの調査が行われるのであるが、調査業務の対応をする従業員の負担は相当なものであるし、本当に会社の中がぐちゃぐちゃになってしまう。おそらく、情報提供者も同様に巻き込まれているのだと思う。

こういった事案の情報に触れていくなかで、世の中の不正に対する意識が本当に大きく変わってきているように感じている。

所得の捕捉率について、「トー、ゴー、サン、ピン」といった言葉があって、従業員として勤めていると所得が10割捕捉されるが、自営業者などになるとその捕捉割合が小さくなっていくと言われていたが、これは、もう昔のことなのではないだろうかと思っている。決して10割捕捉できているとは思わないが、ここまでの開きではなくなっているのではないだろうか。

飲食店なんかを見ていると、自動券売機を導入しているお店もかなり増えた印象で、売上を抜こうにも、手書きで伝票を書いていた時代と比べると、そんなに簡単に売上を抜けるのだろうかと疑問に思う。もちろん、昔ながらの意識のままで、ちょっとくらい売上を抜いたって税務署にバレないだろうと考えている納税者も依然としているのだとは思うが、こういった意識の変化を踏まえて、調査官の側も少しずつ変わっていく必要があるのではないかと思っている。

[反論すると税務調査の頻度が上がるのか？] 

税務調査対応の支援を行っている中で、税務署に楯突くことで（ここでは単に反論をするということであって、いたずらに税務調査の妨害をするといったことではない）、税務調査がひどくなったり、税務調査の頻度があがったりしないか？　といった質問を受けたことがある。これについてはまったく関係ないと回答している。何も悪いことをしておらず、指摘を受けた処理についても間違っていないと考えるのであれば、毅然とした態度で、反論をした方がよい。

私が税理士として税務調査に立ち会っている際に、明らかに間違った指摘を受けた場合は、「その指摘、間違ってますよ」と普通に伝えているが、それが原因となって、何かしらの不利益が生じたことはない。また、私が税務調査を担当していたときに、納税者から理路整然と反論されたことがあるが、そのことで、「何か仕返ししてやろう」といった感情などまったく生じず、むしろ、「しっかりしている会社だな」という印象を受けた。反対に何でも受け容れる納税者や税理士の方もたまにいたが、あまりにも何の反論もないと、「何かほかにやましいことがあるので、何も反論せずに早く税務調査を終わらせようとしているのかな？」と勘ぐらざるを得なかったように記憶している。

間違った指摘を調査官がしてしまう原因として、会社の行っている取引をしっかりと理解できていない、税法の理解誤り（単なる勘違いも含む）、納税者とのミスコミュニケーションなどいろいろな原因があるように思うが、指摘を受けた場合には、本当に修正する必要がある指摘かな？　と、冷静に考えた上で、

①疑問がある場合はその疑問点について調査官に説明を求めてみて、
②調査官の説明があいまいな場合は、そのあいまいになっていた部分から調査官が理解しきれていないことを把握して、
③再度、もっとかみ砕いて、別の角度から説明して理解を求める

といったことをしてみてはいかがであろうか。

同じ説明を何度か繰り返すこととなるが、ここは我慢。私が調査官目線で説明しても、理解を得るまでに何度も同じ説明をした経験があるので、避けては通れない道なのかなと思っている。

お互いの仕事の内容を正確に理解しきれないのはお互い様で、意図せず間違ってしまうのもお互い様なのではないかと思う。

この質問を受けた背景事情として、もしかしたら、昭和の時代には、実際にそのようなことがあったからかもしれない。少なくとも私が国税に在籍していた頃に、そのような話は聞いたことがないし、感情的な側面で税務調査先を選定したところで、税務署としては何も得をしない。そもそも法人一社一社をそこまで厳密に管理していない。

むしろ、お土産[9]を作るとか、毎回同じような指摘（多額の個人的経費の付けこみなど）を受けている法人の方が、税務調査先に選定されやすい。

[税務署のブラックリスト？] 税理士

重加算税の対象となると、税務署のブラックリスト[10]に載るといった税務調査に関する情報があった。単なるミスのような現金売上の除外[11]を重加算税対象[12]とすることについての反論は、重加算税対象とされることによる追徴税額の増加が問題なのではなく、税務署内での取扱いの違いを気にされているのではないかとも考えられる。

これについては、税務調査のプロである調査官が、過去の税務調査の指摘内容や調査資料を見れば、単なるミスのような売上除外と、裏帳簿の作成や簿外預金を使った売上除外の違いは、一目瞭然である。

よって、単なるミスのような売上除外の指摘を受けた法人に対して、裏帳簿の作成や簿外預金を使った売上除外をしていたような法人と同様の対応をすることはない。ただし、現金売上の管理すらしっかりとできていない杜撰な経理をしている法人であると認識はされると思う。

9　非違事項が見つからず、調査官が税務調査を終わらせられないという事態を想定して、意図的に期間帰属誤りなどを残しておくもの。

10　私の経験不足が原因かもしれないが、税務署のブラックリストとは具体的に何のことを指しているのかよくわからない。おそらく、「過去の調査事績などから常習的に多額の不正計算を行っていることが把握された法人」などについて、その他の法人とは別管理していること、を言っているのではないかと思っている。

11　帳簿等に記載しないこと。

12　納税者が事実を隠ぺいし、又は仮装して申告をしていた場合に、過少申告加算税に代えて課される加算税を重加算税といい、その対象となる非違事項のこと。

重加算税の賦課対象となったため、税務調査が頻繁に行われるのではない。そのような杜撰な経理をしているから、税務調査の対象となりやすいのだ。

よって、顧問先の利益を一番に考えるのであれば、税務署から杜撰な経理をしている法人であるという認識を持たれないように、日々の顧問業務を通じて顧問先を正しく導くことの方が、大切なのではないかと思う。

第3章 税務調査（全体）

［ 税務調査の時期 ］ 税理士

税務調査の時期は、７月～12月、１月～３月、４月～６月と３つに分かれている。

７月から始まるのは、税務職員は毎年異動があり、異動日が７月10日であるためである。これに関連して７月～12月の調査事績が金、１月～３月が銀、４月～６月が銅で、人事評価に反映されるのが金と銀まで[1]といった情報を見聞きしたことがある。

私自身も国税在籍時に同様の話を聞いたことがあるが、正直なところ、これを強く意識して税務調査を行っている一般部門の調査官はもうあまりいないのではないかと思う。同じ税務署にいる先輩方の異動先を数年間見ていれば自然とわかるのだが、税務調査の調査事績が、人事のすべてではないことがわかるためである。７月～12月は異動後で張り切っているということは確かにあると思うが、４月～６月であっても、私は金銀銅といったことはまったく気にせず、普段どおり税務調査をしていた。

一般部門の話ではないが、４月～６月に、不正経理等が想定される事案に新規着手しているのを見たこともある。このような法人に対してはタイムリーに税務調査に着手することが大切であり、わざわざ成績に反映させるために、７月の異動を待って着手といったことはしていないのではないかと思う。

少し話がそれるが、一般部門の調査官が６月中旬になってもまだ税務調査を行っていると、肩身が狭い思いをする。この時期は編綴（へんてつ）作業といって、提出され

1　7月の異動までに人員の配置を決定することを考えると、4～6月の調査事績を考慮することができないため。また、国税庁等の上級官庁の人員の配置は、より早い時期に決まるため、1月～3月は銀となる。

た申告書を課税ファイルに綴る作業を調査部門の職員総出で行っているのだが、税務調査が終わっていない調査官は、この作業に加わることなく、税務調査のまとめなどを行うこととなるためである。多額の指摘事項などが見つかり、税務調査のまとめに時間を要している場合は何の問題もないのだが、通常の事案でそのような状況になっていると編綴作業を行っている側としては不公平に感じたりする。

[7月～12月に税務調査が多い理由] 税理士

7月～12月に税務調査が一番多く実施されることについては、日本の会社の多くが3月決算であることが影響しているのではないかと思っている。

3月決算法人の確定申告書の提出期限が、決算月から2か月後の5月末で、申告書の提出を受けてから概ね2～3週間くらいは申告書数値の入力等の内部処理の期間であるため、当時は、6月中旬くらいに（ちょうど編綴作業が終わる頃を見計らったかのように）調査部門に3月決算法人の申告書が回付されていた。そこから調査先の選定を行うのであるが、7月に異動があることも考慮すると、3月決算法人に対して税務調査の着手[2]ができる時期は、早くても7月の異動後以降になるということである。

そのほか、1月の正月明けまでは雰囲気的に税務調査の新規着手がしづらいことや、2月から3月は所得税の確定申告シーズンであるため、税理士が関与している納税者への税務調査を控えていること、4、5月は通常どおりであるものの、6月は上記のとおり、税務調査のまとめの時期であることといったことも関係しているのではないかと思う。

ちなみに、私が税務調査を担当していた頃のさらにひと昔前は、お盆休み明けから調査開始といった風に少しのんびりしていたようであるが、それではいかんということで、7月の異動後からすぐに税務調査に着手できるようにするため、7月の異動前に調査先の選定をして、税務調査の事前通知と日程調整を行っておくということが始まっていた。

2　税務調査をはじめること。

[異動の時期を利用するという情報] 税理士

税務調査対応のテクニックとして、この異動の時期を利用するといった情報を見聞きしたことがある。たしかに、7月の異動で別の税務署へ行ってしまった場合は、他の調査官に事案を引き継ぐこととなり、後任者と調査先の双方に迷惑をかけてしまうこととなるため、そのような事態にならぬように意識しつつ、税務調査を進めていたように記憶しているが、不正経理等が想定される事案などで異動までに決着がつかない事案は、普通に次の担当者に引き継がれていくだけであるため、正直なところ、あまり意味がないのではないかと思う。

異動のタイミングまでに税務調査がまとまらなかった事案の納税者側の支援を行ったことがあるが（5月末に相談を受け、6月から支援開始）、前任の調査官から後任者へ引継ぎは行われてはいたものの、正確に、かつ、網羅的に引き継ぐということは実際には難しいようで、従業員に対するヒアリングの再実施など、もう一度初めから税務調査をやり直すような状況となってしまった。

この経験から、異動日を跨いで税務調査を受けるということは、税務調査対応をしている側としても、対応の手間が増えて、非常に面倒な状況になるのではないかと思っている。

ただし、調査官の中には、異動の時期なので、税務調査を早く終わらせなければならないといった風に、理由になっていない理由を盾にして、無理やり税務調査を終わらせようとする方もいるので、そのような場合で、指摘事項がまったく腑に落ちていないのであれば、「異動後に、次の担当者の方とお話しますので、大丈夫ですよ」と言ってしまってよいのではないかとも思う。担当者が変わることで思っていたよりもすんなりと結論が出ることもある。

つまるところ、7月以降も税務調査が続いてしまうことによる対応の手間や心理的な負担と、腑に落ちていない指摘事項を受け入れることによる経済的な負担とのバランスではないかと思う。

[税務調査のノルマ] 調査官 税理士

調査官が非違を躍起になって探すことについて、ノルマがあるからと解説している情報を見たことがある。

ノルマというと、民間企業の営業部隊の方がオフィスで発破をかけられていたり、個人ごとの成績が棒グラフでオフィスに貼りだされて、競い合わされたりといったイメージを個人的に持っているが、税務署ではそのようなことはしていない。

調査官個人に対して伝えられるのは、「部門としての年間の実地調査の目標件数が○件であるため、一人当たり○件（税務調査の経験年数や役職などに応じて担当件数を調整する）を担当しましょう」といったくらいである。

たまに、聞いてもいないのに、同じ部門ですらない、お話し好きの上席から「更修正割合[3]８割、重加適用割合[4]２割」と発破をかけられることもあったが、「そうなんですね〜」と返事をしたくらいでそこまで気にしていなかった。

個人的な意見であるが、税務署の一般部門の若手職員に、更修正割合のような数値目標を意識させることには、弊害があるのではないかと思っている。

私が税務署にいた頃に、非常に真面目な性格の若手の先輩がいたが、この先輩は真面目だからこそ、更修正割合をとても意識しており、是認[5]することはあってはならないと考えていたようであった。そして、その先輩が、何も非違が認められなかった税務調査先に対して、新聞の購読料を個人的経費として否認しようとしていた。

この先輩に意見したいわけではないが、調査官に求められているのはこんなことではないと思う。実際に否認したのか否かの顛末は存じないが、若手調査官には、まずは税務調査の基礎をしっかりと経験を通じて習得させ、いずれ対峙することとなる、不正経理等が想定される事案に適切に対処できるようにすることの方が、ずっと大切なことなのではないかと考えている。

私自身が、駆け出しの調査官だったころ、さすがに新聞代を否認しようとしたことまではないが、何か指摘事項を見つけなければいけないと勘違いしていた若手調査官だったのだが、税務調査に立ち会っていた税理士先生から、厳しいメッセージをもらうことで、間違いに気づくことができた。後になって振り返ってみ

3　実地調査件数を分母とし，税務調査による更正処分と修正申告の件数を分子とした割合。実地調査した件数のうち，非違を発見した件数の割合とほぼ同義。

4　実地調査件数を分母とし，仮想隠ぺい行為に基づく過少申告を発見した件数を分子とした割合。

5　税務調査の結果として，指摘事項がないこと。

ると感謝しかない。

今後、もしも、このようなタイプの調査官の税務調査を受けることとなってしまったときは、厳しいメッセージを送っていただければと思う。そのことで、一人でも多くの調査官が、税務調査で本当に求められていることを考えるきっかけにつながれば、両者にとって、良いことなのではないかと思う。

ノルマに話を戻すと、統括官は署長や副署長から発破をかけられていたのかもしれないが、それを部門の担当者に直に伝えて発破をかけるような一般部門の統括官を、私は見たことがない。仮に更修正割合が悪い調査官がいたとして、統括官がその方にあまり期待すべきではないと判断したのであれば、長期未接触など特段非違が想定されていないものの、実地調査を行う必要がある調査先を担当させればよく、それでバランスが取れているのではないかと思う。

特別調査部門・班については、一定期間ごとにその事務年度の税務調査の状況が共有されて、発破をかけられているような話を聞いたこともあるが、特別調査部門・班が担当している法人は、不正が想定されるような法人であるためであり、一般部門とは状況がまったく違う。

ちなみに、追徴税額が少額であっても、修正申告の慫慂[6]をすることもある。それは、その担当者の更修正割合が悪いため、修正申告の慫慂を行っている可能性を完全に否定はできないものの、どちらかというと、非違の内容として指導事項[7]として取り扱うことができない事項（例えば消費税の免税事業者の還付申告など）に関する修正申告の慫慂だと思われる。私はこの関係で200円の追加納付税額の修正申告の慫慂をしたことがある。

税務署に勤めたことがない方にとっては、感覚的に理解することは難しいのかもしれないが、税務署は営利企業ではないため、たとえ利益が生じなくても、行政にとってプラスになることであれば実施するし、法律や通達に書いてあることとは違う取扱いをすることもできない。具体的にいうと、赤字法人に対する税務調査を実施しないという発想は、営利企業の発想なように思えるし、少額の追徴

6　しょうよう。修正申告書の提出を勧めること。現在は「勧奨することができる」とされている（国税通則法 74 条の 11 第 3 項）。

7　税金計算に誤りが認められるものの、金額が少額であるなどの理由により、修正は求めず、今後の申告において是正を求めること。

税額の是正についても同じで、それを是正することでいくら税収が増えるかという発想で調査官は行動していない。

[場数を踏む] 調査官

最近の状況はまったく知らないが、私が税務署に在籍していた頃は、平均的な調査官であれば、年間30件程度の事案を担当していた。この件数を多いと感じるのか少ないと感じるのかは人それぞれだと思うが、当時、私は、とにかく1件でも多く場数を踏みたいと考えていたので、時間を作っては、同じ部門の上席さんの事案に同行していた。調査先の法人の規模があまり大きくないと、調査官が2人で来るとびっくりされてしまったりもしたが、当時の私がバリバリの新人だったので、納税者や顧問税理士も雰囲気で、「勉強のためについてきているんだな」とわかっていたようである。具体的な件数は記憶していないが、これで、年間40件近くの事案を経験できていたのではないかと思う。そのほか、統括官の方針で、特調部門・班の事案に同行することができた。特官部門も経験したが、これは調査部門に配属される前の、研修期間中のことである。

自ら望めば、より多くの税務調査の場数を踏むことができるのは、国税調査官として税務署に勤めていることのアドバンテージだと感じている。ぜひこの環境を最大限生かして欲しいと思う。税理士になると、税務調査専門で開業して繁盛しない限り、1年間でこの件数を経験することはできないと思う。

場数をたくさん踏もうとすると、同時に、失敗もたくさん経験することとなるが、そこまで重要ではない事案を担当する若手のうちに、たくさん失敗を経験しておいた方が良い。私もたくさん失敗した。銀行調査で、銀行宛の照会文書と銀行調査証の違いをわかっておらず、銀行調査証を銀行員の方に渡したまま帰ってきてしまい、大問題になりかけたことがあるし（先輩調査官が夜に銀行に行って、回収してきてくれた。銀行調査証は質問検査証と同じ）、キャバクラの調査で、店舗のごみ箱からポチ袋を発見するも、店舗でそのポチ袋について、質問も何もせずにそのまま回収して、本社で税務調査をしていた先輩調査官に渡してしまったこともある（先輩たちが呆れていた。店舗で何のために使ったのかを聞きましょう）。

むやみやたらに失敗を繰り返して良いということではないのだが、一生懸命に、真剣にやっても、いろいろなことに挑戦していると失敗はつきものであることを言いたい。とある統括官が私に、「村上。この組織はな、減点方式なんだよ。何もしないと失敗しないだろ？　そうすると、何もしない方が良いとなってしまう。何かおかしいと思わないか」と話してくれたことがある。何もチャレンジせず、減点もされずに定年まで過ごすのと、減点はされてしまうかもしれないが、チャレンジする税務職員人生のいずれが良いだろうか。答えがある問いではないが真剣に考えてみて欲しい。

COLUMN

成績が良くないと調査部門から外されるのか 

私が国税に在籍していた頃は、普通科（国家Ⅲ種税務職）で採用されると、基本的には内部事務を担当することが多く、なかなか税務調査を経験させてもらえないという環境だった。専科（国税専門官試験）の場合は、内部事務を1年程度経験したら、すぐに税務調査を担当するので、なかなか順番が回ってこないためである。私が在籍していた頃と今は、採用事情が違うので、現在も同じであるかはわからない。私は運よく、すぐに調査部門に出してもらえたのだが、こういった事情もあったので、税務調査の成績が良くないと、すぐに調査部門から外されてしまうのではないかと、とても不安だったのを覚えている。おそらく、金銀銅といった情報に少し影響を受けていたようにも思う。

私の税務調査の成績の実際のところはどうだったかというと、断トツで悪かった。同じ時期に調査部門に配属になった調査官（専科生）と税務調査の状況を話していたので、その話の内容からの推測であり、何か具体的な数値などで管理されていたわけではないのだが、とにかく是認が多かったし、非違が出ても、期ズレ（しかも棚卸計上漏れの方。赤字だったので、追徴税額はゼロ）ばかりだった。

調査1年目～3年目くらいまでは、近隣の税務署の調査官との合同での研修があり、その研修の中で、自分が経験した事例を発表する回があったのだが、あまりにもしょぼい事案しかなかった（作業くず除外の数万円を重加算税扱いにしたくらい）ので、当時の統括官から、同じ部門の上席さんの事案を自分の事案として発表しようか、と本気で心配されたくらいである（ちなみに私は是認の事案なんて誰も持ってこないと思うで、是認の事案で発表したいと提案したが、見事に却下されてしまった）。

そのような状況で、実際に調査部門から外されたかというとそんなことはなかった。研修の仕組みや、そのほかの状況を見ていると、3年間くらいかけて、しっかりと調査官として育てていこうという方針なように感じた。なので、税務調査1～3年目くらいで、重加対象を見つけなければ、大きな非違を見つけなければなどと考えなくて良い。しっかりと地に足を着けて、まともな事案をたくさん経験して欲しい。統括官は「しっかりと根を張れ」と言っていた。中には2年目くらいから特調部門・班に配属されるケースもあるが、実際に配属になった人に話を聞くと、確かにいろいろな事案は経験できるが、具体的にやっていることはコピー取りや数値の集計ばかりで、もっと一般部門でしっかりと経験を積みたかったと言っていた。

まともな事案を経験しないと、何があるべきなのかが感覚として理解することができないのではないかと思う。私は、まともな事案ばかりをはじめにたくさん経験できたので、そこで学んだことを使って、全くできていない法人の事案を担当したり、無申告事案を対応したりすることができた。法人としての管理体制のあるべき姿は、規模や業種などによって、どんどん変化していく。税務署の特官事案を経験すれば、売上高数十億円規模の法人の税務調査を経験できるので、その規模で求められる管理体制を学ぶことができるし、調査部所管法人、調査部特官[8]所管法人と、どんどんとランクアップしていくごとに、もっともっといろいろなことを学ぶことができる。

道のりはとても長い。ゆっくりと確実に進んで欲しいと思う。

[増差所得金額[9]による評価] 調査官 税理士

増差所得金額による評価も特段なかったように記憶している。非違の内容に関係なく、増差所得金額で評価した場合、例えば特別国税調査官部門の事案で、棚卸計上漏れ[10]が1,000万円把握されたという事案と、一般部門の事案で仮装隠ぺ

8　東京国税局調査部にある、リーディングカンパニーなどの超大規模法人を所掌している部署のこと。税務署に特別調査官部門があるが、これとは別。

9　税務調査による指摘により増加した所得金額のこと。

い行為による増差所得金額が100万円把握されたという事案を比較すると、特別国税調査官部門の事案の方が評価されることとなってしまう。調査先の企業規模が大きければ指摘金額が大きくなる傾向にあるし、棚卸計上漏れは結局のところは、長い目で見れば所得金額に大きな違いはない[11]。

現在の評価の方法がどのようになっているのかは存じないが、私が在籍していた頃は、仮装・隠ぺい行為に関する指摘が評価されることのほか、消費税固有の非違[12]や国際税務に関する指摘など、その指摘の内容で調査官を評価しようという流れにあったように記憶している。ただ、この増差所得金額の内容による評価は、人事評価項目の一つの要素といったくらいのもので、先輩方の異動先などを見ていると、どれだけ仕事にまじめに取り組んでいるかといった仕事に対する姿勢や、やる気の方が評価の要素として大きいように感じていた。

[税務調査の指令] 調査官 税理士

統括官が税務調査先の選定を行うと、統括官から調査担当者に税務調査の指令が出される。指令を受ける際に、調査先の選定理由が伝えられるが、この理由が「長期未接触」だと、税務調査への気力がかなり萎える。「長期未接触」とはその名のとおり、長期間税務調査に行っていないので調査せよ、ということなのであるが、長期間未接触となっている理由のほとんどが、非違が想定されないからである。納税者としても「なんでうちなんかに来たんですか？」と思うようで、税務調査の初日に顧問税理士と納税者の両方から小言を言われる可能性がかなり高かったように思う。

私が調査1年目の時に指令を受けた事案のほとんどが、この「長期未接触」だったので、やる気満々だった初めの頃はがっかりしたのを覚えている。今に

10　決算期末の棚卸資産として計上すべきものが計上されていないこと。これにより売上原価が過大に計算されることとなる。

11　棚卸資産が計上漏れとなった決算期の翌期の期首棚卸資産の金額が少なくなることから、翌期の売上原価が過少に計算されることとなり、期を通しでみると課税所得金額は同じとなる。

12　売上の計上漏れなど、法人税の非違が消費税の非違に連動するものを連動非違といい、消費税の課否判定誤りなど消費税のみの非違を消費税固有の非違という。

なって思うと、長期未接触事案をはじめにたくさん経験できたのは良かった。非違が出ないということは会社の経理が非常にしっかりとしている場合や、税理士の関与が適切ということでもあり、経理業務のあるべき姿を実体験として学ぶことができた。また、非違を簡単に見つけられる案件ばかりだと、税務調査の進め方などについて、いろいろと悩み、考え、工夫することを学べなかったようにも思う。

非違が出ないということについて、この本を書くにあたっては、粉飾決算を行っている会社にあたることも意味しているのであるが、粉飾決算を行っている会社の雰囲気がどのようなものなのか（言葉で言い表すことが難しいが空気が澱んでいる）を感じ取ることができ、その後、その会社がどのような状況になるのかを見ることができたのも、後々いろいろな場面で役に立った。

納税者の側としても、ベテラン調査官が来るよりも、20代前半の若いのが1人で調査に来たほうが、「練習なのかな？」と思えて気軽に対応できるようで、お互いに不必要な緊張感を持たずに税務調査を進めることができた。

ちなみに、長期未接触の中には、相当昔から不正経理を行っており、不正経理を行った状態の決算書数値が通常の状態となってしまっている法人も潜り込んでいたりする。そういったことも想定されるため、長期未接触法人に対する税務調査も行われている。

［税務調査の日程調整］ 税理士

担当者は指令を受けた後、税務調査の日程調整と準備調査を行う。担当者によっては日程調整を先に行ってから、その後に準備調査を行う場合もあるが、私は、先に準備調査を行ってから、日程調整をするようにしていた。というのも、準備調査で過年度の税務調査の状況や申告書等の詳細な確認などを行うことで選定理由として挙げられていた疑問点が解決できる場合や、粉飾決算であることが判明することがたまにあり、そういった場合に、先に日程調整をしていると、「やっぱり税務調査をやりません」とは言えないためである。

ちなみに調査官が提示してきた日程の都合がつかない場合は、日程の変更は可能である。「都合がつかないので別の週で調整をしていただきたい」といった返事がきたことがあったが、それで何か気にしたことはない。

　ただし、中には悪質なケースもあり、交通事故にあって入院したなどと様々な理由を作っては逃げ続ける納税者もいた。このような場合は当然それ相応の対応をしていた。

　国税局調査部の事案などでは、事前依頼資料の分量が多いことや、会計資料を外部倉庫に預けているなどの物理的な理由から準備にそれなりの時間がかかるため、概ね１か月前くらいには日程調整の連絡をしているようである。私が税務署の一般部門で税務調査をしていたころは、「来週の○日で」といった風に翌週や、調整が難しければ、翌々週で調整をしていた。候補日は連続した日でお願いしていたが、別に連続した日程でなくても特に問題はない。

　念のため書いておくが、日程の調整が可能というだけであって、任意の税務調査なので、税務調査そのものを拒否できるということではない。勘違いされているのか、何か思いがあって書かれているのかはわからないが、こういった誤った情報を発信している方もいるので、ご留意いただきたい。

COLUMN　調査官が言う「出張」の意味　税理士

　税理士となってから税務署や国税局の担当者宛に電話をした際に、電話の応対者から「その職員は、本日、出張に出ています」と言われたことがあった。この「出張」は、世間一般にイメージする「出張」とは意味が違うので、その意味を簡単に紹介してみたい。

　「出張」というと、新幹線や飛行機を使って遠方へ行っている状況をイメージすると思うが、税務職員が言う「出張」は、「管轄内の納税者への税務調査等に出ており、今は署内にはいない（夕方には帰署できる距離にいる）」ということを意味している。

　では、新幹線や飛行機を使って遠方へ行く出張はどのように言うのかというと「管外出張」（かんがいしゅっちょう）といっていた。ただし、税務職員以外の方にこの言葉を遣うことはないので、遠方へ行っている際にも「出張」という言葉を遣っていることとなり、外部からは、どっちの出張なのかの判別がつかないこととなってしまう。

　国税に在籍していた頃、実家に帰省した際に、両親に「毎日出張に行っている」

と言った時のリアクションが予想以上に大きかったことから、「出張」という言葉の意味のズレに気づいたのだが、なぜ「出張」という表現をするようになったのか解明に至らぬまま、国税の職場を去ってしまった。

税務職員から「出張に出ています」と言われても、大丈夫。夕方には税務署に戻っている。

第4章 準備調査では何をしているのか

[準備調査のやり方] 調査官

「準備調査」というと何か決まった手続きを行っていると思われるかもしれないが、一応のお決まりとして、３期ないし５期分の決算書の数値をエクセルに入力して、売上などの推移が見られるようにしておくことと、調査項目を決める必要はあるが、税務調査先の選定と同じで何をすべきといった具体的なルールはなかったように記憶している。

調査部門に配属された新人調査官が一番初めに抱く疑問として、「準備調査っていったい何をすればいいの？」というものがあるが、先輩方に聞いても、「とりあえず３期分数値を並べてみれば？」と言われるくらいで、手取り足取り教えてもらうといったことは当時なかったように記憶している。先輩方にしつこく聞いてまわってみたり、直上の先輩がやっていることを真似してみたり、座学の研修で学んだことを試してみたり、財務諸表分析に関する書籍を読んで真似してみたりと、いろいろと試してみた結果の結論として、税務調査に着手する前に、税務署にある情報を集約して整理しておく業務のことであると私は考えていた。

具体的に教えてくれない先輩方に対して、当時は不満を感じたこともあったが、結局のところは、各々が過去の経験などから有用と考えた方法で行っており、それが正しいという確証が得られないので、「とりあえず３期分数値を並べてみれば？」という当たり障りないアドバイスをしていたのではないだろうかと、今になって思う。

以下に、記憶を頼りに私が当時どのようなことを行い、試してみたかを書き出してみた。

①　過去３期（調査官によっては５期）の推移の確認

単位を千円にして、雑費などの細かな勘定科目は除いて、決算書の数値をエクセルに打ち込んでいた。数値を打ち込むことで、売上や利益が増えた、減ったという情報が感覚として頭に入ってくるという利点がある。また、勘定科目が大きく変わった場合などには、「このタイミングで会計事務所の担当者が変わったんだな」といったことを推測したりしていた。

準備調査に関する情報を少し調べてみたところ、回転期間分析などの財務諸表分析をしているという情報があったが、私はそのようなことはしていなかった。一般部門が担当する会社の商売はシンプルなものがほとんどで、規模もそこまで大きくないので、そのようなことをせずとも、決算書数値の入力をすることで、「粗利が落ちたから税前利益が悪くなっているな」「販管費[1]のうち、広告宣伝費が異常に増えているな」「多額の特別損失があるけれど、税務上損金が認められるものだろうか」といった風に、税務調査で確認すべき事項はおおまかに把握できた。

売上や仕入、棚卸資産に関連する大きな誤りがあると、粗利率[2]が大きく変動するため、粗利率は意識して見ていた。

② 机上での申告審理

受取配当等の益金不算入や留保金課税[3]などの誤りが、机上審理で見つかる。他の調査官が圧縮記帳についての誤りを机上審理で見つけていたのを見たこともある。税務調査の終わりかけに机上審理を行って誤りを見つけた場合や、税務調査終了後の決議[4]の段階で審理担当などから誤りがある旨の指摘を受けた場合には、せっかくまとまっていた事案をほじくり返すようなことになってしまうので、このような事態を避けるため、私は、準備調査の段階で行うようにしていた。

当然のことかもしれないが、作成する頻度があまり高くない別表[5]に誤りが多かったように記憶している。

1　販売費及び一般管理費のこと。

2　売上高総利益率のこと。売上から売上原価を引くと、粗利が計算でき、その粗利を売上で割ると粗利率が算出できる。

3　私が税務調査を担当していた頃は、会社法の成立に伴い、留保所得の計算における配当の取扱いが少し変わったものとなっていたため、かなりの確率で計算誤りが生じていた。

4　一般企業でいうところの決裁や稟議のこと。

消費税もおおまかにではあるものの検討が可能である。損益計算書の勘定科目の金額と貸借対照表の資産の増減を基にして、会社が課税仕入れとしている金額の大まかな内容を把握し、国際取引が多い業種なのに、旅費交通費がすべて課税取引扱いになっていないか、輸入消費税の取扱いに誤りがないかなどのチェックを行っていた。

そのほか、固定資産売却時の消費税の処理誤り（売却額ではなく、売却益を課税売上としてしまう誤り）や、非課税売上の課税売上割合への反映漏れ（土地や有価証券の売却などがある場合）なども検討可能である。

課税事業者が免税事業者となる場合の仕入税額控除の調整[6]のような、過去の情報によって適用されるか否かが決まる制度の適用漏れも多かったように記憶している。

税務調査は基本的には過去３期分を調査対象とするため、過去の情報に基づいて適用の要否が決まる制度についても検討がしやすい。

これら以外にも、申告書確認表[7]にあるような誤りがないかの検討も行っていた。

しっかりとレビュー体制が整っている税理士事務所にお勤めの方にとっては、「本当に申告書を机上でチェックしただけで、誤りが見つかるのか？」と思われるかもしれないが、本当に結構な頻度で誤りが見つかる。調査官としては誤りを見つける都度、指摘をして修正申告を慫慂するしか手だてがないが、この手の、申告書作成時のチェック体制をしっかりとすることで防ぐことのできる誤りは、なくしていくことが、納税者にとっても、税務署にとっても望ましいことなのではないかと思う。

③　固定資産台帳の耐用年数や償却方法をチェック

これは調査官の性格によるところが大きいように思っているが、私の場合は

5　税務決算で決算書を作成している中小企業の場合、別表１⑴、２、４（簡易様式）、５⑴⑵、６⑴、７⑴、15、16で所得計算が完了する場合がほとんどである。

6　制度の概要については、タックスアンサー「No.6491　免税事業者が課税事業者となった場合の棚卸資産に係る消費税額の調整」の「ところで、これとは逆に課税事業者が免税事業者となった場合には～」以下を参照されたい。

7　「国税庁　申告書確認表」で検索するとヒットする。

ざっと見て、明らかに短すぎるだろうという耐用年数でもない限りは、そこまで気にしていなかった。まめなタイプの調査官は、耐用年数表と専門書籍を片手に、別表や固定資産台帳とにらめっこしていたように記憶している。

償却方法については、建物が定率法[8]で減価償却されていた申告書を見つけたことがあるため、それ以降は償却方法も確認するようにしていた。

④ ホームページなどで会社の事業などを理解

私が税務調査を担当していたのは、10年ほど前になるが、その頃には、ほとんどの企業がホームページを作っていたので、会社の雰囲気や、どのような商品やサービスを提供している会社なのかを、ホームページを見て理解していた。

会社のホームページがない場合であっても、例えば、勘定科目内訳明細書の棚卸資産の内訳書に記載のある商品の型番などをインターネット検索することで、どのような商品を取り扱っているのかを知ることができたので、そのようなこともしていた。

⑤ 法人事業概況説明書に記載されている情報を確認

法人事業概況説明書の裏面に記載されている、月ごとの仕入と売上の関係を確認することで、季節変動がある商売なのかなどを確認し、現金の管理者の欄で、親族が現金を管理している法人なのか、ちゃんと経理担当を雇って、経理にお金を管理させている会社なのかなどを見ていた。

法人事業概況説明書の裏面に記載されている月別の取引高を検証することで、異常な取引月を把握することができるというアドバイスを受けて、実際にやってみたことがあるが、あまり精度が高くないように感じたため[9]、数回試してからは、この分析はしていなかった。

8　建物の償却方法は「定額法」とされている（法人税法施行令48条の2）。

9　発生主義といって取引が行われた都度、仕訳が起票されている場合は、ある程度の精度となるのかもしれないが、中小企業では、期中現金主義といって、期中の取引は決済が行われた段階で仕訳を起票しておき、期末の段階で発生主義にする方法をしている税理士が多かったため、売上と仕入の対応が、月次単位では会計数値上とれておらず、精度があまりよくないものとなってしまう。

⑥　源泉所得税の納付事績の確認

勘定科目内訳明細書の源泉所得税預り金の内訳を確認して、源泉所得税の納付がしっかりとされているか確認していた。資金繰りの関係などから、適時に源泉所得税を納付できていない法人の場合（納期限のたびに告知処分[10]を受けているような会社の場合）は、源泉所得税部門に調査着手の連絡をしていた。

そのほか、納付書の納期等の区分の書き間違いや、納期の特例[11]の申請の関係で１か月だけぽっかりと納付事績がないといった状況の対応などもあった。

国外送金等調書があれば、送金先や送金理由を確認するようにはしていたが、たいていが公表取引の決済にかかる送金で、国際税務で議論になっているような、国内源泉所得に該当する支払がないかといった検討はまったく必要なかったように記憶している。

⑦　勘定科目内訳明細書に記載の取引先の確定申告の状況を確認

税務署内のシステムで、他の法人の大まかな申告内容を調べることができ（調べるにあたっては、統括官の決裁が必要）、これを行うことで、取引先は実在するのか、無申告法人ではないかを調べていた。また、取引先の規模もわかるため、取引先との力関係などを想像したりしていた。例えば、売上先が大手一社や官公庁の場合は、基本的に売上除外は想定されない。売上をちゃんと申告していなかったことが取引先に伝わった場合に、取引の継続が難しくなるなど、事業上のデメリットが大きいためである。

⑧　グループ間取引がある場合は残高が整合しているかを確認

同じ税務署内にグループ法人がある場合は、勘定科目内訳明細書を確認して、期末残高等が整合しているか確認していた。整合しているのは当然なことであるため、これを行うことで非違が見つかるわけではない。グループ法人のそれぞれの申告内容を見ることで、法人単体ではなく、グループ全体として調査先の法人がどのような役割を担っているのかなど、より大きな視点で調査先の法人をみる

10　「税大講本　国税通則法（令和４年度版）」61頁

11　タックスアンサーNo.2505「源泉所得税及び復興特別所得税の納付期限と納期の特例」

ことができるため意識的に行っており、そのついでに残高が一致しているか確認をしていた程度である。

⑨　資料せんと申告内容の照らし合わせ

法定調書の情報など税務署内にある情報が、申告内容とあっているかの確認を行っていた。

情報の有用性にバラつきがあり、正直なところ、そこまで依拠していなかったのだが、せっかく収集した情報を使わないと、収集に関与された方に申し訳ないように感じていたのと、実際に資料せんにあった取引が申告漏れになっていた事案もあるにはあったので、事前に申告内容と照らし合わせるようにしていた。基本的には取引内容一つ一つを丁寧に見るということはせず、振込先が公表口座[12]であるか、売掛金の内訳書に記載のある取引先かを確認していた。

気になる取引があった場合は、資料せんそのものを署外に持ち出すことはできないので、別途、エクセルに取引年月日などの必要な情報を整理しておき、税務調査の際に、申告漏れとなっていないかなどを確認していた。

準備調査に関する情報として、税務署には膨大な情報が収集されており、それらを詳細に分析しているといった情報があったが、一般部門が対象としている中小企業に関する資料情報はそこまで多くないので（5～10枚くらいがざら）、分析のようなことはできないし、していない。現金商売については、積極的に情報を収集しているため、準備調査の段階で分析をしているような話を先輩から聞いたことがあるが、実際にどのようにしているかについては、残念ながら私は経験がなくわからない。

⑩　税金の滞納がないかを確認

税金の滞納がある場合は、徴収部門に税務調査に着手予定である旨を連絡していた。

⑪　小売業やサービス業などの場合は、お店を見に行く

現金商売などに対する、無予告による税務調査ではなく、事前に日程調整をし

12　勘定科目内訳明細書に記載されている銀行口座のこと。

て臨場するような場合でも、事前に店舗を見に行くようにしていた。売上の大半は店頭での販売ではなく、得意先への御用聞きによる販売であることが一般的であるため、店舗を見に行くことにあまり意味がないようにも思えたものの、どのような商売なのかのイメージをつかむのに良いため、意識的に見に行っていた。

⑫ 過去の税務調査における指摘事項や代表者や税理士の性格等の情報確認

過去に税務調査を実施している場合は、当時の準備調査資料、調査経過報告書（調査宣言〜修正申告書の収受までの経過が書かれているもの）などを確認して、過去にどのような指摘を受けているのか、代表者や税理士の性格や、税務調査に対する協力状況（協力的ではない場合に引き継がれる）を確認していた。

⑬ 業種ごとの税務調査の手法の研究

まだ現存しているのかどうかは、わからないが、私が税務調査を担当していた頃は、赤本といって、業種ごとの（といっても非常に限られた業種のみ）税務調査本があったので読んでいた。だいぶ前（昭和60年とかそれくらい）に作成されたもので、手書きの伝票や証憑におかしな点（ゼロを書き足したりなど）がないかのチェック方法や、集計違算の検討方法など、手書きで日常業務や決算業務を行っていた頃の調査手法についての解説であった。そのため、喫茶店の税務調査では、ピンク電話の雑収入除外を想定するといった完全に時代に即していない内容も結構あった。期待していたほどの情報を得られたわけではなかったが、どのような観点から税務調査を行うと良いのかの勉強になった。

税務調査本以外では、税務署内にある書庫に籠って、先輩方の税務調査の決議資料[13]を読み込んで情報収集をしていた。実際に行われている取引の内容など、生の情報に触れることができるし、業種ごとに日常業務でどのような書類が作られるのか、また、否認するにあたってどのような資料を収集して証拠化しているかを知ることができ、それをそのまま真似ることで、税務調査をスムーズに進めることができたように記憶している。ただ、昨今のように新しいビジネスがたくさん生まれているような状況ではあまり、有用ではないのかもしれない。

13　事業会社でいう、稟議書や決裁資料のことで、税務調査での指摘事項の内容が書かれた書面や指摘事項に関する証拠が綴られている書類のこと。

⑭　何を質問するかを考える

上記で収集整理した情報を基にして、税務調査でどのようなことをチェックするのか、質問するのかを考え、整理していた。

[誤記が原因で税務調査の対象となることもある] 

思い出せた限りで書いてみたが、ご覧になられてどのように感じられたであろうか。

「調査」という言葉を遣っているので、精緻な分析をしているように思われていた方もいらっしゃるかもしれないが、実際はそのようなことはなく、机上審理や税務署が持っている情報の集約整理など税務署内でできることをあらかじめ行っておくことで、税務調査をスムーズに行うための準備をしているといったくらいのことである。

また、準備調査において、勘定科目内訳明細書などの附属の書類もチェックしているということをご理解いただけたのではないかと思う。申告書を作成する際は、所得計算を正確に行うことに注力するため、法人事業概況説明書や勘定科目内訳明細書の作成にそこまで注力しきれないのかもしれないが、これらをちゃんと作成しておかないと、記載誤りなどが原因で税務調査の対象となることもあるので、ご留意いただいた方が良い。

実際に、資料せんに記載されていた振込先の預金口座が、勘定科目内訳明細書に記載の預金口座と一致しなかったため、簿外預金ではないかということで税務調査に着手したことがある。資料せんの誤記の可能性もあるが、近所の銀行のATMへ行って、振込先に指定してみることで、調査対象者の名義の口座であるのかは事前に確認できる。この事案は、顧問税理士が他の関与先の口座情報を記載していたことが確認できたため（勘定科目内訳明細書の記載が誤記）、調査初日の午前中で税務調査を終了した。そのほか、取引先の名称や住所の記載誤りなどもいらぬ誤解を引き起こしかねないように思う。

[準備調査のやり方は人それぞれ] 

決算書の数値を打ち込んで推移を見る、ということは調査官の誰もが行っているが、先に挙げた事項（勘定科目内訳明細書に記載されている取引先の申告状況を全件検索する、ホームページを見てみるといったこと）のすべてを、すべての事案の準備調査で行っているというわけではない。

ベテランの調査官になってくると、数値を３期分打ち込んで推移を見ただけで、あとは概況聴取で質問をすればいいやというやり方になってくる調査官もいる。申告書やホームページなどを見れば、すぐにわかるようなことを質問していたりする場面を、調査官として、税理士としてのいずれにおいても、何度か経験したが、税務調査のプロとして、また、お互いの時間を無駄にしないためにも、現職の方には申し訳ないが、もう少ししっかりと調べてから税務調査に臨んだ方が良いのではないかと感じたことがあった。

国税退職後に勤めた監査法人で会計監査をしていて気づかされたのだが、税務調査は質問をすることが大切なので、わからないことはとりあえず納税者に質問をするという雰囲気が、どことなくあったように感じている。これと同じことを会計監査でやろうものなら、監査先のCFOから、「事前にちゃんと調べてからヒアリングをしてください」と注意されてしまうし、監査チーム内であっても、「過去の監査調書や、有価証券報告書を見てから質問してる？」と言われてしまう。もちろん、わからないことは、わからないと素直に言った方が良いとは思うが、調べれば簡単にわかる一般的なことまでも、当然に質問して良いといった風潮は少し改めた方が良いのではないかと、税務署の外に出てから感じている。

もちろん、しっかりと調べた上で、あえてそのような質問をしている場合までも、やめた方が良いと言っているわけではない。

それを言い訳にして、自分で調べるということをさぼっている調査官がいることについて、しっかりしてほしいということである。

なお、上記は一般部門の調査官として行っていたことであって、資料調査課事案や特別調査部門・班が担当する事案の場合は、例えば内観調査[14]や外観調査[15]など、より入念な準備調査が行われていると理解しているが、残念ながら、

14　飲食店など実際の店舗にお客を装って出向き、現金売上の管理方法などを観察する調査のこと。

15　店内に入ることはせず、立地や周辺環境を見に行く調査のこと。百聞は一見にしかずということで実施されていたが、現在は多くのお店がホームページを持っているため、それで代用が可能。

私にその経験がないため、これらの事案の準備調査はまったく違うということだけを書かせていただく（これまで、国税OBの方々が書かれた準備調査に関する情報が、これらの事案についてのもののように思う）。

[決算書をキャッシュフローで読む] 調査官

税務調査を担当していたころ、職人気質の統括官から、「お前は、PL（損益計算書）ばかり見て、BS（貸借対照表）を見ていないから、駄目なんだ」とよく叱られたのを覚えている。当時は、「BSを見ても、代表者借入金がたくさんある会社ということはわかるけど、それが課税所得のチェックを行う税務調査にどうやって関係するんだろう？」としか、思えなかったのだが、中小企業のお金周りについて書かれた実務書を読んで、決算書をキャッシュフローで読む方法を学ぶことで、この問いかけの意味を理解できたように思う。

改めて考えてみると、代表者借入金は借入金だけれども、銀行借入とは違い、実際のところは、返済する必要がほぼないので、追加で出資を受けたことと同じ事なのかなと思う。よって、利益が生じていないような会社であっても資金ショートせずになんとか存続できているわけなのだが、それが創業したての時期であれば、「代表者の懐が痛みつつも、事業が軌道に乗るまでの時期なんだな」ということとなるが、そのような状況が長い期間続いている場合は、「いったい、その多額の資金はどこから出てきたんだ？」となる。これを受けて、「代表者借入金の原資を確認してこい」ということだったのだろうと思う。

先輩調査官などから、代表者の個人預金を確認してくるように言われるが、これは、借入金の原資を確認するための手段であって、除外した売上が個人預金に入金されていないかの確認という説明は少し違うように思う。「個人の通帳を見せてください」と唐突に言ったところで、揉めるのが目に見えており、そうではなく、「これだけ多額の代表者借入金が計上されていますが、この原資って何ですか？」という問いかけをすることが始まりなのではないだろうか。そして、「以前勤めていた会社からの退職金が原資です」という回答であれば、その事実の確認のために、個人通帳の確認をさせてもらえば良い。

見せる側からすると、個人通帳を見せることで、プライベートの入出金の内容が見られてしまうので、それを嫌に感じる気持ちはわかるが、はっきりいって、調査官として税務調査を担当していると、そのような興味は一切抱かなくなる。法人税の税務調査なので個人通帳を見せる必要はないという議論があることも承知しているが、何も悪いことをしていないのであれば、堂々と見てもらって、さっさと税務調査を終わらせた方が、結果として、みんなにとってハッピーなのではないだろうか。個人預金を見せてもらったところ、ノンバンクからのキャッシングで、なんとかしのいでいた方もいたが、こういった通帳を見ると、妙に納得感があったのを覚えている。

税理士として会社の決算書を見るときも、単にPLの最終利益が黒字なのか赤字なのかだけを見るのではなく、キャッシュフローで見てみると良いのではないかと思う。税後利益に、現金支出のない減価償却費などの項目を足し戻すと、フリーキャッシュフローが算出できるが、その自由なお金が、銀行からの借入の返済に回っているのか、設備投資を行ったのか、それとも現金預金という形で内部留保されているのかを、決算書から読み解くということである。

決算書がただの数値の羅列から、会社が、現在どのような状況にあって、どのようなことを目指しているのかがわかる情報の宝庫に変わる。

[事前通知] 調査官 税理士

私が税務調査を担当していた頃は、国税通則法の改正前であったため、事前通知といっても、顧問税理士に、税務調査を行うこととなったこと、調査の候補日時を伝えるくらいの簡素なものだった。現在は、調査税目や調査対象期間など、いろいろと伝える項目が増え、事前通知も大変になったなと思う。

事前通知をした際に、調査官の人数や事前に準備するものを聞かれることがあった。

質問をしている側としては、会議室の予約の関係で人数を把握しておきたいなど、一般的なビジネスマナーとして、聞かれているのだろうと思っていたが、事前に伝えることで税務調査に支障が生じることもあると教わったため、あえて一般的な内容で回答するようにしていた。

正直なところ、「人数を伝えて何のデメリットがあるのか？」と当時思っていたが、例えば「統括官、情報技術専門官と私の３名です」といった風に、人数とともに役職を伝えたことで、調査先の管理部門の方から全従業員宛に、「今回の税務調査では、情報技術専門官が来ます。メールのチェックが行われるので、メールを削除してください」といった内容のメールが送信されていた、といった事案を聞くことがあり、やはりできる限り伝えないほうがいいんだなと思ったのを記憶している（伝えようが伝えまいが、この手の法人は、同様の案内を送信していたのではないかとも思えるが）。

ちなみに私は１人で税務調査に行っていたので、人数を聞かれた際に、「１人」と答えても、「えっ？」と驚かれることがあるくらいで（若手なので上席か統括官が同行するものと思っているため、驚くということ）、特に失うものはないので、「私、１名でお邪魔いたします」と答えていた。

事前に準備する資料についても同様で、事前に詳細に伝えると、証憑の隠ぺいなどが起きる可能性があるため、詳細には伝えていなかったように記憶している。

真面目に申告をしている方々からすると、「なんで人数すらはっきりと答えてくれないんだろう」と不快に思われるかもしれないが、そのような理由があってのことであるためご容赦いただきたい（決して、調査官がマナーを知らないわけではない）。

税務調査に関する情報の中で、「事前通知の連絡を受けたときに、税務調査の目的を聞きましょう」というものがあった。聞いたところで、教えてくれないか、「課税所得が正しく計算されているかの確認です」といった定型句を言われるのがオチだと思われ、この質問をすることで調査官の心証を悪くするので、これはやめた方が良いと思う。

[3期分の資料の準備が必要か？] 税理士

事前に準備する資料について、３期分の決算資料が本当に必要でしょうか？と思われている方もいらっしゃると思う。売上高が数十億円くらいの規模感になってくると、業種にもよると思うが、決算資料と証憑類を３期分準備すると、広めの会議室が段ボール箱と資料でいっぱいになり、それが税務調査期間中ずっと会議室を占拠することとなるし、外部倉庫に預けていたりすると取り寄せるために手間とコストもかかってしまう。

また、調査官が直近１期分の資料しかチェックしないことも間々あるため、可能であれば1期分だけの準備で済ませたいということだと思われるが、真正面から調査官に問いかけても、残念ながら、3期分の資料のご準備をお願いすることとなると思う。

この規模の法人を1人で税務調査をしたことがないので、調査官として、この対応を認めることで、税務調査に支障が生じないかの検証をしたことがないが、とりあえず直近1期分の決算資料と証憑類はすべて準備していただき、過去分については、決算書と総勘定元帳は準備していただきつつ、証憑類は必要に応じてすぐに取り寄せ可能な体制にしていただく、という対応でも問題ないのではないかと考えている。帳簿は逃げないので。

第5章 実地調査 ～雑談と概況聴取～

[税務調査の大きな流れ] 税理士

一般部門の税務調査は、概ね２～３日で行われる。大きな流れは下記のとおりである。

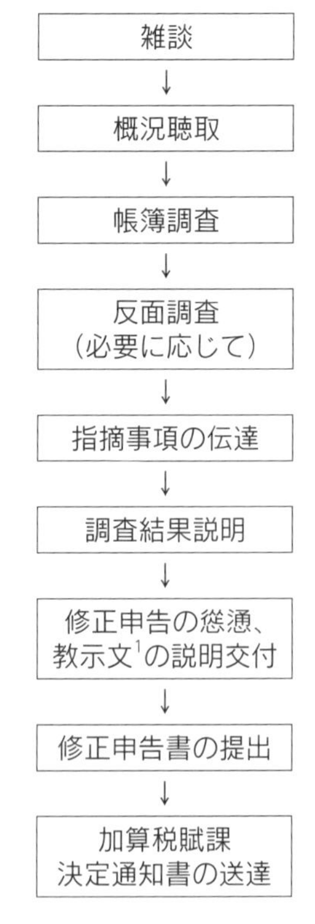

概ね２～３日と書いたが、これは「雑談」～「帳簿調査」を行う日数、つまり納税者の事務所にお邪魔している日数を意味している。必要に応じて反面調査

1　税務調査の結果について修正申告を提出した場合には不服申立てをすることはできないが、更正の請求をすることができる旨などが説明された文書のこと。

などを行うため、実際に税務調査が行われている期間はもっと長い。税務調査の開始時間は午前10時が一般的で、12時から１時間程度のお昼休みを取り、午後４時半くらいを目途に終了する。

調査官は午前10時きっかりに臨場する。私も、10分前など余裕をもって現地に到着するようにし、午前10時になったら、呼び鈴を鳴らすようにしていた。

とある先輩の説明によると、「査察の事案ではみんなで時計の時刻合わせをして、同時刻に臨場するため、それと同じで時間きっかりに入るんだ」とのことであったが、本当かどうかは存じない。私の場合は単に、早く来ても嫌がられるし、遅く来ても「公務員のくせに時間すら守れないのか」といわれてしまう可能性があるので、だったらぴったりで、といったくらいのことである。

納税者の事務所を撤収した後は、そのまま自宅に帰っているわけではない。税務署に戻って、統括官に復命したり、同時に行っている他の事案の対応（不在時に受けた電話の折り返しなど）をしたりしている。

「こんなにお早い時間にお仕事が終わるなんて税務署さんは楽ですね」と言われたことがあったので、午後４時半以降も調査していいのだと思い、午後７時くらいまで税務調査をしたことがあるが、やったら、やったで相当嫌がられたので、それ以降は、午後４時半には現場を撤収するようにしていた。

自宅から、直接、納税者の事務所へ行かないのか？　と、疑問に思われた方もいるかもしれないが、それはできない。調査資料の管理は非常に厳格で、たとえ調査先で使用するためであっても、調査資料を自宅へ持ち帰ることは禁止されている。

資料の紛失等のトラブルを避けるため、証憑の借用もできる限りしないようにしていた。消費税の還付審査を担当していた頃、還付の理由となった取引の根拠資料の写しのご提出をお願いしたところ、原本がごそっと送られてきたことがあった。急いで、送付された資料のすべてをコピーし、借用書を作成して、電話で「これから原本を返却しに行くので、借用書に資料の返却を受けた旨のサインをしていただきたい」とお伝えし、その日のうちに返却したこともある。

所得税の税務調査の場合は、経費の領収書などを借用して、集計違算[2]がないか確認していると聞いたことがあるが、法人税調査では、基本的には税理士が決

2　数値の誤入力、転記誤りなどにより、数値が正しく集計されないこと。

算書の作成等に関与しているということもあり、このような観点から証憑の借用はしていないと思う。

[雑　　談] 調査官 税理士

税務調査の大きな流れで書いたとおり、税務調査は雑談から始まる。税務調査の経験が浅い職員向けの税務調査の研修で、雑談が重要と教えられるし、先輩の調査官から「初日の午前中は、帳簿を見るな、雑談をしてこい」とよく言われるのだが、この言葉を真に受けて、終日雑談を行ってきたりする新人調査官もいる。

雑談の目的は、納税者の方に緊張を解いていただけるような雰囲気を作ることにあると私は考えていた。なので、資料をいっさい何も広げずに、法人名の由来や、前回の税務調査の調査官はどんなタイプだったかなど、身構えることなく答えることのできる質問をするようにしていた。

納税者の側からしても、雑談もなくいきなり「では、税務調査を始めます。まず初めに貴社の事業内容をご教示ください」などと、固い雰囲気で、始められたら嫌ではないだろうかと思う。

ちなみに法人名の由来は、統括官への復命や、署長や副署長への報告[3]の場で、なぜかいつも聞かれるので、聞いていたという側面もあった。法人名がアルファベットの場合は、代表者のイニシャルから来ていることがほとんどであるが、結構練ったんだなという社名もあったりするので、聞いてみると人となりが見えたりしておもしろい。

私も初めの頃は雑談で苦労した。口を開けば余計なことを言ってしまうし、納税者の中にはおもしろがって、「税務署長の年収っていくらなの？」と聞いてくる方もいた。慣れてくると、「国税組織の末端職員なので、わからないですね〜」などと返すことができるようになるのだが。

代表者は、自分の親と同世代、もしくは年上であることがほとんどで、息子や孫くらいの若いのと、貴重な時間を使って雑談をしたいと思うはずがない。雑談

3　重要事案審議会（通称「重審」）といって、多額の非違や不正所得が把握された場合に、審理専門官なども含めて、課税処分の適否について検討をする会議がある。

で何回か失敗してからは、雑談は先に挙げたような程度にしておき、事業を始めた経緯、現在の状況など商売に関する話を聞くようにしていた。

事業者はみなさん、そのお仕事がとてもお好きで、誇りをもって携わっていて、目をキラキラさせながら、お仕事の話をしてくれたように記憶している。一人親方など工事関連のお仕事をしている法人の税務調査の場合は、「現場の写真見せてください」とお願いするようにしていたのだが、顧問税理士の先生もそういった機会はあまりないようで、「こんなお仕事をされているんですね、知らなかったです」といいながら、わいわいと盛り上がったりしていた。

さて、では、趣味の話などの雑談を一生懸命に続けようとしている新人調査官に当たってしまった場合の対応であるが、このような場合は、ある程度のところで、「さて、雑談はこれくらいにして」といった風にして、概況聴取のステップに入ってしまっていいように思う。私も調査官として何度か経験した。ビジネスにおける商談の場などでも、天気の話など当たり障りのない話を簡単にしたあと、「さて、」「ところで、」といった感じで本題に入ると思うが、あれと同じことである。

税理士や納税者の側から、雑談を意識的に続けてくださることもあったが、調査官に合わせて、雑談を続けた結果、税務調査の日数が伸びてしまうことも可能性としてあるように思う。

これは、新人調査官に限った話ではないようで、調査先の顧問税理士から、「村上さんと同じ署の○○上席の調査を先日受けたんですがね、一日中雑談していったんで、税務調査がちゃんと終わるのか心配だったんですけど、結局、時間が足りなくなったので税務調査の日数を増やして欲しいと言われちゃったんです」と困った表情で言われたこともある（私に言われても困る）。

COLUMN

雑談は自然とできるようになる 

「午前中は帳簿を見るな、雑談をして来い」という指導は、おそらく、言われ始めた頃は違う意味もあって、それを端的に表現したものが、現在は独り歩きしているのではないかと思っている。本文に書いたが、雑談は極端な話、まったくしなくても大きな支障はない。ただし、いきなり元帳を開いて黙々と数字を見だすのは本当にだめ。あれは調査をやっているふりをしているだけなので何も身につかない。質問することが仕事なので、役職や年齢、性別、性格など一切関係なしに、堂々と話すことができる度胸を身につけて欲しい。出身はどこなのか（名字であたりをつけてみたりすると楽しい。「村上」という苗字のルーツは「村上水軍」なので、瀬戸内海近郊と推測できる。実際に、よく聞かれた）、前職は何をしていたのか、なぜ事業を始めようと思ったのか（元警察官の人で、公務中の事故で歯がボロボロになったことがあり、その時、歯をきれいに直してもらえた経験から、歯科技工士になった方がいた。こういったお話を聞くことができる）、なぜこの場所なのか（取引先や取引銀行との関係で登記だけ都内に置いている法人などもあった。法人が所在する場所にも理由がある）など、聞こうと思えば延々と話し続けられるようになる。引き出しを少しずつで良いので作っていってほしい。

雑談をするには、相手が置かれている状況を理解すると良いので、新規開業の納税者に対する税務調査であれば、開業本などを適当に数冊見繕って読んでみたり、インターネットで開業について投稿されている内容を見たりすることで、相手の関心事を知ることができると思う。法人のステージが上がってくると、従業員を雇用し始めるので、今度は、従業員を雇用することにはどのような苦労があるのか（すぐに辞めてしまう、社会保険料の負担が大きいなど）といったことも話題としてよいかもしれない。ただし、人事に関する話は従業員がいる場所で行うのはタブーなので、そういった配慮もすること。

コツは、相手に興味を持って、短く返事をすること。これで大丈夫。あとは勇気を出してたくさんチャレンジを積み重ねるだけ。

［ 雑談には気をつけた方がいいのか？ ］ 税理士

雑談で調査官は代表者の趣味などを把握して、それをきっかけにして、個人的経費の付け込みなどを発見するので、雑談の段階から余計な話はしない方がよい、聞かれたことだけを答えた方がよいといった情報を見聞きするが、そのようなことはあまり気にせずに、普通に雑談をすればよいと考えている。

仮に雑談がきっかけとなって誤りが発見されたとしても、法人の経費に含めるべきではない個人的経費が含まれてしまっていたのであれば、それが是正されることは正しいことなのではないかと思う。税務調査に関する情報を見てみると、多くの方が、余計なことを話すべきではないと説明されていたので少し書いてみた。

そもそも、例えば、雑談でゴルフが好きですと話しただけで、法人の交際費として計上されているゴルフ代の中から個人的経費を見つけるといった神業ができるわけがない。本当に否認しようと考えるのであれば、サンプルでゴルフ関連の証憑の写しをもらって、誰とプレーしたのか、プレー中にどのような話をしたのかなどを詳細に聞き取りし、さらに代表者の方の手帳を見せていただき、その日にゴルフの予定が書かれているか確認する。そして、一緒にプレーした人たちへ反面調査を実施して、実際にゴルフに行ったのか、どんな話をしていたのかを質問して裏を取るといった風に、かなりの手間をかける必要がある。

その結果として、学生時代の知人とプレーしただけであった（それでも新規のビジネスについての話をしていたなどと抗弁される可能性もある）、実際はゴルフをプレーしていなかったといった事実を一つではなく、複数把握した上で、その中から、まずは一つの事実のみを突き付ける。そして、残りは自主的にすべて見直しをかけて、個人的経費である経費をすべて正直に申し出るように伝える。だいたいのパターンで、一回では全部が出てこないので、別に把握していた事実を伝え、全部が出切るまで、延々と続けるといったことをしないと、適切な否認にはならない。

なので、雑談で、誤解を招くような発言をしてしまったとしても、それが原因となって、経費などが否認されることなどないし、もしも何かしらの不都合が生じそうな発言を納税者の方がしてしまったのであれば、そこは顧問税理士として、誤解が生じないように、補足説明をすればよいのではないだろうかと思う。

緊張しているのとは少し違うのでわかるのだが、雑談の段階から妙に警戒されている雰囲気がある場合は、「余計なことは話してはいけない、聞かれたことだけ答えればいい、と顧問税理士の先生からアドバイスを受けたのではないか？」「何か話してはまずいことがあるのではないか？」と勘繰ってしまう。

こういった話を書くと、個人的経費の付け込みは簡単にはバレないんだな……と思われる方もいるかもしれないが、個人的経費の付け込みは、友人との飲み会の費用などの小さなものから始まり、どんどんエスカレートしていく。小さな金額の頃は、調査官も気づいたとしても、多少は無視することもあるが、それで、税務署から認められた、バレなかったと勘違いしてしまうと、歯止めが効かなくなってしまうのではないかと思う。

税務署が行う任意の税務調査と、国税局査察部が行う強制調査は別のものであるということが一般的な理解だと思うが、税務署が行う税務調査であっても、多額の不正所得が認められた場合には、税務署の統括官等を通じて、国税局へ不正の手口、金額等を連絡することとなっている。その内容によっては、その連絡を受けて、査察部の強制調査が始まることもある。通常の税務調査と同じように修正申告を提出して税務調査が終了した後に、何の連絡もなく突如、査察の強制調査が始まるようである[4]。

COLUMN

模範解答を丸暗記 調査官 税理士

国家III種（税務職）で国税局に採用されると、基本的には、高校を卒業してすぐに税務大学校に入ることとなる。税務大学校では、定期的に試験があるのだが、試験のスタイルが高校とは違い、論文式のものがあるので、初めは勉強の仕方がわからず戸惑ってしまう。試験直前になると、とある研修生が、先輩から引き継いだ模範解答なるものを共有してくれたりするのだが、私が学生だった時代の勉強の主流スタイルは暗記だったので、この模範解答を丸暗記してそのまま書き起こせば、試験を乗り越えられると本気で信じ、実際に、一言一句、論文の模範解答を丸暗記して試験に臨んだことがある。日本語として「なんだこれは？」と思う箇所があったりしたが、模範解答であるという情報を信じて丸暗記した。

結果は散々だった。まったく同じ内容の解答が散見されたため、そのような解答に対しては厳しい採点をした、という注意喚起もされた。

インターネットやSNSには、税金を減らす裏ワザといった情報が溢れている。根本的に間違っているものもかなり多い印象であるが、それは措いておいて、中には、今は、そこまで多くの人がやっていないので対応が後まわしにされている

4　国税を退職した後に、実際に、この流れで査察の強制調査が始まった納税者の方の相談を受けたことがある。詳細は守秘義務に反するため、記載していない。

が、これがどんどん広まると、一気に否認が始まるのではないかと感じる内容のものもある。少し前だと、副業（永遠の開業準備）をして赤字を出して、損益通算で税金を減らしましょうというのが、それに当たるように思う。

これって、先の模範解答もどきの丸暗記に似ているような気がしている。少数でやっているうちは、目にはつくものの、指摘するほどでもないので、放置されているが、それが、だんだんと知れ渡って、多くの人が始めると、放置から一転して、注意喚起（税務調査の場合は否認）が始まるのではないかということである。

普段から税金の情報に接していないような人のもとにくる税金に関する情報は、プロであれば、とっくの昔から知っていた情報だったりしないだろうか。そのような情報が来るようになったということは、広く知れ渡ってきたタイミングであり、先の話でいうと、模範解答もどきが配布され始めたタイミングなのではないかと思う。

こういった経験を一度すると馬鹿らしくなって、同じことにひっかかる人はそうそういないとは思うが、時を経て、そういった経験がない方が、また、同じ轍を踏むという場面を、20年程度、この業界に身を置くことで見ることができた。

ちっぽけな抵抗でしかないが、とても気になっていることであるため、書いてみた。

［概況聴取］ 調査官 税理士

概況聴取では、事業の内容、主な取引先などを質問する。「では、税務調査を始めます。本日はお時間をいただきありがとうございます」などと一言簡単に言ってから、概況聴取に入るパターンが多いと思う。

少し話が逸れるが、納税者は皆さん、「なぜ、うちに税務調査が来たのかしら？」と思われるようで、このタイミングでこの質問を受けることが多かったように記憶している。現在も、選定理由をお伝えすることはしていないとは思うが、私は、選定理由が長期未接触の場合は、「ずっとお邪魔していなかったので」とお伝えし、設立３期目の場合は、「申告書などの書面だけでは、会社の事業内容などわからないことも多いのでお邪魔しました」とお伝えしていた。

伝えたところで、何かを失う訳でもなく、むしろ、納税者の緊張を解くことができるので、そうしていたのであるが、例えば、消費税の計算誤りなどがあらかじめわかっていて、それが選定理由であるような場合は、濁した回答をしていた。

話を概況聴取に戻して、私は概況聴取を準備調査の答え合わせの場や疑問点の解消の場としても活用していた。準備調査で税務署内にある情報を収集・整理して、それらを基にしてどのような事業を行っているのかなどの想像をしてきているが、それらを質問しながら、確認していくのである。

税務調査を進めるにあたっては、基本的には「メインの売上先はどちらなんですか？」といった風にオープンクエスチョンで進めるように教えられるため、概況聴取もそのように進めていた。「メインの売上先はA商事さんですね」といった風な聞き方のクローズドクエスチョンは、答えが「はい」か「いいえ」しかない聞き方であるため、話が広がらないし、尋問を行っているようで、なんだか固い雰囲気になってしまうためである。

概況聴取を行うにあたっては、調査官もいろいろと細かな点に、気をつけていたりする。

私の場合は、罫紙[5]を納税者の方に見えるように机の上などに置いて、私が何をメモしているのかが見えるようにして、概況聴取を行っていた。税務署内の資料をお見せすることはできないため、それを見たいときはどうしても、隠すようにして見ることとなってしまうが、単なるメモ書きを隠すようにして質問されると、納税者も回答しづらいだろうと考えたためである。

また、メモ書きを見せていると、私が聞き間違いや勘違いをしてしまった場合に、誤りの箇所を指差して、指摘してくれたりするので、ミスコミュニケーションを避けることもできた。

メモ書きも、後で見返せば、どのような話をしたのかを思い出せるくらいの簡単な内容しか書きとどめないようにしていた。

税務調査の経験があまりないと、一言一句漏れなく控える必要があるように思ってしまうが、そんなことはまったく必要ない。

そのほか、商流をご説明いただく際は、罫紙に法人名など使って図示しながら話した方が、お互いに同じイメージを持って話を進めることができるので良かった。

---

5 「けいし」。罫線が入ったメモ書き用の紙。下部中央に「東京国税局」と印字されている。

調査官が概況聴取に不慣れな様子だった場合は、紙を一枚準備して、代表者又は顧問税理士が、図示しながら説明するのがいいのではないかと思う。商流などは代表者よりも、顧問税理士の方が全体を把握しており、調査官がどのようなポイントを知りたがっているかもわかるのではないかと思う。

ただし、概況聴取は、基本的には代表者にお話ししてもらうようにしていたので、その点はご留意いただきたい。

細かな話であるが、商流を縦に書いてしまうと、取引先との関係が上下の関係になってしまうため、商流を書く際は、横に流れるように書くことをお勧めする（これで納税者の怒りを買ってしまったことがある）。

［概況聴取で売上除外を発見できるのか？］

調査官は概況聴取で把握した取引先名と申告内容を照らし合わせることで、売上除外[6]を見つけることができるといった凄腕調査官の話を聞いたことがあるが、残念ながら、私は概況聴取で把握した取引先への売上が除外されていた事案を経験したことはない。

記憶で思い出せるような取引先というと、メインの取引先くらいなように思われ、メインの取引先の売上を除外するようなチャレンジングなことをする不正行為者がいるのかと少し疑問に思う。

私が税務調査をしていた頃の状況であるため、その頃からは状況が変わってしまっているかもしれないが、当時は法人間の取引代金の決済のほとんどが銀行振込であった。銀行振込による売上を除外するためには、実名の簿外預金を使う、又は公表預金に入金された売上代金をすぐに現金出金し、入出金の両方を記帳しないといったことが考えられるが、前者の場合は、簡単に税務署が把握することができるし、後者の場合は、預金元帳は自社で経理して、預金通帳の写しを会計事務所には共有しないようにしなければならない。また、得意先の売上の場合は、両落としといって、除外する売上に対応する仕入や外注費も計上しないようにしなければならず、売上除外を行うのは難しいのではないかと思っていた。

6　ここでは、売上の計上時期の誤り（いわゆる期ズレ）という意味合いで「売上の計上漏れ」という用語を使用し、意思の有無にかかわらず、雑収入なども含めて収益が計上されていないという意味合いで「売上除外」という用語を使用している。

実際のところは、スポットの取引で、かつ、現金決済や小切手決済などの銀行振込以外の決済方法の取引について、売上除外が行われているくらいなのではないだろうかと思う。

[概況聴取で売上除外を発見するための視点・やり方] 調査官

概況聴取で売上除外を発見するには、どのような視点や、やり方が必要かというと、案外シンプルで、税務署内で教えられるセオリーどおりに愚直にやり続けることではないかと思っている。具体的にいうと、例えば、貴金属の加工を行っている業種の場合は、作業くずの売却収入の除外は昔からよくある指摘事項であり、調査官の間でもよく知られている。これを把握するには、概況聴取で、作業くずはどのようにして管理しているかについて確認すればいい。そのほかの業種では、例えば食堂事業などでは、食材の仕入があると思うが、リベートの有無などを確認しているのではないかと思う。要は調査先の業界の取引慣習をどれだけ知っているかということである。

これは、税務署内の研修などで学ぶことができるし、上司や先輩から教えてもらうこともできるが、一番効果的な方法は、同業他社への税務調査を通じて、その業種に明るくなることではないかと思う。同じ業界で商売をしていれば、大きな観点でみれば、どこも同じような儲け方をしている。よって、真面目な納税者で計上されていた売上が、他の調査先で売上に計上されていなかったりすると、「あれ、おかしいぞ」となるということである。

上記以外にも、納税者が行っている商売の稼ぐ柱として、どのようなものがあるのかを、概況聴取で丁寧に聞いていくことで把握できることもある。例えば、自転車屋さんを考えてみると、一番に思いつくのは、自転車の販売による収入ではないかと思うが、自転車屋さんの仕事の内容を、丁寧にヒアリングをしていくと、それ以外にもパンクの修理による売上もあることに気づけたりする。パンクの修理は、みなさんご経験がおありかと思うが、その場で現金で支払うため、お店としては、その現金を売上代金としてしっかりと管理するか、パンク修理の実績が、複写の伝票の控えなど何らかの書面が残るようにしておかないと、顧問税理士の先生も申告にあたって把握できないのではないかと思う。

よって、概況聴取のすごいテクニックがあって、それで調査官は売上除外を見つけることができるというわけではない。常に世の中にアンテナを張って、いろいろな情報を、興味を持って集めている調査官が、概況聴取の場で、会社の行っている事業を丁寧にヒアリングしていると、結果として売上除外を見つけることができるということなのではないかと思っている。

[会社規模で概況聴取の仕方が変わる]

税務署に配属になった1年目に、特官部門の調査事案に同行する機会があった。特官部門が担当している事案であるため、売上高も十億円を超えるなど、家族経営の状態をすでに脱して、従業員を雇っているような会社への税務調査であった。

このような会社に対する税務調査では、まず初めに代表者から簡単に会社の概況を説明してもらい、代表者が離席された後、実務畑の方々から、より詳細に概況聴取を行うという流れとなる。

概況聴取では、パンフレットに沿って会社の取扱製品の概要を説明してもらったり、組織図に沿って担当部署を確認したりしていた。

同行事案がこのような状況だったので、代表者はあいさつ程度で離席するのが普通で、どこの会社でもパンフレットや組織図が当然にあるものと勘違いしていた。家族経営の会社への税務調査で、「パンフレットはありますか？」「組織図はありますか？」という質問をして、失笑を買ったこともある。

私が所属していた署には、新人調査官向けに作成された概況聴取で聞くことリストがあった。業種や規模によって、作り分けられているわけでもなく、想定されうる一般的な質問がたくさん書かれているカンペのようなものである。

その紙を先輩から渡されて、「とりあえずここに書いてある質問を聞いてきたらいいよ」とアドバイスを受けたので、素直にそれに従って「営業時間は何時から何時までですか？」「配席図はありますか？」といった風に概況聴取をしていたところ、「そんなもの、この規模の会社にあるわけないだろ!!」と立ち会いをされていた税理士からお叱りを受けたこともある。

また、新人調査官向けの税務調査の研修で、「人・物・金の動きを把握しろ」と教えられるのだが、家族経営の会社の場合は、人も物も金も社長が管理しているため、「人・物・金の動きを把握しろ」と言われても困ってしまう。

このように会社の規模によって、概況聴取の仕方が大きく異なるのであるが、大小両方の規模の会社に対する税務調査の経験がないとなかなか難しい。

[日常業務で作成している書類等の把握]

概況聴取では、納税者が日常業務でどのような書類やデータを作成しているのかを把握する。把握した書類やデータと元帳が整合しているかを確認するためである。よって、概況聴取ではいろいろと質問をするわけだが、どのような書類が一般的に作成されるのかを知っているだけでは不十分で、なぜそのような書面が作られるのかを理解しておくことが大切だった。

例えば、「売掛台帳はありますか？」と質問すると、「売掛台帳はないですよ」と言われてしまうことがある。このような場合には、「売掛台帳という名前じゃなくてもいいんですが、売上代金の請求漏れや、売掛金の回収漏れがないかをどうやって管理していますか？」といった風に質問をする必要がある。

それでもなかなかうまくコミュニケーションがとれない場合があったのだが、このような状況での税理士の対応はまちまちだった。「うちで売掛帳作ってますよ」といって、資料を共有してもらえたり、納税者に、「調査官はね、売上が漏れなく計上されているか確認したいということだから、売上を管理している帳面ってないの？」と一緒になって話してくれたりする税理士がいる一方で、黙って見ているだけの税理士もいた。

税務調査慣れしている税理士ほど、前者のように協力的な対応をしてもらえたように記憶している。調査官が想定している書類やデータよりも、もっと簡便に済む検証方法を知っているのであれば、それを伝えた方が、税務調査がスムーズに進むので良いのではないかと思う。伝えようとしないのは、なぜなのだろうか。

COLUMN

国税OBの税務調査の立ち会い

中小企業向けの税務調査であっても、たまに、国税OBが税理士として税務調査に立ち会うことがある。国税OBの立ち会いスタイルもいろいろで、積極的にOB

であることは言わないようにしているものの、話している内容からOBであることがわかるケース（隠語で話すとわかる）、「俺は〇〇税務署の署長だった。村上さんの署の署長は昔の俺の部下なんだよ」といった風に、国税OBであることを全面に押し出してくるタイプ、初めの挨拶だけで、何かあったら連絡くださいといって、いなくなるタイプなどがあった。

新人調査官であった村上の手際の悪さにイライラしたのか、帳簿の見方や根拠資料のお願いの仕方などを教えてくれたOBもいた。初めのうちは対応に窮するが、慣れてくると、話し相手をしながら、税務調査（帳簿調査など）を進めることができるようになる。

一番手を焼いたのが、大規模法人に対する印紙税の税務調査での出来事。印紙税の調査でお邪魔しているのに、とある国税OBから、現役当時、国際税務を担当していたこと、退官後に受けた税務調査（国際税務関連）のやり方に対する苦言や、国際税務のあるべき姿を2時間くらい延々と話されてしまったことがあった。これには本当に参った。会社の規模がある程度大きくなると、いろいろな国税OBの起用の仕方をしているものなんだな……と妙に納得したのを覚えている。

第6章
税理士の立ち会い

[税務調査のリハーサル] 税理士

税務調査のリハーサルはした方が良い。リハーサルといっても、「税務署には聞かれたことしか答えてはだめですよ」といったアドバイスをすることではなく、税務調査で提出を求められる資料（直近３期分の取引資料、給与台帳など）がそろっているかの確認や、税務調査の大きな流れや調査官から質問される主な事項を、納税者の方に事前に説明することを意味している。

リハーサルをした納税者の方は、回答や説明がまとまっていて、概況聴取がしやすく、根拠資料のご提出をお願いした際も、すぐにご提出いただけるため、税務調査をスムーズに進めることができたように記憶している。

また、納税者の方にとっては、税務調査は十数年に一度しかないイベントであるため、緊張されていたり不安を感じたりしているように思われ、リハーサルをすることでそれらを緩和できるのではないかとも思う。

[税理士の立ち会いのない税務調査] 税理士

法人税調査の場合、税理士が立ち会うことが一般的であるため、なかなか気づけないのであるが、税理士の立ち会いのない[1]税務調査を経験すると、その有難さが身に染みる。

このような事案では、概況聴取で、聞きたいこととはまったく違うことを延々と話されてしまったり、普段何気なく使用している専門用語を使ってしまって困ったりした。例えば、「決算書はどのように作られていますか？」と質問すると、「『決算書』とはどの書類のことですか？」と質問されてしまう。

1　立会料が支払えないためといった理由から立ち会いがなかった。

税理士の立ち会いがあると、「年一回の関与なので期中現金主義[2]で記帳し、期末で発生主義[3]にしています」「月次で関与しており、取引の証憑類をお借りして日々の記帳から対応しています」といった風に、調査官が聞きたいことを会話の流れなどから察して、的確に答えてもらえた。

資料の準備についても、資料の保管場所を確認したところ、引き出しいっぱいの整理されていない状態の納品書を指差されて、「ここのどこかにあります」と言われたことがあるし、「顧問税理士から宅配便で送られてきていたので、その中にあると思います」と言われ、根拠資料を一緒に探しながら調査をしたこともある。

COLUMN

借入金返済は費用じゃないのか？という質問

税理士に申告書の作成を依頼していない法人に対する税務調査をしたことがある。その際に代表者から「借入金の返済ってお金が出て行っているのに、なんで費用じゃないんですか？」という質問を受けた。

もちろん、借入金の返済は費用にならないし、その理由は債務の減少だからである。ところが、簿記の知識や経験がある方に対してならまだしも、そうではない方に、「債務の減少なので、費用になりません」と伝えたところで、何も伝わらない。一番初めにこの質問に遭遇した時は、ふと、頭の中で簿記の仕組みに基づいた説明をしようと考えてしまったのだが、それはしなかった。その後に先輩調査官に相談してみたところ、「じゃ、借入した時はお金が増えているんで、借り入れたお金を儲けにして、税金払いましょうか？」と回答するとよい、とアドバイスをもらい、その後、実際にそのように説明をすると、すんなりと理解してもらえた。

2　現金預金の入出金に基づいて仕訳を記帳することを現金主義といい、期中は現金主義で記帳を行い、期末月のみ発生主義で記帳を行っている場合に、期中現金主義といったりする。

3　現金預金の入出金ではなく、納品や検収など取引が発生した時点で仕訳を記帳すること。

この経験を通じて、税務調査が、税理士やその他関係団体の方々が日々行っている業務を前提として成り立っていることを痛感した。税務調査では専門用語を使って進めるし、それで何か支障があったことは基本的にないので、こういった経験をしないとなかなか気づけないのではないかと思う。

もう一つ学んだ重要なことは、「説明って理屈じゃないんだな」ということである。理屈に基づいて説明するのはやりやすいが、いかなる場面においても、最適かというとそんなことはないと思っている。

COLUMN 税務署になんかお世話になってねーよ 税理士

税務署で働いていると、毎日いろいろな方と接することができる。とある税理士に電話をしたときに、「〇〇税務署の村上です。いつもお世話になっております」と言ったところ、「税務署なんかにお世話になってねーよ！」と少し怒り気味に言われたことがある。ある意味、妙に納得できてしまったのだが、変わった税理士さんもいるものだなと思った。

この出来事を、税理士になった後に、他の税理士に話してみたところ、「それくらい強くないとやっていられないんじゃないかなと思う」というご意見をいただいた。その方曰く、自営業の方は、民間企業にお勤めの方と比べると、癖が強い人が多いらしく、電話をかけた際に「お疲れ様です」と言うと、「疲れてなんかねーよ」と言われてしまうこともあるとのことであった。

いろいろと言われているのは税務署くらいなのかなと思っていたが、どうやらそうではないようである。税理士の皆さん、お疲れ様です！

[概況聴取では誰が説明するのか？] 税理士

概況聴取での説明はできる限り、納税者にしてもらう方が良い。調査官は、事業を行っている方の生の声を聞きたいと思っているし、実際に事業を行っている方と、その他の方とでは、説明の深さ、正確さが各段に違ったように記憶している。税理士が積極的に説明しようとすることもあったが、そのような場合は、概況聴取の趣旨を説明して、納税者に説明をしてもらっていた。

概況聴取も雑談と同様で、何か言質を取ろうとしているわけではないので、警戒する必要はない。

納税者が、調査官に誤解を与える言葉遣い[4]をしてしまうこともあるかもしれないが、そのような場合には、税理士からフォローすることで問題ないように思う。「今の言葉の意味は、悪いことをしているという訳ではなくてね、○○という意味ですよ」といった風に軽く補足説明をするイメージである。

そのほか、業界用語や取引慣習など、一緒に聞いている税理士も理解できなかった点があれば、税理士からも質問をした方が良いように思う。納税者と税理士、調査官とで共通の認識をもっておくことで、後々、売上の計上タイミングなどで議論になった際に、適切な議論ができるためである。

同じ説明を聞いていても、人によって理解の仕方や程度は大きく違うため、小まめに認識合わせをすることが大切なのではないかと思う。

[調査官も言葉遣いに気をつけた方が良い]

調査官も言葉遣いに気をつけた方が良いと思わされる経験をしたことがある。指導事案として、ベテランの調査官に私の事案に同行してもらったときに、売上の計上漏れが把握されたのだが、そのベテラン調査官が、「この売上の処分は……」と言ったところ、納税者の方が、「処分を受けるんですか？」と、かなりこわばった顔つきで質問されたことがあった。

この「処分」とは、別表調整[5]における、「留保[6]」「流出[7]」のことを言っており、何かの罰則を与える意味での「処分」ではないのだが、納税者にとっては一

4　国税在籍時は、「スキーム」＝租税回避的な行為を行うための仕組みというイメージを持っていた。国税内部の研修などで扱う不正事例で、「スキーム図」が記載されているためではないかと思っている。なお、実害はない。

5　法人税において会計上の利益から課税所得を算出するために、別表４にて、所得金額への加算処理や減算処理を行うこと。

6　別表調整項目のうち、法人税法上の利益積立金の増減を伴うもの。翌期以降に差異が解消されるため、別表５（1）で繰り越す調整項目という理解でも概ね間違ってはいない。

7　別表調整項目のうち、法人税法上の利益積立金の増減を伴わないもの。翌期以降に差異が解消されない調整項目という理解でも概ね間違ってはいない。

般的な用法ではないため、不安に思われるのも当然だと当時感じた。

COLUMN 「みそか締め」という言葉 調査官 税理士

東京の下町を管轄している税務署の在籍期間が長かったので、下町にある法人の税務調査を多く経験した。この経験を通じて、いろいろな言葉を知ることができた。

一番思い出に残っているのが「みそか締め」。概況聴取で、掛け取引の締めと払いについて質問をすると、「うちは『みそか締め』の翌末払いです」とのことであった。そのときは正直にいうと、どういう意味なのかわかっていなかったのだが、あとでネットで調べてみると、「月末締め」のことを「みそか締め」と言うとのことであった。例えば、3月末で締めて請求をしたとすると、4月末に決済（振込み）が行われるということである。

毎月末が「晦日（みそか）」で、年末が締めくくりとして「大晦日（おおみそか）」ということらしいのだが、下町にある法人の税務調査から離れてからは、この言葉をめっきり聞かなくなってしまった。これ以外にも、「はんきん、はんて」（取引代金の半分は現金・振込決済で、残りの半分が手形決済のこと）という言葉にも戸惑ったのを覚えている。

税務会計用語にも戸惑ったものがいくつかある。

「はんかんひ」（「販売費及び一般管理費」の略称）を初めて聞いたのは、特官事案に同行していた時。概況聴取で上席さんが、「『はんかんひ』ですか？」と質問をしているのを隣で聞いていて、「はんかん」という言葉の響きから、「反社関連」の「反関」をイメージしてしまい、さっそく税務調査で「とがった会話」が繰り広げられているんだなと勘違いした。当時弱冠20歳。ご容赦いただきたい。

「トントン」「いってこい」「どっこい」という言葉を、税務調査の立会いをされている税理士がよく遣っていた印象を持っている。

「トントン」は、「差し引きトントンになる」という言葉の「トントン」の部分のみを抜き取った表現だと思われ、プラス・マイナスでほぼ影響なしという意味だと理解している。「ご指摘の売上の漏れを加算しても、ほぼ同額の費用も認容されるから、トントンじゃないですか？」といった使い方ができる。

「いってこい」は、「行って」と「来い」という二つの言葉で発音する。命令調の「行ってこい」ではなく、「行って、来い」といった感じ。これも、「トントン」とほぼ同じ意味で、一つの仕訳を見ると間違っているように見えるけれども、その後の会計処理を考慮すれば、結果として、正しい会計処理になっていることだと理解している。

「どっこい」はおそらく「どっこいどっこい」から来ているようで、「トントン」とほぼ同義（量が同じくらい）という意味だと理解している。

税務署にいた頃に先輩調査官から、とある新人調査官が、法人税申告書の別表5（1）に「別途積立金」と記載があったので、税務調査先で「『別途積立金』を出してください」と質問したところ、簿外預金が出てきた、という話を聞いたことがある。

専門用語も使い方次第のようである（この話が実話なのかは知らない）。

事業年度	・・ ・・	法人名	

別表五(一) 令四・四・一以後

I 利益積立金額の計算に関する明細書				
区分	期首現在利益積立金額	当期の増減		差引期首現在利益積立金額 ①－②＋③
		減	増	
	①	②	③	④
利益準備金 1				
積立金 2				
3				

[代表者の立ち会いがない場合] 

お仕事が忙しいということで、名刺交換をした後はすぐに現場に行かれてしまい、代表者に概況聴取に立ち会ってもらえないこともあった。工事関係の方などは急な対応が入ってしまうこともあるので、致し方ないとも思えるが、中には、税理士から「概況聴取に立ち会う必要はない」とアドバイスをして意図的にその場から、代表者を出させているような場面もあった。

お仕事の邪魔をするわけにはいかないので、簡単に概況聴取を済ませ、質問が生じた場合を想定して、「携帯で、いつでも対応できるようにしておいてください」とお願いするようにしていた。取引内容の詳細など確認したいことが生じた際は、立ち会いをしている経理担当者（奥様が多かったように思う）に質問をすることとなるが、「社長に聞かないとわからない」と言われてしまうことがよくあった。このような場合には、何度も電話をして確認してもらうこととなるのだが、しょっちゅう電話がかかってきて、落ち着いて仕事ができないからと、現場から戻ってこられた方もいた。

質問したい事項を紙などにまとめておき、後日回答してもらうという方法をしてみたこともあるが、回答を受けての更問ができないし[8]、質問の意図がしっかりと伝わっていないと、ちぐはぐなやり取りになってしまう。

一般部門の税務調査は２～３日しか事務所にお邪魔しないので、このように、まったく税務調査が進まない状況になってしまうと、追加の日程の確保をお願いせざるを得ない状況にもなりかねない。

立ち会いをしていても、調査官から質問がないなど、時間を持て余してしまうこともあるかもしれないが、税務調査をスムーズに終わらせるためには、立ち会いをしてもらった方が良いと思う。

立ち会いしてもらえないことについて、税務調査が取引資料と帳簿の数字合わせだと思っている方がいることも、原因の一つではないかと感じている。帳簿調査は、数字合わせではない。この点については、次章で、詳しく書くこととする。

8　質問は、どのような回答が来るかを予想して、その先、もしくは、その先の先までの展開を見越して行っているので、紙でのやり取りとなるとそれができず、スムーズに税務調査を進めることが難しくなってしまう。

第7章 帳簿調査で何がわかるのか

［帳簿調査］ 税理士

一般的には初日の午前中に概況聴取を終わらせて、午後から帳簿調査を始める。私はおおまかにいうと下記の流れで検討をしていた[1]。

① 期ズレの検討
② 概況聴取で把握した書面やデータと、元帳もしくは元帳の基となった資料との突合
③ 仕入や外注費の検討
④ 販管費項目のうち、金額が大きい取引の検討[2]

帳簿調査といっても、請求書や納品書などの取引資料と帳簿の数字合わせをしているだけではない。実在する物と帳簿が整合しているかの確認をしている。例えば物を売っている法人の場合は、商品を管理している台帳をお借りして、消し込まれている商品が売上に計上されているか、台帳にある商品が実在する商品と整合しているかを確認し、プリンタなどの備品を購入していれば、実物を確認する。人件費であればタイムカードなどお勤めであれば通常あるであろうものと照合していた。

商品管理台帳と元帳とを突合することで、代表者が商品をプライベートでプレゼントとして使っていたことが判明したり、購入したと記帳されているプリンタ

1　消費税や源泉所得税はそれだけの観点から別途チェックするのではなく、法人税の観点からの帳簿調査と同時に誤りがないか確認していた。

2　組調査といって２人で税務調査を行う場合は、売上と仕入、販管費で担当を分けていたように記憶している。また、調査官によっては、販管費の検討（他科目交際費や個人的経費の付け込みなど）の方が検討をしやすいということで、販管費を先に検討することもある。

の実物がないので、どこにあるのか確認したところ、親族が経営している会社にプレゼントするために買ったものであったと判明したりすることもあった。

人件費については、代表者の家政婦さんが従業員として人件費に計上されていたという事案を聞いたこともある。

[期ズレの検討] 税理士

検討の仕方はいろいろあるが、例えば、期末付近の仕入のうち、金額が比較的大きめで型番があるなど、仕入れた後の動きを追いやすい商品をピックアップして、期末までに売れているか確認し、売れていなければ、棚卸明細に記載があるかを確認することで、棚卸計上漏れがないかの検討を行うことができる。

ここで、「この商品の売り先はどこですか？」といった問いかけをしながら進めるのであるが、代表者の立ち会いがなく、そのほかの誰もわからないという状況になってしまうと、税務調査がまったく進まなくなってしまう。

売上の計上漏れについては、預金通帳をお借りして、翌期首（3月決算の場合は4月）の入金事績から売上代金の入金を把握し、その売上に関していつ納品が完了しているかなどを確認することで検討が行える。

翌期首分の請求書の控えの束をお借りして、それと突合をすることでも可能であるが、入金事績との突合の場合は、売上の意図的な先送りも想定した手続きとなっている（意図的に先送りしているのであれば、調査官へ提出する請求書の控えの束には入っていないため）ので、こういったやり方で行っていた。

普通はしない観点からのチェックなのであるが、翌期首の売上の内容から材料の仕入れを把握し、その材料をいつ仕入れたのかをチェックしたところ、工事現場の付け替えを見つけたことがある[3]。

3　売上に計上されている物の仕入がなかったため、代表者に質問をしたところ、発注元から、現場の付け替えを依頼されたとのことであった。赤字の現場などでよく起きるのだが、実際の納品物とは別名目で別の現場分として請求するように発注元から依頼を受けることがある。本件の場合は、実際には物を仕入れて工事をしておらず、他の現場の売上を書面上そのようにしていただけということである。

[期ズレの対応をどこまですべきか]  

税務調査をしていた頃に、たとえ期ズレであったとしても、税務署から指摘を受けることがプライドに反するので、期ズレが一切生じないように決算をしている税理士にお会いしたことがある。適正な申告納税という観点からは望ましいことだと思うが、調査官が見る細かさで期ズレを生じさせないことが、税理士にとって、本当に必要なことなのだろうかと疑問に思っている。

もちろん、調査官が行う期ズレのチェックが異常に細かすぎるということが事の発端だと理解しているが、期ズレを生じさせないために要する労力を、クライアントにとって有益な他のことに使った方がいいのではないだろうか。

監査法人に在籍していた頃に、先輩会計士から税務調査に関する素朴な疑問を受けることがあったのだが、「国税って、なんであんなに細かく期ズレを見るの？」と、聞かれたことが何度かあった。意図的な調整はもちろん認められるべきではないが、単なるミスのようなもので、しかも、放っておいても翌期には誤りが解消するようなものに、なぜそんなに躍起になるのか？　という意味での質問である。この質問を受けて、調査官が期ズレばかりを見ていることについて、とても恥ずかしく感じたことを、今でも強く覚えている。

ビジネスの理解や、取引の検討の仕方を探る中で、期ズレを把握する分には問題ないと思うが、調査官以外は誰も気にしないような細かさで期ズレを探すような税務調査は、調査官にとっても、納税者にとっても有益ではないと思っている。ほどほどにしておいた方がいいのではないだろうか。

[「帳簿を見ないのが税務調査だ」というアドバイス] 

「帳簿を見ないのが税務調査だ」と言っている先輩調査官がいた。これは、帳簿ばかり見ていても非違は見つからない、ということなのだが、稀に意味を履き違えて、本当に帳簿を一切見ない先輩調査官がいた。帳簿を一切見ずに、計上漏れなどの誤りをどうやって確認するのか疑問しかない。

私がよく同行していた上席さんは本当に帳簿を一切見なかった。なので、同行者の私が帳簿をチェックしてフォローしていた。

組調査といって２人で税務調査が行われた場合は、それぞれの動きを見てみると、こういった人間模様が見えたりして面白いのではないかと思う。

COLUMN

簿記3級の知識だけで税務調査ができるのか？ 

法人税法では、別段の定めがあるもの以外は、「一般に公正妥当と認められる会計処理の基準に従つて計算されるものとする」（法人税法22条）とされているので、会計を学ぶことも税務職員にとって必要なのではないかと思っている。

国税在籍時に、同じ部門の上席さんに、「税法も、税務調査のやり方も、会計も知っていれば調査官として、とても優秀だと思うんですが、なんでそのような方っていないですかね？」と聞いたことがあるのだが、「そんな気持ち悪い奴いるわけねーよ」と言われてしまった。これ以外にも、先輩や上司に同様の質問をしたことがあるのだが、「簿記3級の知識があれば税務調査はできる」「社外流出項目の否認しかしないから」（売上除外の認定賞与という指摘しか眼中にないということ）といった回答ばかりだった。

たしかに、簿記2級（3級ではない）までで学ぶ簿記の基本的な事項を、しっかりと理解することの方が、簿記1級で学ぶような項目に比べて実務では大切だと思うのだが、なんとなく、簿記の知識が税務調査に必要ないといわれていることを、勉強から遠ざかるための免罪符にしているように感じている。

[適切な売上の検討の仕方] 調査官 税理士

税務調査に関するSNSの投稿などを見ていると、調査官が「現金預金／売掛金」の仕訳を検証したのに、売上が計上されているか確認したいと言ってきたことに対して、調査官の簿記の知識の乏しさを嘆いているものがあった。税理士と調査官の目線の違いが出ていて面白いと感じたので、少し取り上げてみたい。

まず、この調査官が本当に簿記の知識がさっぱりだった可能性は否めない。これについては先のコラムに書いたとおりである。

次に税理士の目線でいうと、売上の仕訳の流れとして、「売掛金／売上」という仕訳が計上されたのち、「現金預金／売掛金」という仕訳が計上される。よって、後者を検証すれば、前者の仕訳を検証したことと同じ（売上が漏れなく計上されていることを確認できた）と言いたいのだと思う。簿記の仕訳という観点においてはまったく異論はない。

では、仮に私がこの事案を指令した統括官だったとして、この調査官が「『現金預金／売掛金』という仕訳を検証したので、売上の漏れがないことが確認できました」と復命してきたら、間違いなく売上の検討のやり直しを指示する。理由は次のとおり。

① この方法で検証できているのは、売掛金を回収できているという事実だけで、売上が正しく計上されていることの検証となっていない。売上の検証をする際の根拠証憑は納品書であり、入金の事績でも請求書でもない。

② 単純な請求漏れや、請求書を２種類発行して簿外で回収している可能性を想定すると、この方法では、この可能性を検証できていない。

一点目については、請求書には納品日などの納品書と同じような内容が書かれており、その月の取引をまとめて検証するのに便利なため、効率的にチェックをするために代用しているに過ぎない。売上の計上を検証するための証憑は納品書である（物品受領書があればなおよいが、実務的にあまり見たことがない）。また、この法人が債権管理をしっかりできていなかった場合、「売掛金／売上」の仕訳が計上されていないにもかかわらず、「現金預金／売掛金」という仕訳だけが計上されてしまうこともありうるし、実際に起きる。簿記の経験と知識がある人が必ずしも記帳業務を担当をしているわけではない。月末など一定のタイミングで売掛金が全額掃けるのであれば、売掛金勘定がマイナス残高となることで気づけるが、そのような状況は稀で（締めと払いは会社によってまちまち）、得意先ごとの売掛帳を作成せずに、売掛金の残高を管理していると他の売掛金の残高から相殺される形でマイナスの売掛金残高が見えなくなってしまう。

二点目については、単純な請求漏れの場合は、そもそも請求をしていないので、入金されるわけがなく、いくら入金を検証しても漏れがないことの検証にならない。よって、納品書と請求書の照合をする必要がある。そして、請求書を２種類発行することについては、実際にそのようなことをする者がいる。少なくとも、想定し得る不正行為がないことを検証するのが調査官の役目である。

では、具体的にどのように検証するかであるが、税理士が記帳業務から受けていることを前提とすると、まずは、売上の計上根拠資料をヒアリングする。売上は発生主義（実現主義）で記帳されていると思われるが（実務的には、期中現金主義も見るが、措いておく）、さすがに、納品書から売上の計上処理はしていないと思う。よって、「請求書の控えを基に売上計上をしています」という回答が一般的にくることとなるので、その回答に沿って、サンプルで数か月分の請求書の控えと売上計上の仕訳が整合していることを確認する。

そして次のステップとして、納品書の控えをお借りして、納品書が漏れなく請求書に反映されているかの検証となる。これでやっと、一応は売上の検証をしたこととなる。もちろん、このほかにも、請求書番号や納品書番号からの検証であったり、仕入れた物との突合による検証であったり、会社内で別途売上を管理しているものとの照合など、いろいろな検証方法があるが、そこは想像力を働かせて、概況聴取時に把握した情報を参考にして、事案に即して考えてみて欲しい。

[月次推移表を作っていた] 税理士

帳簿調査を行うにあたっては、取引資料と元帳が整合しているかの検討を行いつつ、取引全体を俯瞰して見るために、月次推移表を作成している調査官が多かった。

多少の個々人のアレンジはあるが、A4横の紙に、左から右に向かって、年月が流れるようにして、一番左に取引先名と住所と振込先口座を記載し、各月を二段書きにして、上段に取引金額を記載して、下段に決済金額を記載するような表である。

	4月	5月	6月		3月	残高
国税商事 東京都中央区築地 ５丁目３番１号	100,000	200,000	150,000	～	100,000	100,000
ABC銀行／築地 ㋫1234567		100,000	200,000		150,000	

こうやって１年間の取引の推移を俯瞰してみることで、取引金額が極端に増えている月、ひと月に１回の取引先に対して、２回の取引が計上されている月、決済のタイミングが通常月と相違している月、まったく決済がされていない取引

先などに気づくことができる。

このような取引を深掘することで、費用の２重計上や不正経理などを把握することができた。

いまだに、この表を作成しているのかは存じないが、この検討の仕方は正しかったように思う。監査法人で会計監査をしていた頃も、勘定科目や取引先ごとの月次推移表を作成していたが、俯瞰的に見ることで、会計処理誤りを発見することがよくあったためである。よって、記帳業務や決算業務をされる際にも、会計システムから出力できる月次推移表を利用して、異常点がないかの確認をされてみてはと思う。

[期末から直近3か月間の取引しか見ない理由] 税理士

帳簿調査は期末日から期首に向かって遡っていく方法で行う。基本的には３か月分しか見ない。見る期間をある程度絞らないと、調査日程内に税務調査を終えることができなくなってしまうということもあるが、どちらかというと、３か月分遡って検証をすると、法人が行っている取引内容が概ね理解できるため、それ以上遡ってもあまり意味がないということだと理解している。

調査官が直近３か月間しか検討しないので、それ以前に不正経理を行っている会社があるという情報を見聞きしたことがあり、それではと、過去３年間きれいに遡ってみたことがあるが、直近３か月間の取引内容と大して変わらず、それで何か発見があったかというと何もなかった。

その後は基本的には３か月程度遡って、会社の取引の流れを大まかにつかめたなと感じたら、あとは、元帳に目を通して、１年間で大きな動きがある月がないかなどをチェックする程度にしていた。

[大規模法人は「どこを見るべきか」の見極めが重要]

国税局の調査部調査の経験のある先輩の税務調査に同行したことがある。税務署の一般部門でも上席になると、ある程度の規模の法人の調査を担当することがあるが、年間売上高が数十億円規模となると、一人で、たった数日間ですべてをチェックすることは到底無理であり、見るべきところの見極めが重要なのだと感

じた。

例えば、経営会議資料用に作成されている事業部損益を見て、利益率が低い事業部を選んだり、新しく始まった事業を担当している事業部を選んだりといった風にして検討対象を絞っていく。そのほか、工事業者であれば、工事台帳で粗利が低い現場を抽出するなどして、調査項目を絞っていた。

このような規模の税務調査の経験があまりない調査官ほど、なんでもかんでも見ようとする。一般部門が担当する法人は基本的には規模がそこまで大きくないため、見ようと思えば、全部見切ることができてしまうからではないかと思っている。

勇気を持って、ばっさばっさと見ない取引を決める判断力を身につけないと、いつまでたっても、見る必要のない取引の検討ばかりしている調査官になってしまう。

[勘定科目の誤り] 税理士

取引内容などについて質問をしていく中で、勘定科目誤りが見つかることがあるのだが、正直なところ、調査官は勘定科目の誤りにはまったく関心がない。

調査官によっては勘定科目の違いを指摘することがあるという話を聞いたことがあるが、本当にそのような指摘をしている調査官がいるのだろうか？　と疑問に思う。

税務調査の観点だけでいうと、勘定科目誤りについてはあまり気にしなくて良い。

第8章

売上計上漏れと売上除外

[売上計上漏れと売上除外の違い]

まず、この章においては、売上計上漏れとは「過少申告加算税の対象となるような誤り」とし、売上除外を「重加算税の対象となるような誤り」としたい。

売上計上漏れと売上除外の違いを、故意によるものか否かで説明されていることがあるが、その考え方は調査官が考えているものとは少し違うように思っている。

国税在籍時に上司から、売上が計上されるタイミングの違い（3月納品の商品の売上が4月の売上に計上されている場合）は売上計上漏れで、売上が帳簿にまったく記載されていない場合が売上除外であると教えられたことがある。

よって、除外する意図がなくても、結果として売上が帳簿に記載されていないのであれば、売上除外として取り扱われるという理解で税務調査をしていた。

裁判所の判例や、国税不服審判所の裁決事例などを研究していくと、この説明は妥当ではないのかもしれないが、ここはこういった議論をする場所ではないので、この書籍を書く上で、筆者はこのような理解で書いているのだと、ご理解いただきたい。

[法人税の重加算税の取扱いについて（事務運営指針）]

先の上司の説明は、国税庁が公表している「法人税の重加算税の取扱いについて（事務運営指針）」[1]に基づくのではないかと思う。

まず、売上計上漏れ（期ズレ）については、下記が参考になるのではないかと考える。

1　国税庁ホームページ「法令等」⇒「事務運営指針」⇒「法人税関係」

（帳簿書類の隠匿、虚偽記載等に該当しない場合）

3　次に掲げる場合で、当該行為が相手方との通謀又は証ひょう書類等の破棄、隠匿若しくは改ざんによるもの等でないときは、帳簿書類の隠匿、虚偽記載等に該当しない。

(1) 売上げ等の収入の計上を繰り延べている場合において、その売上げ等の収入が翌事業年度の収益に計上されていることが確認されたとき。

つぎに、売上除外については、下記が参考になるのではないかと考える。

（隠蔽又は仮装に該当する場合）

1　通則法第68条第1項又は第2項に規定する「国税の課税標準等又は税額等の計算の基礎となるべき事実の全部又は一部を隠蔽し、又は仮装し」とは、例えば、次に掲げるような事実（以下「不正事実」という。）がある場合をいう。

③　帳簿書類の作成又は帳簿書類への記録をせず、売上げその他の収入（営業外の収入を含む。）の脱ろう又は棚卸資産の除外をしていること

「脱ろう」という言葉遣いから、故意でないとこれに該当しないと考えるべきといった議論があることは承知しているのだが、伝えたいのはそこではない。

まず、この事務運営指針を知らない税理士がいるということを聞いたことがあるため、この事務運営指針の案内をしておきたかった。そして、言葉遣いの観点はいったん措いて、文章をそのまま読むと、「翌事業年度の収益に計上されていることが確認されたとき」は売上計上漏れで、「帳簿書類への記録をせず」は売上除外となると書いてあることを伝えたかった。

念のため書いておくが、売上が計上されるタイミングの違いであっても、重加算税の対象として取り扱われることがある。

先に紹介した（帳簿書類の隠匿、虚偽記載等に該当しない場合）において、「当該行為が相手方との通謀又は証ひょう書類等の破棄、隠匿若しくは改ざんによるもの等でないときは」とあるため、改ざん行為などが伴うと、重加算税の対象となりうる。

（帳簿書類の隠匿、虚偽記載等に該当しない場合）

3　次に掲げる場合で、当該行為が相手方との通謀又は証ひょう書類等の破棄、隠匿若しくは改ざんによるもの等でないときは、帳簿書類の隠匿、虚偽記載等に該当しない。

※アンダーラインは筆者が加筆。

［現金売上の計上漏れは売上除外か？］ 税理士

中小企業の税務調査をしていて、現金売上の除外を把握することがよくあった[2]。

除外といっても、なんのことはない、そもそも現金の実残と帳簿残があっておらず、また、決算申告業務においても、それを是正せず、さらに売上にかかる領収書の控えと売上の元帳との突合すらしていないということである。

帳簿調査で、売上にかかる領収書の控えと売上の元帳を突合してみたところ、領収書の控えにある売上が売上計上されていなかったので、売上除外として取り扱う旨を伝えたところ、怒り出した税理士がいた。

「意図的なものではない、このようなものを重加算税の対象とするとは何事だ」ということらしい。

売上除外という認定に故意の立証が必要であるか否か以前に、そもそも、現金出納帳の残高と現金の実残は一致すべきものというアドバイスを顧問先にしたのだろうかと当時疑問に思ったのを覚えている。

アドバイスはしたものの、なかなか改善されなかったのだとしても、会社を訪問した際や、決算の段階で領収書の控えをお借りして取引内容を控えるなどして、それらを漏れなく売上として計上することはできなかったのだろうか。

中小企業の税務調査をしていると、現金の実残と帳簿残高が一致していない事例はざらにある。期末に雑損益勘定や代表者勘定で調整していたとしても、現金の元帳を見ると、期中でマイナス残高になっていたりするので、簡単にわかる[3]。

2　飲食業などの現金商売における売上除外ではなく、工事関連業などにおけるスポット取引での現金領収に係る売上についてここでは書いている。

こういった状況の法人の税務調査ばかりしていると、実残と帳簿残は一致していないのが普通という感覚になってくるのだが、一致していないことを前提にして話を進めていたところ、とある税務調査先の経理担当者に、「実残と帳簿残が一致しているのは当たり前で、当社も当然に一致しています」とお叱りを頂いたことがある。

現金の実残と帳簿残が一致していないことが普通で、領収書の控えと元帳が整合しているのかすら確認していない税理士がいる一方で、このように真面目に、適切に、経理業務をこなされている方もいるという事実。そして、適切な対応をしていない方が、それがさも当然であるかのような主張することに少し違和感を覚えていたのだが、そのように感じるのは私だけなのだろうか。

COLUMN

やる気がない調査官が来たら嬉しい？ 

理由はわからないが、やる気が完全になくなってしまっている調査官もいる。そういった調査官は、請求書や元帳を黙々と突合するなどして時間を潰して、税務調査を終わらせたりしている。

さて、やる気がない調査官が税務調査に来たら、嬉しいと思うだろうか。おそらく、嬉しいと感じることの方が一般的なのだと思う。ただ、少しだけでも良いので考えてみて欲しい。このような調査官が、不正経理をバリバリ行っている法人の税務調査を担当して、同じように帳面だけを見て、何も指摘せずに税務調査を終わらせていたら、どのように感じるだろうか。まだ、嬉しい気持ちを持ち続けられるだろうか。真面目にやっている方が損をしているという気分にならないだろうか。

優しい調査官もいる。本当に優しい。優しいので、いろいろなことを認めてしまうので、納税者からは、優しい調査官だといって感謝される。「いい人」と言われることに似ているような気がする。

3　仕訳入力の際に、取引日付の入力を誤るなどして、一時的にマイナス残高となることもあるようであるが、ここでいうマイナス残高は恒常的なものを言っている。

調査官として税務調査をしていると、優しい調査官になってしまいたいなという誘惑にかられることがある。その方が楽だし簡単だからである。幸い、私が税務調査を担当していた頃は、20代前半とかなり若かったので、おそらく納税者の方もいろいろと思うところを言いやすかったようで、手を抜いている（抜こうとしている）のがわかると、厳しく、叱ってくれる方もいた。

「テキトーにやるんじゃない。真面目にやっている方が馬鹿を見ることになる」ということである。

[一筆重加（いっぴつじゅうか）] 税理士

今は、聴取書を作成しているのだと思うが、私が税務調査をしていた頃は、「申述書」[4]を作成していた。そして、この申述書を作成して重加算税の対象とすることを「一筆重加」といっていた。当時から聴取書を作成する実務はあったのだが、資料調査課事案などで、税務調査を通じて判明した事実関係を書面に残すために作成されるくらいで、税務署の一般部門の税務調査では、申述書が一般的だったように思う。

私も税務調査で申述書を作成していたのだが、正直なところ、この書面がどういった観点から求められるのかをしっかりと理解できていなかった。必要と考えられる積極的な理由として、売上除外については、先に説明したとおり、帳簿のいずれにも記帳されていないことが証明される必要があるところ、ないことの立証はできないので（想定される帳簿をすべて証拠化する必要が生じる）、記帳されていないという事実を書面に残しておくために作成するものだと理解していた。重加算税の賦課要件に関する事実を税務調査で発見しきれなかったので、申述書で代用しているのではないと思う。

なので、私の事案で申述書を作成するときは、淡々と事実のみ（取引年月日等の取引が特定できる情報、金額、売上に計上していないこと）を書面に記載してもらっていた。

4 「もうしのべしょ」と読む。

預金通帳との突合で売上除外が見つかることもある

預金通帳をお借りして、勘定科目内訳明細書に記載の各預金の残高との一致を確認していると、「そんなのチェックして何の意味があるんですか？」と立ち合いをしていた会計事務所の担当者に怒られたことがある。確かにほとんどの事案では意味がないかもしれないが、税務調査でやっていることは、合っていて当たり前のことが合っているかを確認することである。

例えば、売上を除外する方法として、預金に入金された売上を記帳せずに、預金の実残高と帳簿残高がズレたままにしておくという方法がある。会計事務所が関与していたり、申告書に銀行が発行する残高証明書を添付している場合は、このような方法で売上除外はできないと思うが、会社が自社で経理業務をすべて行っている場合は、このような考えもしないことが普通に起きたりする。

なので、調査官が、合っていて当然のことをチェックしようとしたときに、「合っていて当たり前なんだから」といって横やりを入れないでいただきたい。当たり前のことが当たり前ではない事案を調査官はたくさん経験してきている。

こういった観点からなのか、銀行が発行する残高証明書を添付している申告書も結構あった。残高証明書には発行手数料がかかるし、通帳の写しでもいいではないかというのもごもっともであるが、残高証明書が申告書に添付されていると、安心感があると当時感じていた[5]。

コミュニケーション不足から生じた売上除外

顧問先とのコミュニケーションをしっかりととれていれば、売上除外が生じなかったのではないかと感じた事案を経験したことがある。記憶を頼りにして、事例を作ってみたので、参考に紹介してみたい。

5　詳細な発行手続は存じないが、残高を証明する預金口座を選ぶことができるようで、残高証明書が申告書に添付されていたものの、簿外預金が見つかったという事例を聞いたこともあり、もはや何を信じていいのかわからなくなる。

事例1 端数を切り捨てた金額で売上計上

小物を店舗で販売している法人に対する税務調査。

売上は会計事務所の担当者が代表者から日々の売上金額の連絡を受けて、それを基に記帳しているとのことであった。

概況聴取により、日々の売上をメモしたノートを作成していることを把握したため、そのノートと売上の元帳を突合してみたところ、元帳の売上は全て1万円未満の数字が切り捨てられた金額で計上されていた（例えば、1日の売上が109,450円であった場合、100,000円が売上として記帳されていた）。

税理士事務所の常識は、世間の非常識と言われることがあるが、会計事務所に勤めていると1円単位で金額を合わせるのが当然になるが、同様に他の業界の方も考えてくれると思うとそうではない。

普通に考えれば、1万円以下の端数が生じていない日々の売上に、疑問を抱くのではないかとも思うのだが、機械的に記帳業務を行うだけではなく、顧問先の方とコミュニケーションをとっていれば、このようなミスは生じなかったのではないかと思う。

事例2 小切手領収による売上代金の回収

法人成りをして、3年目の法人に対する税務調査。

税務調査初日の段階で、請求書などの取引資料は紙で保存されておらず、PCに控えがデータとして残っていただけであった。

概況聴取を済ませ、PCの操作にご協力いただき、売上に関する請求書の控えデータをすべて出力してもらい、それらと元帳との突合を実施したところ、売上に計上されていない請求書があった。

代表者に取引内容を確認したところ、役務提供はされており、小切手で売上代金を回収したとのことであった。そして、代表者は領収した小切手を銀行の窓口で現金化していた。なお、現金の実残と帳簿残は整合していない（期末に代表者勘定で調整）。

顧問税理士は、請求書や領収書の控えをチェックすることなく、期中現金主義で記帳していたことから、小切手決済による売上を把握しきれず、結果として当該売上は記帳されていなかった。

年1回の関与だったのかもしれないが、そうであったとしても、口頭で振込み以外の決済がないかを確認する、請求書に通し番号を振ってもらうことで、漏れが生じないようにするといった対応ができたのではないかと思う。

[税務調査に関する情報の得方] 税理士

市販の書籍では税務調査のどのような情報が、どのような風に書かれているのかに興味を持ったので、税務調査に関する書籍をいくつか購入して読んでみた[6]。国税OBしか税務調査に関する書籍を書いていないと思っていたのだが、試験合格組の税理士も書いていたので、そちらも読んでみた。

あくまで私の主観であるが、国税OBの著書は読み物的な内容[7]のものが多く、試験合格組の税理士の著書は、実務に即した内容が多いように感じた。

読んでいてどちらの方が面白いかと聞かれれば、読み物的な内容の方が面白いのではないかと思うが、税理士として、プロとして税務調査に関する情報を得たいと思われるのであれば、個人的には後者のものを読むことをお勧めする。

[身近に国税OBはいる] 税理士

税務調査の対応を適切にしていた試験合格組の税理士に会ったことがある。その方に、どのようにして、税務調査の勘所がわかるようになったのかを聞いてみたところ、税務調査などで調査官と話をするチャンスがあれば、雑談を交えつつ、いろいろなことを話して、その勘所をつかんでいったとのことであった。

この方と同様に、税務調査を調査官とのコミュニケーションの場と考えて、お

6　有料の商材や、書籍名などから税務調査について偏った意見が書かれていることが伺えた書籍は対象から外している。

7　国税内部にある調査事例集を参考にしたような事例（稼働無申告法人に対する税務調査事例など）で、真面目な納税者向けのアドバイスを意識した際に、役立つ情報とはあまり思えないような内容を意味している。

昼休み後のちょっとした時間などに雑談してみてはいかがだろうか。

また、読者の皆様の周りにも国税OBがいるのではないかと思う。税理士会の支部の集まりに出席したところ、一度の集まりに私を含めて４人の国税OBが出席していたことがあった。彼らとコミュニケーションをとってみることで、武勇伝めいた話から、税務調査の実際のところなど、経験に基づいた話を聞くことができ、いろいろな発見があるのではないかと思う。

ただし、どうやったら税務署からバレないかなど、税務の抜け穴を探す意図をもっての質問を受けることがたまにあるが、そのような目的でのコミュニケーションは決してしないで欲しい。

COLUMN

なぜ、税務調査の情報を聞きたいのか

税理士になってから、税理士の方に、なぜ国税OBに税務調査に関する情報を聞きたいと思うのかについて、質問をしてみたことがある。この方は、非常に真面目な方で、税務署の裏をかいてやろうということでもなさそうであるため、そのような方であっても、情報を得たいと思われることに疑問を感じたためである。

その方曰く、「100課税される事案を0にしたいとは思わないが、税務調査に関する情報を知らないことで、100課税される事案が110にされてしまっていないかという不安がある。その見極めのために、情報として知っておきたいと思っている」とのことであった。

これを聞いて、現職の方はどのように感じるであろうか。100を110で課税しようとしたことがある方であれば、どきっとするであろうし、そんな課税はしていないと思う職員もいるかもしれない。元国税職員としては、やはり、税務調査に関することを聞かれると、その理由はさておき、身構えてしまうというのが、本音である。ただ、この話を聞いて、税務調査に関する情報が求められる理由の一つに、税務調査のやり方の問題もあるんだなと少し考えさせられてしまった。

第9章 反面調査の難しさ

[実務補習所でのディスカッション] 税理士

公認会計士試験に合格すると、実務補習所[1]に３年間通い、会計監査などに関する実務的な研修を受けることとなる。J3（３年目）の頃になると、講義形式の研修が減り、ディスカッション形式の研修が増えてくるのだが、その中で、「公認会計士（監査法人）に質問検査権を持たせるべきか？」というテーマについてディスカッションをする機会があった。

その頃（2014年頃）は、大手企業の不正会計問題などが発覚したことを受けて、公認会計士（監査法人）にも不正発見に対する責任を課すべきではないかという議論があったように記憶しており、そのことから、この議論をディスカッションのテーマにしたのではないかと思っている。このテーマについて、補習所の同期とディスカッションをすることで、一般的なイメージとして、質問検査権があれば、事実を解明できると思われているということに気づき、非常に驚いたのを覚えている。

税務署の一般部門の調査官ではあるものの、反面調査を積極的に行ってきた身として言えることは、質問検査権が認められたところで、事実を解明することはとても難しいということである。事実は見る人によって違うとも思う。

[いろいろな反面調査先] 税理士

反面調査[2]といっても、その行先は様々である。記憶を頼りにして、簡単に書

1　https://jfael.or.jp/institution/

2　「反面調査」について、ここでは、税務調査先以外に出向いて情報を得ることを意味している。

いてみた。

①　取引先

売上先や仕入先、外注先などに赴いて、税務調査先で得られた情報だけでは、はっきりとしないことの確認や、裏取りの必要がある場合などに行われる。一般的な反面調査のイメージはこれではないかと思う。

②　金融機関

調査官は銀行調査と言っている。金融機関に赴いて、納税者が保有している口座の照会や、小切手や手形が落ちた口座の把握、取引代金の流れの解明など、銀行での取引に関することを調べる必要がある場合などに行われる。

大手金融機関の場合は、事務処理センターを設置しているため、僚店[3]に出向くことはあまりない。昔は僚店に出向いて、取引銀行の融資の担当者から話を聞くことで、簿外資産の把握などをしていたようであるが、事務処理センターに行くようになってからは、事務処理センターにある調査部屋に籠って、機械や伝票などと向き合って、黙々と作業を進めることが多くなった[4]。

私はこの過渡期に税務調査を担当していたため、両方を経験することができた。事務処理センターに行って預金の復元などをしてくると、当時の上司の統括官から「こんなのは、銀行調査じゃない!!」と言われたのをよく覚えている。

③　役所

市役所に行って、住民税の照会や戸籍に関する情報などを入手したり、法務局に行って、登記情報や登記申請関係書類を入手したりしていた。住民税の照会は電話でも可能な場合がほとんどであり、登記情報もインターネットで取得できるようになったため、実際に出向くことは、今はほぼないのではないかと思う。

3　「りょうてん」と読む。街中にある銀行の店舗のこと。

4　映画の「マルサの女」で、主人公の査察官が大きな機械に向かってCOM（写真のネガのようなもの）をチェックして、預金を復元しているシーンがあるが、あの作業を僚店ではなく、事務処理センターの調査部屋でしていた。現在はシステム化されているのではないかと思う。

④　百貨店、旅行代理店

例えば、領収書には「お品代」と書かれているだけで、何を購入したのかわからない取引について調べたいときに、百貨店に反面調査をすることで、実際に購入したものがわかる。法人の経費で旅行に行っていた場合は、旅行代理店に出向いて、旅行のスケジュールを確認すると、親族一同での観光旅行であったりといったことが判明したりする。

⑤　海外

私が税務調査をしていたころは、国際取引関連の税務調査を専門にしている部署の調査官が、ダンレポ[5]の取得や、諸外国に派遣されている駐在員に情報の収集を依頼しているくらいだったように感じていたが（そもそも、税務署の一般部門でこれらを行うことがなかった）、現在は、外国企業の情報であっても現地国の税務当局を通じて入手できるようになってきているなど、だんだんとできる範囲が広がってきている印象を受けている。

⑥　裁判所

民事事件記録の閲覧をすることができる。税務調査で、裁判の中で裁判官からこの取引が実在することが認められたという説明と共に、その裁判の判決文をその証拠として提出を受けたことがあり、裁判に関する情報を確認するため、裁判所への反面調査を実施したことがある。

訴訟において、提出された準備書面[6]や、書証[7]を閲覧することで、取引についてより深く背景事情などを知ることができた。

徴収部門[8]の職員を見かけることはあったが、法人税の調査を担当している職員が行くことはあまりないのではないかと思う。

5　Dun & Bradstreet（D&B）社が提供する、企業調査レポート。

6　原告・被告が、それぞれの主張を書いた書面のこと。

7　準備書面に書いてあることを証明するための証拠のこと。

8　税金の滞納の対応などを担当している部門のこと。

⑦　番外編（自衛隊の駐屯地）

唯一、反面調査を断られた反面調査先。

自衛隊の駐屯地内の工事に関連して、工事関係書類などを確認させてほしいと伝えたところ、国家機密に関する情報であるため、査察の犯則調査でないのであれば、協力できないと言われてしまった。

こういった風に、税務調査先で、はっきりとしないことがあれば、それをはっきりさせるために、いろいろなところへ反面調査に行っていた。思い出せた範囲で書いてみたが、調査官たちは、上記以外にも、いろいろなところへ反面調査をしているのではないかと思う。

COLUMN　訴訟記録の閲覧　税理士

訴訟記録の閲覧をすることができるのはご存じだろうか。事件番号をあらかじめ調べたり、裁判所への事前の予約の電話などが必要となったりするが、機会があれば一度で良いのでぜひ経験をしてみて欲しいと思う。

かなりの数の税務訴訟に関する判決文が公表されており、判決にあたって必要なことはすべて判決文に書かれているため、わざわざ閲覧をする必要はないと、弁護士からは教えてもらったが、訴訟記録の閲覧をすると、その事案がどのような事案だったのか（資料調査課事案だったのか、署の一般部門の事案だったのかや、税務調査の経過など）などを詳細に知ることができ、判決文だけを読んでも見えてこない背景事情などを把握することができた。

私が関与した税務訴訟案件の中には、専門誌などで報道された事案もあったが、事案の内容が込み入り過ぎていたからか、実際の論点とは全く別の論点が紹介されていたり、背景事情を知っていれば、見え方が180度変わったりするような内容もあった。

訴訟資料は膨大で丁寧に読み込むと丸一日かかってしまうので、時間に余裕がある際にでもやってみて欲しい。法律解釈などを抜きにして考えてみると、これって本当にこの判決で良かったのだろうか？　などといった風に疑問に感じる事案に出会えるのではないかと思う。

[書面による反面調査] 税理士

反面調査は基本的には反面調査先へ出向くが、取引先が大手企業、金融機関、役所などの場合や、取引先が遠方であり重要性がそこまで高くない場合などは、照会書面を送付して反面調査を行うこともある。

照会書面を送付して行う場合は、送付先によっては、こちらの意図がまったく伝わらないこともあるので、なかなか難しい。監査法人での会計監査の経験がおありの方であれば、会計監査対応慣れしていないであろう企業宛に、売掛金や買掛金の残高確認状を送付する場面を思い出していただければイメージがつかめるのではないかと思う。

回答欄が空欄のまま返送されてきたり、何かしらの請求書と勘違いされたりなど、苦情のような内容の電話を受けてしまうといったことが起きる。

[反面調査は難しい] 税理士

反面調査はすごく難しい。単に情報を得るだけであれば、そうでもないのだが、正しい情報を得るためとなると、いろいろな考慮事項がある。

まず、事前に連絡をしてから反面調査を実施すべきか否かという点が悩ましい。観点としては事前に連絡をすることで口裏合わせをされてしまわないかということである。

大手企業が反面調査先の場合は、事前の連絡もなしに押し掛けたところで、先方もすぐに対応できるわけもなく、知りたい情報を伝えてトンボ返りすることとなってしまう。なので、調査事案の内容などにもよるが、反面調査先が大手企業や役所の場合など、積極的に納税者サイドに立つような関係にない場合には、事前に反面調査をしたい旨や確認したい取引の概要などを伝えてから、出向くようにしていた。

また、反面調査を行うことで、「取引先（税務調査先）が不正をしているのではないか？」という疑念を抱かせないようにする、不必要な発言などに注意して、税務調査先が儲かっているような印象を与えないようにする（税務調査が来る会社は儲かっている会社というイメージから）、などの配慮もしていた。「税務署が来るくらい儲かっているのなら、もっと安くしろ」と言われてしまうこともあるらしい。

中小企業に対する反面調査の場合は、事前に連絡をせずに行くことの方が多いのではないかと思うが、いきなり訪問したところで、「社長は現場に出ているので、わかりません。お引き取り願えますか」と冷たい表情で言われるのがオチである。また、事前に反面調査を実施したい旨の連絡をした場合で、具体的な取引先名などを事前に伝えていなくても、税務署名とその管轄からどの取引先について反面調査が来ているのか、わかることもあるらしい。

[個人（一般消費者など）への反面調査] 税理士 調査官

法人への反面調査であれば、まだ税務調査が身近なものであるため理解を得やすいが、個人（一般消費者など）への反面調査は、法人への反面調査とは違う考慮事項がある。

まず、対象者の方に、「あなたの税務調査ではないですよ」ということを明確に伝えて、安心してもらうことから始まる。また、税務署のような、普段接することのない役所の人間から連絡が来ると、かなり身構えられてしまうこともある。詐欺か何かなのではないかと警戒されてしまうこともあり、その場合は、身分証や質問検査章や名刺などを見せるのだが、それでも信じていただけない場合は、その場で所属している税務署に電話をしていただいていた。

また、警察もののドラマなどの影響なのか、捜査協力さながらに、目をキラキラさせながら協力してくれる方もいたのだが、何度説明をしても、「あのお店は悪いことをしているんですね」となってしまい、そんなことはないですよと正すのが大変だったのを記憶している。

反面調査というと不正調査の一環のようにとられがちであるが、事実関係の確認のために、反面調査を行うこともある。反面調査が行われたからといって、税務調査先が不正経理をしているということではない。

話が横道にそれるが、法人に対する反面調査で、事前に反面調査としてお伺いしたいとお伝えしたにもかかわらず、自身の税務調査と勘違いされてしまい、顧問税理士が立ち合いしていたことがあった。調べたいことは、そこまで複雑なことではなく、税理士に立ち合いしていただく必要はまったくなく、1時間程度で終了したのだが、その反面調査先は税理士から一日分の日当を請求されていた。調査官が気にすることではないのだと思うが、すごく申し訳ない気持ちになったのを覚えている。

[税務調査先と反面調査先の力関係] 税理士

反面調査先が税務調査先の下請け業者の場合など、税務調査先との力関係を考慮することも非常に重要だった。先に書いた大企業などは力関係でいうと、税務調査先よりも強い立場にあるため、基本的には口裏合わせの心配がない。個人事業主などの下請け業者の場合は、税務調査先の方が強い立場にあり、このような状況では、そもそも反面調査にご協力いただけない（取引先を売ることとなってしまい、仕事を失うことにつながるという理由から）、反面調査先から税務調査先に連絡が行って、口裏合わせをされてしまうということが起こりうる。

一社専属（税務調査先）の個人事業主に対して反面調査を実施したところ、「私がお話できることは何もありません」と言われ、そっぽを向かれてしまい、数時間説得を試みたものの、一切ご協力をいただけなかったこともあった。こういった場合は、質問検査権云々といった話はまったく意味をなさない。絶対に譲れない事案などでは、何度も何度もお伺いしてご協力を頂いているのではないかと思うが、法律などでは解決できないこともあるのだと身をもって体験することができた。

口裏合わせ程度であれば、調査が進むにつれて、いずれ、嘘がバレるのではないかと思うが、例えば、実際は税務調査先が架空外注費を計上していたのだが、税務調査先がその立場を利用して、その事実に反して、立場の弱い側である反面調査先が被って終わるといったことも生じうる。例えば、架空外注費を想定すると、反面調査先（下請け先）から、「私が売上を除外していました」と言われてしまうということである。売上を除外していた場合は、その資金がどうなったのか（個人的に使ったのか、簿外預金[9]があるのか、簿外経費として支出したのかなど）を解明することとなるが、こういった場合のこの質問に対する回答は、一向に要領を得ない。妙に聞き分けがよく、「個人的に使いました」というものの、「具体的には？」と聞いても、まごつくだけで具体的な話は一切出てこない。

こういった場合は、下請け先に追加で生じた税金分は不正行為者が別途負担す

9　帳簿外の預金のこと。

るといったことも行われているようであるが、税金の負担がなかったからそれで良しということではないと思っている。調査官としても、いずれかの納税者の所得に含まれていればいいやというスタンスで税務調査をしていれば、全く気にならないのかもしれないが、私は、本当のことを突き詰めるために反面調査をしていた。

ずいぶん前の調査事案であるが、2007年頃に国税局の調査部特官の税務調査事案で使途秘匿金課税[10]をし、さらにその資金の行き先を反面調査などで解明した結果、巨額の脱税事件につながったという事案が報道されていた。当時は税務署の下っ端職員であったため、この事案に関する情報は、報道や書籍を通じてのものでしかなく、詳細は存じないが、これが税務調査のあるべき姿なのだと思い、いつかこのような税務調査ができるようになりたいと思っていた。

[人の記憶ほどあてにならないものはない] 税理士

反面調査を経験して行く中で、わかったこととして、人の記憶ほどあてにならないものはないということがある。言う事が会うたびにころころ変わる方もいたし、自分に都合のいいことしか言わない方も多くいた。人の記憶は時間の経過と共に風化し、自身の都合の良い方に書き換えられてしまうものなのだなと感じた。

税務調査先と反面調査先の力関係が同じくらいの場合で、記憶違いが原因となって話がこじれると、喧嘩のような状況になったりする。「何、あいつはそんなことを言っていたのか？」「嘘を言っているのは、あっちだ」といった状況である。

何か書面などが残っていて、それでどちらが本当のことを言っているのかがはっきりすればそれで良いが、書面など一切残っていないこともざらにある。

こういった大の大人同士のいざこざをたくさん見てきたので、メモなど記録を残すことがいかに大切か身をもって学ぶことができた。

聞いた話でしかないが、とある特官は、反面調査先（複数）と税務調査先の主

10　法人がした金銭の支出のうち、相当の理由がなく、その相手方の氏名等を帳簿書類に記載していないものをいい、その支出の額の40％が本来納めるべき法人税とは別に税として課税される。

張がまったく整合しないことがあり、一同を税務署の会議室にお招きして、本当のことをいった方から順番にお帰りいただくということをやったことがあるらしい。

嘘をついているのではなく、本当に記憶違いをしていた場合は、税務署の会議室で喧嘩が始まってしまうのではないかと心配に思ったのだが、誰かが嘘をついている場合には、一番手っ取り早い方法なのかもしれない。

[3年前の取引について正確に答えられますか？]

国税調査官として税務調査を、会計監査人として会計監査を経験して、両者のヒアリングの依頼の仕方やその進め方の違いを知り、税務調査のヒアリングを、もう少し効率的・効果的にできないものかと思っている。

税務署が行う中小企業の税務調査では、事前に準備をして欲しい資料を調査先に伝えることは基本的にはしていないと、第４章準備調査で書いた。これは、事前に伝えることで証拠の隠ぺいや口裏合わせをされる可能性があるからと当時教わった。ヒアリングを実施するに際しても同様で、事前にヒアリングしたい事項などを伝えることはしていなかった。

税理士となった後に、国税局が行っている調査部調査の立ち会いをしたが、調査部調査では、税務調査開始前に事前打ち合わせを行い、その際に事前に準備をして欲しい資料の一覧の交付をし、資料の準備をしてもらっているようであった。中小企業の税務調査とは違い、事前準備もなしに税務調査を開始し、「請求書を見たいんですが……」などといったところで、税務調査の対象となる数年前の資料は外部倉庫にあり、すぐに資料の準備ができないためである。ヒアリングも同様に、事前にヒアリング事項の共有を受けるのかと思っていたのだが、調査部調査であっても、ヒアリングの対象部署は特定したとしても、事前にヒアリングしたい内容を詳細に伝えることはしていないようであった。

いつも思うのだが、数年前の取引について、当時の書面などを見ることなく、記憶だけを頼りにして、質問に対して正確に回答できる人間などいるのだろうか。私自身、税務調査ではないが、数か月前に私が書いたメールの内容についてヒアリングを受けたことがあるが、いきなりその場で、詳細を思い出すのにとても苦労したのを覚えている。

サンプルでもいいのでヒアリングしたい取引を事前に伝えてくれれば、事前に当時の稟議書を見返したり、関連するメールを見返したりすることができるので、調査官がヒアリングで回答を求めるような詳細な内容についても回答がしやすくなり、より効果的なヒアリングとなるのではないかと思っている。

調査部調査のように調査先がある程度の規模になり、調査立ち合いの経理部員などが信頼できそうな人物なのであれば、このような対応をしても証拠の隠ぺいや口裏合わせのリスクはそこまで高くないのではないかと思っている。従業員という立場で税務調査対応を行っている人が、危険を冒してまで不正に加担するのだろうかという疑問もある。

会計監査では、ヒアリングを行う目的やヒアリングの対象となる取引を事前に伝えるなどして、ヒアリングが効率的に進むようにしていた。税務調査のようなやり方でヒアリングをしたところで、「そんなこといきなり聞かれても、覚えていないですよ」とお叱りをいただくのがオチで、お互いの時間を無駄にしてしまうためである。

税務調査では、事前の準備なしで臨んだヒアリングで、回答者が回答に詰まってしまうと、「記憶ベースでもいいので回答をお願いします」といってヒアリングを続けるのが一般的であるが、真面目な納税者ほど、「その場で回答できないとまずい」と考えるからか、記憶ベースで回答しがちで、その結果、回答内容と、当時の稟議書などの書面に記載されている内容とに、齟齬が生じてしまい、「なぜ嘘をついたんですか」と、問い詰められてしまっている状況を何度か見聞きした。

意図的に嘘をついたのであれば、問い詰められてもしょうがないと思うのだが、だいたいのケースで些細な勘違いの指摘であり、「単に記憶違いしていただけなんじゃないんでしょうか」と感じている。

このような状況は、問い詰められる回答者にとって、とてもストレスを感じることであるし、調査官にとっても、本来時間をかけるべきではないことに、余計な時間をかけてしまっているように思われ、お互いにとって望ましい状況ではないと思っている。ヒアリングのやり方を少し工夫することで、改善できる点もあるように思っているのだが、難しいのだろうか。

第10章

不正経理事例編

[不正経理の事案は案外単純] 税理士

不正経理の事案を経験したことがある。

世の中には巧妙に仕込まれた不正経理もあるのかもしれないが、私が経験した事案は単純なものが多かった。当時の記憶を参考にして作った事例を紹介してみたいと思う[1]。

事例1 器具備品を仕入れた

一人親方に対する税務調査。

帳簿調査で販管費を見ていると、元帳（消耗品費）の摘要欄に「器具備品」と記載された取引があった。クレジットカードによる購入だったことからクレジットカードの利用明細が保管されているのみで、購入したものの具体的な内容は不明であった。

立会いをされていた顧問税理士と担当者に取引内容を聞いても、「よくわからないので、社長に聞いて欲しい」とのことであった。

社長に、クレジットカードの利用明細を示しつつ、「取引年月日、金額はわかるのですが、請求書などがないため、取引内容がわかりません。何を買ったのか教えていただけますか？」と質問したところ、元帳の摘要欄を見て、「器具備品を仕入れた」とのことであった。

1　ここでお伝えしたいことは、不正事例は案外単純に端緒をつかむことができるということであるため、それをお伝えするために必要な情報以外は書いていない。また、不正経理については、重加算税の適用をした案件という意味合いで使用しており、どのような点が仮装隠ぺい行為に該当するのかまでは言及していない。

事例2 きれいな字で書かれた2枚目の領収書

法人に対する税務調査。

毎月数十万円くらいの支払がある外注先がいた。

年間の取引状況を確認してみたところ、1月だけ、毎月の支払とは別に、数百万円の支払が計上されていた。

毎月の数十万円の支払は銀行振込による決済で、数百万円の支払の方は、現金で支払ったと元帳に記帳されていた。

それぞれの取引に領収書があり、領収書の金額と元帳の金額はすべて一致していた。

ただし、領収書の字を見ると、毎月の支払に係る領収書は、走り書きのような字であったが、数百万円の支払の領収書だけは、事務員が書くような字で丁寧に書かれていた。

数百万円の支払に相当する、銀行口座からの出金があるか確認したところ、確かに預金から同程度の出金があった。また、領収書の筆跡が違うことについて質問をしたところ、調査先の事務員が外注先に代わって書いたからではないかとのことであった。

帰署後にこの外注先の申告事績を確認したところ、数百万円の支払が含まれているようには到底思えないような申告内容であったため、この外注先へ反面調査をしたところ、「私が、この金額をもらったことになっているんですね」とのことであった。

事例3 従業員の研修費用

税理士の関与がない法人に対する税務調査。

従業員に対する研修費用が毎期数百万円計上されていたが、根拠となる請求書などは一切なかった。研修費用は預金からの現金出金を根拠として記帳されていた。

経理担当者に研修内容などを質問したところ、「社長から金額を伝えられるだけで、内容はまったくわからない」とのことであった。

質問を続けていたところ、直接社長から説明をしたいとのことで、社長と電話で話すことができた。

経費として認められなくてもやむを得ない、内容については言えない、自分で使ったかもしれないとのことであった。

事例４　3億円のコンサルタント報酬

年間の売上高が数億円の法人に対する税務調査。

3億円のコンサルタント報酬が計上されていた。

コンサルティングに関する契約書は作成されていたが、契約書には具体的な業務内容は書かれていなかった。

コンサルティングの内容を質問したところ、事業計画の策定を手伝ってもらったり、会社に常駐してもらって、コピーなどの日常業務のお手伝いをしてもらったりしたとのことであった。

コンサルティングの提供元の申告書を確認したところ、多額の繰越欠損金を有しており、コンサルタント報酬を売上計上していたものの、消費税の課税取引ではなく、不課税取引[2]として申告がされていた。

調査官が税務調査をする中で、取引資料と元帳をチクチクと突合しているのをご覧になられたことがあると思うが、上記の事例を読んでいただくことで、なぜその手続きが必要かをご理解いただけたのではないかと思う。

記帳業務をされている側からすると、取引資料と元帳が整合していて当たり前なのに、と思われるかもしれないが、上記のような事例が普通にあるので、そのような取引がないことの確認を行っているのだとご理解を頂ければと思う。

また、何の問題もない仕訳とその取引資料を、かなりの数チェックすると、おかしな取引に当たったときに、「あっ、なんか変」とセンサーが感知するようになってくる。なので、若手調査官がチクチクと証憑突合をしていた場合は、「センサーの感度を磨いているのね」と温かく見守っていただければと思う。

2　タックスアンサーNo.6105「課税の対象」において、「寄附金や補助金などは、一般的には対価性がありませんので、課税の対象とはなりません。」と解説されている。

[理屈どおりにはいかない]  税理士

なんだ、税務調査は元帳と取引資料を突合していればいいのか、なんて思われた方もいらっしゃるかもしれないので、調査官として、会社の処理を認めるべきか、否認すべきかを迷う事案を、当時の記憶を参考にして作ってみたので、ご紹介してみようと思う。

これで調査官たちの日々の苦悩が少しでも伝われぱと思う。

事例1 父親への外注費の支払

電気設備工事を業としている法人。代表者の父親も同業であり、父親は別の法人を運営している。

繁忙期に外注先がうまく見つからなかったことがあり、同業である父親に仕事を発注した。仕事を予定どおりに完了させることが最優先事項であったことと、親族ということもあり、工事代金については、発注段階では決まっていなかった。

業務完了後に、父親に請求書を発行するように依頼したところ、工事内容に比して、明らかに安い請求金額の請求書が送られてきた。

納税者としては、親族であったとしても、しかるべき対価を支払うべきと考え、請求書の請求金額とは違う金額（納税者が妥当と考える金額）を銀行振込みにより支払った。

なお、父親は実際に受託した業務を行っており、架空外注費は想定されない。また、父親の法人の公表預金[3]への振込みにより決済が行われているため、父親側での売上除外は想定されない。

この取引について、あなたが税務調査を行っている調査先は、実際の支払額を外注費として計上していたが、あなたは調査官として、次のいずれで処理するか。

3 帳簿に計上されている預金のこと。

① 請求書に記載の金額が税務上外注費として認められる金額と考えて、差額を税務上否認する。

② 請求書に記載の金額に関わらず、取引の対価として妥当と認められる金額を税務上損金に算入できるとして、納税者の処理を是認する。

ひと昔前の税務調査では、②で進める調査官が多かったように思うが、だんだんと①の処理で進める調査官が増えてきたように感じている。請求書や契約書を交わすこと、書面を残すことは大切であるし、それらは判断にあたって尊重されるべきだとは思うが、背景事情等を理解することをせずに形式的に考えすぎると、税務調査の温かみというか、あるべき姿を失ってしまうのではないかと危惧している。

事例２ べっ甲製の眼鏡

べっ甲製品をハンドメイドで製作して販売している法人。

作品を製作するにあたって、べっ甲製の様々なものを購入しているが、その中に、べっ甲製の眼鏡の購入があった。

この眼鏡は作品を製作するにあたって必要なものであった。また、購入した段階では、作品の製作後の用途は特に決まっていなかった。

べっ甲製の眼鏡は高価であり、廃棄するのはもったいないと考え、代表者自らが使用することとし、税務調査中も、実際にこの眼鏡を着用している。

この取引について、あなたが税務調査を行っている調査先は、べっ甲製の眼鏡の購入を消耗品費として計上していたが、あなたは、調査官として、次のいずれで処理するか。

① 作品の製作活動において、必要な物品の購入であったとして、消耗品費としての処理を認める。

② たとえ、なんらかの形で製作活動に用いられていたとしても、実際に目の前で着用しているという事実があるため、法人の取引としては認められず、代表者に対する経済的利益[4]の供与として、給与課税を行う。

ここでは、調査官としての判断であることを強く意識して欲しい。どういった情報を納税者から得られれば、「製作活動に用いられた」と判断できるのか、最終的に判断がつかなかったときに、着用しているという事実だけで否認することができるのか（すべきなのか）、という観点で考えていただきたい。

事例3 山田太郎からの仕入れ

古紙の買取りを業としている法人。

業者からの古紙の買取りは台貫[5]して振込決済により行っているが、個人が持ち込んだ場合は、目算でその重量と、不純物の混載量を予測して、その場で現金による買取りを行っている。

個人からは台帳に氏名等の記載をお願いしているが、本人確認等は行っていない。

個人からの仕入を確認すると、「山田太郎」からの仕入が計上されており、そのほかの個人からの仕入についても、実名とは信じ難い名前がいくつか見受けられた。

仕入に対応する古紙の売上が計上されているため、仕入の事実はあると思われるものの、仕入は目算で行っていること、不純物（再生紙として利用できないもの）の混載量が買取り段階では正確にわからないため、仕入にあたって作成されている計量票に記載の買取重量と売上重量は整合せず、それらを比較することによる仕入の検証はできない。

この取引について、あなたが税務調査を行っている調査先は、山田太郎からの買取りを仕入として計上していたが、あなたは、調査官として、次のいずれで処理するか。

4　物品その他の資産を無償又は低い価額により譲渡するなどして、経済的な利益を与えることをいい、給与所得等の課税所得として取り扱われる。

5　「だいかん」。鉄の大きな板の上に、トラックごと乗せて、荷下ろし前と荷下ろし後のそれぞれで計量を行い、差分で積載物の重量を測定する方法。

① 買取りをしているからこそ、売上が計上されているのであって、たとえその仕入先が山田太郎であったとしても、仕入計上を認める。

② 取引が実在することの証明を調査先ができていないとして、仕入を否認する。

このような教科書的ではない取引について、ジャッジを求められる場面が調査官にはたくさんある。事例1、2については、不正経理が想定されるわけではないため、まだ比較的判断しやすいかもしれないが、事例3については、架空仕入ではないことの心証を得るためにどうやって検証をすればいいのかなど、非常に悩ましい。

性善説に立って何でもかんでも認めていると、その認めた事実が残ってしまい、それが他の事案などに波及しかねないし、かといって、何でもかんでも駄目だ駄目だと言っていても、調査官は務まらない。

このような場面は税務顧問をしていても、遭遇しうるのではないかと思っている。

そのような場合に、いろいろと質問をして、どのような証拠があるのかなどを顧問先と話し合うことで、どのような税務会計処理があるべきか、もしくは、望ましいかを考えてみることが大切なのではないかと思う。

こういった対応をしておくことで、教科書的ではない事例に当たった時に、調査官としっかりとした議論ができるのではないかと思う。

第11章

調査結果説明（講評）

[講　評] 税理士

講評とは、税務調査の臨場の最終日に行う会議のことで、その時点で把握している税務上の問題点などを口頭で伝えていた。調査先がある程度の規模になってくると、別の会議室などで、経理の責任者の方なども交えて話をすることもあるが、私が行っていたのは小規模な同族企業の税務調査であるため、最終日の午後３時か４時くらいから、「では、まとめに入ります」と言って、その場ですぐに始めていた。といっても、講評を毎回きっちりと行っていたわけではなく、立ち合いされている税理士から、講評を促された場合くらいにしか私はやっていなかった。

当時の考えとしては、代表者の方も、税務の話をされたところで、よくわからないというのが本音だろうし、私のような若いのから、いちいち講評されたいとは思わないだろうということだった。よって、税理士と今後の税務調査の進め方などを簡単に話すだけにしていたのだが、今になってみると、ちゃんと講評をしていればよかったなと思う。

講評は修正申告書の修正事項を伝達することだけが目的ではなく、税務行政への協力に対する感謝を口頭で伝えること、税務の観点から改めるべきことを、税務調査の対象期のみではなく、将来の観点からもしっかりと伝えることも目的としていたのだろうなと、今になって思う。

通則法改正に伴い、調査結果説明が実施されることとなったため、もしかしたら、講評はもう実施されていないのかもしれないが、これについて少し書いてみたいと思う。

[一種のセレモニーのようなもの] 税理士

例えば、3日間の日程で税務調査にお邪魔することとなっている場合、3日目の午後に講評を行っていた。

「税務行政にご協力いただきありがとうございます」といったお決まりのフレーズで始まり、税務調査の目的と内容（税務調査の開始時に伝えているが再度簡単に説明)、帳簿書類の保管状況は良かったか悪かったか、現状、論点となっている事項や誤りとして把握されている事項を口頭で説明していた。

この講評は現在の調査結果説明とは違い、事前に審理などの決裁を受ける必要はなかったし、説明用の資料も特に準備していなかった。調査部調査では、通則法改正前から、説明用の資料[1]を作っていたのを見たように記憶しているが、詳細は経験がないので存じない。おそらく税務署の方が割と柔軟な進め方をしていたのではないかと思う。

[慣れないと少し恥ずかしい] 税理士

税務調査を担当して1年目や2年目くらいだと、指導をするどころか、むしろ経理実務や税務調査のやり方を習得している最中であるため、講評らしい講評はできていなかったのではないかと思う。

新人調査官向けの指導事案などで特官や専門官、上席の事案についていくと、必ず講評をしていたので、自分一人の場合も講評をするのかと思い、ドキドキしたりもしたのだが、そこは相手を見て判断しているのか、ほとんどのケースで「講評しますか？」（しないですよね？　というトーンで）と聞かれ、実際に行うことはあまりなかった。

まれに、講評の場をセッティングしてくださる税理士、納税者の方もいて、少し、もじもじしながら、感じたことを伝えていたのを覚えている。3年目くらいになると、それなりに経験を積めているので、しっかりと講評ができるようになったのではないかと思う。

1　「指摘事項一覧表」と呼んでいたように記憶している。調査の対象となった決算期と決算期ごとの非違の内容とその金額、非違内容の簡単な説明が書かれた紙のことである。

[会計監査での報告会] 税理士

監査法人が行っている会計監査でも報告会を実施している。こちらは、監査役に報告することがルールとしてある。「今年も問題ないですよね」という雰囲気の場合もあったが、説明の相手が監査役であるため、気を抜くと鋭い質問がきたりもするので、とても緊張をしたのを覚えている。話すことは概ね定型化されているので、緊張する必要もないのだが、監査部屋とは別の会議室で厳かに開催されたりするので、雰囲気に圧倒されたりしていた。

会計監査の報告会は税務調査で行う講評とは違い、「伝えることが何もない」は「何もやっていない」に等しく、どのような観点から会計監査を実施し、どのような問題点が把握され、どのように対応したのかといったことを詳細に報告する。

報告会での伝達の仕方が難しく、厳しく言い過ぎると、「会計士の言うとおりに決算をしていたら、一生決算が終わらない」と言われてしまったりもするし、反対に、「よくできています」と言い過ぎると、実際は改善の余地がまだまだあるにも関わらず、その改善のきっかけを失うこととなり良くない。バランスが難しいなと当時感じていた。

[税務署の感覚で判断するとすべて及第点] 税理士

会計監査クライアントは、税務署の税務調査で対応する会社に比べると、規模も決算の内容も大きく違うため、税務署の頃の感覚で、クライアントが決算をちゃんとできているかをジャッジしてしまうと、ほぼすべてのケースで、「できている」という感想となってしまう。

例えば、多店舗小売りの現金商売を行っている上場企業の会計監査で、「現金実査の金額と帳簿残高が一致していない」なんて声が、監査チームから聞こえて来たとしても、税務署の税務調査では、現金の実残と帳簿残とが一致しているケースの方がめずらしかったので、「各店舗にいる人たちは、経理のことなんてまったく意識していないだろうし、そんなものなんじゃないだろうか。元帳や現金出納帳を確認して差異を詰めればいいんじゃないだろうか……」なんて思ってしまったりする。もっと言うと、会社にちゃんと経理担当が複数人いることや、経費も含めて発生主義で経理がされていることも、驚きだった。

税務調査の場面では、ある程度できていれば、「よくできています」なんて話をしていたので、同じような感覚で会計監査でも対応をしていると、「村上はやけにクライアントの経理担当者を誉めるなぁ」とびっくりされたことがある。

ただ単に、ハードルが極端に低いだけである。監査法人での会計監査しか経験がない会計士が、法人成りしている個人商店の経理の実情を知ると、びっくりするのではないかと思う。

[調査結果説明] 税理士

先に、調査結果説明と書いたが、少しこれについて説明したい。平成23年の税制改正[2]に伴い法定化された手続きで、臨場調査が終了し、申告内容に誤りが認められた場合に、修正申告の慫慂と共に行われる説明のことである。税務調査の臨場が終わって、しばらく経つと、調査官から「調査結果説明をしたいので」ということで、日程調整の連絡が入る。「調査の終了の際の手続に関する同意書」への署名などに対応した後、会社の会議室などで、調査結果説明が行われる。

私はこの新しい制度となることが決まって、トライアルで手続きを実施していた頃までしか税務署での税務調査を経験しておらず、新しい制度となってからの税務署側での経験がない。よって、どれくらい工数が増えたのかなどは勘所がないのだが、その後に退官した国税OBから、いろいろと話を聞いていると、以前に比べると手続面が大変になったということのようである。

税理士として調査結果説明を受けたことがあるのだが、講評でいろいろと自由に話をしていた頃に比べると、伝達すべき事項等がきっちりと決まっているからか、きっちりと漏れなく伝達することに重きが置かれ、また、余計なことはできる限り言わないようにしている様子だったように感じた。通則法改正によるメリットもあったのだとは思うが、調査官とのフランクなディスカッションの場が減ってしまい、もったいないなと感じている。

おそらく、調査結果説明の場が、納税者が調査官に会う最後の機会となるの

2　国税庁ホームページ「お知らせ」⇒「その他のお知らせ」⇒「国税通則法等の改正（税務調査手続等）」について（平成 23 年 12 月）

で、この場で確認しておきたいことがあれば、せっかくの機会なのでいろいろと聞いておいた方が良いのではないかと思う。

［指摘事項一覧表の書面は必ずもらうこと］ 税理士

調査結果説明が行われるようになってからは、署の調査であっても、指摘事項一覧表が交付され、それに基づいて、指摘内容の確認と説明が行われていると理解している。この書面、調査結果説明が終わった後は、調査官が納税者に確認をして、回収するようにしているようであるが、絶対にもらうこと。そして、記載内容に疑問点などがあれば、すべてしっかりと確認をして指摘内容を明確にして欲しい。

税務調査に対して非協力的な対応を勧めているわけではなく、次の２点からそのように考えている。

① 紙を回収されてしまうと、後日、指摘を受けた内容がわからなくなってしまうため。

② 誤りであると判断した根拠（判例、裁決例、条文、通達）を明確にするため。

①については、税務調査は修正申告書を提出すれば終わるが、納税者としては、過去の税務調査でどのような指摘を受けたのかを明確に記録に残す必要があることと、調査対象期以降において、同様の指摘を受けることがないようにするための対応をする必要があり、その際に、指摘を受けた内容がどのようなものであったのかがわかるようにする必要があるためである。

説明を受けた記憶や手許メモでは正確性に欠けるし、経理担当者間での適切な引継ぎの観点からも、これらは記録として望ましくない。残念ながら、調査官は、税務調査が終わった後のことまで考えて、税務調査を進めていない。

会社の経理担当者の方に調査結果説明の対応をお願いしたところ、指摘事項一覧表を返却されてしまったことがある。修正申告書のドラフトを作成しようにも、指摘内容の詳細がわからなくなってしまい、別途、国税局に問い合わせをすることとなってしまったこともある。また、ある程度の規模の会社になると、事業部も巻き込んで改善措置を検討することとなるのだが、国税局が作成した書面がある場合と、経理担当者の手控えのみがある状況とでは、事業部の方が受けるインパクトが違うようで、こういった観点からも指摘事項一覧表はやはりもらっておくべきだなと感じた。

②については、納得ができていない指摘があったとしても、金額的な面などを考慮した結果として、修正申告に応じる判断をした場合や、そもそも、詳細な論拠はよくわからないが税務署の指摘なので、それは正しいのだろうということで、その指摘を受け入れて修正申告に応じる場合に、税務署の判断（拠り所とした根拠）を明確にしておくためである。

仮に、この指摘が間違っていたとして、その後の調査でひっくり返され、何らかの不利益を被ってしまった場合、当時の税務調査で修正申告をしているが、どのような根拠に基づいて判断していたのかがわからないと対応のしようがない。このような場合に、税務署側が何らかの方法で救済してくれるといったことは期待しない方が良い。自分の身は自分でしっかりと守るというスタンスでいた方が良いと思う[3]。

上記以外にも、税務デューデリジェンスを受ける場合に、指摘事項一覧表を活用できるのではないかと思っている。税務デューデリジェンスでは、定型の質問として、過去の税務調査の状況を確認するのだが、大抵のケースで、正確な情報が残っていない。そして、「大きな指摘はなかったです」という回答が来るものの、申告書や決算書を精査してみると、過去に従業員不正が生じていたことなどが判明することがある。正確に過去の税務調査の状況を開示していないと、その後の交渉の場面などにおいて悪影響を与える可能性があるように思われ、そういったことを避けるために、指摘事項一覧表が有用なのではないかと考えている。

[経理担当者からの質問] 税理士

講評に話を戻すと、真面目にしっかりとできている会社ほど、積極的に質問をしてきたように感じている。聞かれた質問に答えるにあたっては、守秘義務の断

3　過去に行われた税務調査での指摘内容が論点の一つとなったことがあり、当時の税務調査資料をすべてお借りし、各種資料にあるメモ書きなどから指摘内容の解明を試みたことがあるが、1円違わずに解明することは、やはり難しかった。

りを一言入れる必要があるものの、一般論としてお話できることはできる限りお伝えするようにしていた。もっと良くなろうとしている人達が目の前におり、そして、質問をしてくれているのに、守秘義務を理由にして、一般論ですら話をしないことに疑問を感じていたためである。

もちろん、何も話さないのが一番の守秘義務違反の予防策であるとは思うのだが、そこはバランスなのではないだろうかと思っている。

固有名詞や具体的な金額を使用することを控えれば、その事例がどこの法人なのかを特定することはできないように思う。ただ、真面目な質問のふりをして、情報を得ようとするような者も確かにいるので、難しい面があるのも理解している。

[他社例を知る機会はそんなにない]  

調査官は税務調査を通じて、他社の事例をたくさん知ることができる。税務署の外に出てから、これはかなり貴重な経験だったのだと感じている。監査法人での会計監査も同様で、在籍していた時にいろいろな会社の事例を見ることができた。

監査法人に勤務していた頃に、監査クライアントの経理責任者に「同業他社の経理部の方と交流を持って、会計税務に関する情報交換などはできないのか？」と聞いたことがある。皆さん答えは同じで、「経理の世界は閉鎖的でそのような場はないですね」とのことであった。また、仮にそのような場があったとしても、自社の経理に関する情報はうかつに話せないらしく、まして、税務の話となると個別性が高く、余計に話すのは難しいといったことも言っていた。たくさんの経理の方が、自分のやり方があっているのだろうかという不安を抱えたまま、実務をしているというのが実情なのではないだろうかと思っている。

[IPO支援の経験から] 税理士

では、しっかりしている法人はどのように対応しているのかというと、少しがっかりされてしまうかもしれないが、特別な何かをしているというわけではなく、公表されている情報などを参考にして、例えば税務上満たす必要がある要件があれば、それらを一つ一つ満たすように対応し、何かしら参考になるフォーマットなどがあれば、それらを利用して、愚直に対応をしているというのが、いろいろな業種、規模の法人を見て来ての感想である。

監査法人在籍時にIPO支援（株式公開支援）もしていたのだが、IPOにあたり対応が求められる、購買・生産・販売プロセスや、財務・決算プロセスの構築は、会計監査の観点のみならず、税務調査対策においても有用なのではないかと思っている。

中小企業においては、組織再編税制といった税務上の論点がある取引をすることはあまりなく、決算数値を早く正確に作り上げるための仕組みづくりや、従業員不正を防ぐ取組みの方が重要なのではないかと思っている。そして、先に挙げたプロセスの構築がまさにその対応に適しているように感じるわけである。もちろん、これらのプロセスを構築することは従業員不正などを防ぐためだけではなく、月次で、日々の経営に関する情報を数値化することで可視化し、その情報を経営に役立てたり、売上代金の回収漏れを防いだりといったことに資することも理解している。

家族経営の会社であれば、こういったことはあまり気にする必要はないのかもしれないが、従業員を雇うようになってきたら、その規模に応じて、少しずつ、こういった観点からの対応を進めておいた方が良いと思う。

従業員不正が起きると、金銭的なダメージもあるが、それ以上に、心理的なダメージが大きいようである。

[良い取組み事例を開示しても良いのではないだろうか] 

調査部所管の大規模法人については、税務の取組み事例が公表されているので[4]、税務署が所管している中小企業の良い取組み事例についても、公表してみても良いのではないかと思っている。先に書いたが、多くの経理担当者の方が、自分のやり方があっているのかという不安を抱えたまま、実務をしているので（もしくは不安すら抱かず、誤っていることにすら気づかない場合も）、良い取組み事例

4　国税庁ホームページ「税務に関するコーポレートガバナンスの充実に向けた取組について（調査課所管法人の皆様へ）」

を公表することで、その事例と実際に自社で行っていることがあっていれば安心感を得ることができるし、できていない場合は、その気づきにつながるように思っている。

公表されたところで、企業側としては、コスト面や緊急度合いなどから予防学的な発想は受け入れにくく、実際に事が起きてから対応をすることで精一杯ということかもしれないが、先に触れた金銭的、心理的なダメージを踏まえると、多少の手間とコストをかける価値はあるように感じている。

[うちの税理士はどうですか？] 税理士

税理士の立ち会いがなかった事案だったのか、講評を行っていて、税理士が席を外したタイミングだったのかは忘れてしまったが、講評を行っていて経理担当者から受けた質問で多かったのが「うちの税理士はどうですか？」という質問である。

税務調査を通じて、いろいろな税理士を見てきているので、顧問先への関与の仕方や、税務調査対応の仕方という意味では、かなり目が肥えているのだが、基本的な税額計算の誤りが多く見つかるなど、ちょっと問題があるなと感じていた税理士であっても、笑ってごまかすくらいしかできなかった。

こういった質問を受けるということは、代表者はさておき、日ごろから税理士事務所と接している経理担当者は、ちゃんとその税理士事務所のことを見ているのだと思う。

[未払法人税等を計上するタイミング] 調査官

税務上は申告納税方式の税金について、基本的には申告書を提出したときに認識するという取扱いとなっているが、会計上は修正申告書を提出していない状況であっても、調査官から調査結果説明を受けるなどして税額が確定した場合、それが決算日後であったとしても直前の決算期の税金として認識することがある(修正後発事象[5])。

この税金の認識のタイミングの相違により、調査官と納税者（上場企業）とで、かみ合わないやりとりが生じてしまうことがある。

例えば、３月決算の上場企業の場合、概ねGW明けくらいに決算短信を発表しているので、実務上は４月中旬～下旬くらいには単体決算書の数値を固めているのが一般的と思われ、その数値に対して会計監査が行われる。そして、単体決算書の数値が固まった時点から株主総会（６月下旬）までの間に、国税当局から調査結果説明などを受けて追徴税額が確定すると、税金の追加計上が必要となるのだが、これは単に追加の税金を計上するということではなく、これまでに作成していた招集通知等の各種書類の数値をすべて修正するという事態になってしまうことを意味する。

取締役会の承認などを踏まえると、そのような対応は現実的ではないため、調査官に「株主総会後に調査結果説明をして欲しい」と伝えてみたとしても、残念ながら、「そうですか、わかりました。では、７月以降に調査結果説明をしましょう」とはならない。

もちろん、ある程度は柔軟に対応はしてくれるとは思うのだが、調査官は税務上の税金の計上時期は、更正通知書日付もしくは修正申告書の提出日だと考えて、これらが３月末を過ぎていれば、税務調査の指摘による追徴税額の計上は進行期になると考えるため、なぜ株主総会後に調査結果説明を行う必要があるのかが適切に伝わらない。

また、仮に直前の決算の税金として計上が必要である旨を説明して理解してもらえたとしても、調査官は決算業務を経験したことがないため、「税金の仕訳を入れるだけで何がそんなに大変なのだろうか。税金を追加計上して、法人税申告書の別表４で否認[6]するだけではないだろうか」と考えてしまい、一度作成し終えた招集通知等を修正するという作業の大変さが伝わることはない。

さらに、定期人事異動が毎年７月10日に行われているのだが、７月に異動するにあたっては仕掛事案を残すことは良しとされていないため、調査官としては、なんとしても６月中に税務調査を終わらせたいと考えて行動をする。

これらが原因となって、納税者の必死の説明にもかかわらず、調査官と話がかみ合わず、結果として調査結果説明が行われてしまうことがあるようである。

5　決算日後に発生した会計事象のうち、その実質的な原因が決算日現在においてすでに存在しており、財務諸表の修正を行うことが必要となる事象のこと。

6　会計上の費用を、別表調整で加算処理すること。

経理業務を担当されていると、税金計算は1円単位でぴったりと合わせる必要があると思われるかもしれないが、決算書での未払法人税の計上額と法人税修正申告書の納税額が多少ズレていたとしても、一応は会計監査においては、誤謬[7]として取り扱うものの、実務的にはそれが何か大きな問題となることはほぼないと思われる。

よって、調査結果説明を受ける前から、調査官と修正もしくは更正される項目をある程度確定しておき、それらについては調査結果説明を待たずに未払法人税等を計上してしまうということで対応可能なのではないかと思っている。

最終的に決定した追徴税額と見積もり計上額に差異が生じたとしても、進行期で差額を費用として認識すれば、実務的にはそれで問題ないのではないかと思われる。

7　財務諸表の意図的でない虚偽の表示のこと。

第12章 修正申告で気をつけておきたい点

[修正申告書作成から提出までの流れ] 税理士

この章では、修正申告について書いてみたい。

まずは、修正申告書の提出までのおおまかな流れを示すと下記のとおりとなる。

① 指摘事項一覧表に基づいて修正申告書のドラフトを作成
② 調査官とやりとりをして修正申告書の内容を確定させる
③ 修正申告書の提出及び納税

ドラフトの作成は、基本的には税理士側での作成をお願いしていたと記憶している。関与税理士がいない場合などには、税務署側でドラフトを作成していたが、加減算項目が多い申告内容の場合などは、所得の変動が、他の調整計算に影響することなどもあり、基本的には税理士側で作成をした方がスムーズではないかと思われる。

[修正申告書作成の大まかな流れ] 税理士

稀にではあるが、修正申告書の慫慂を行ったところ、立ち合いの税理士から修正申告書が書けないと言われたことがあったので、おおまかにではあるが、修正申告書作成の流れを説明しておきたい。

① 消費税の修正申告書を作成して、未払消費税を計算する
② あるべき仕訳を作成する
③ 現状の仕訳とあるべき仕訳から、修正仕訳を作成し、別表で調整する

①については、申告書作成ソフトを使用している場合は、誤っていた項目の数

値を入力し直せば、あとは自動で修正申告書が作成されるので、便利だなと思う。私が税務署にいた頃は、確定申告書のコピーをとって、手計算で赤書きしてドラフトを作成していた（その方が当時は早かった）。

②については、例えば、売上計上漏れの場合は、「売掛金／売上・仮受消費税」という仕訳と、「仮受消費税／未払消費税・雑収入」という２つの仕訳を作成する。

借方	金額	貸方	金額
売掛金	127,875円	売上	116,250円
		仮受消費税	11,625円

借方	金額	貸方	金額
仮受消費税	11,625円	未払消費税	11,600円
		雑収入	25円

雑収入は消費税精算差額（端数処理などによる差額）であるが、基本的には、この数値は数円〜数十円となるので、それより大きい金額となっている場合は、再度、消費税の計算を見直した方が良い（簡易課税や課税売上割合が小さい場合は精算差額が大きくなることもある）。

③については、売上計上漏れの場合、あるべき仕訳がそのまま修正仕訳となるので、別表４に損益項目を記載し、別表５(1)に貸借項目を記載する。未払消費税は①で計算した結果の数値を記載し、仮受消費税との差額が雑収入計上漏れとして処理される[1]。

1　税込金額でいったん加算処理して、消費税額を減算処理する方法もあったように記憶しているが、所得金額への影響もないように思われ、どちらの処理が正しいのかといったことはあまり気にしていなかった。

	区分		総額	処分 留保	社外流出	
			①	②	③	
	当期利益又は当期欠損の額	1	円	円	配当	円
					その他	
加算	損金経理をした法人税及び地方法人税（附帯税を除く。）	2				
	損金経理をした道府県民税及び市町村民税	3				
	損金経理をした納税充当金	4				
	損金経理をした附帯税（利子税を除く。）、加算金、延滞金（延納分を除く。）及び過怠税	5			その他	
	減価償却の償却超過額	6				
	役員給与の損金不算入額	7			その他	
	交際費等の損金不算入額	8			その他	
	通算法人に係る加算額（別表四付表「5」）	9			外※	
	売上高計上漏れ	10	**116,250**	**116,250**		
	雑収入計上漏れ		**25**	**25**		

I　利益積立金額の計算に関する明細書

区分		期首現在利益積立金額	当期の増減 減	当期の増減 増	差引翌期首現在利益積立金額 ①−②+③
		①	②	③	④
利益準備金	1	円	円	円	円
売掛金	2			**127,875**	**127,875**
未払消費税	3			**△11,600**	**△11,600**

[修正申告書ドラフトあるある] 税理士

過年度に遡及[2]して修正申告書を提出する場合で、遡及年度が有所得[3]の場合は、事業税認定損の損金算入が認められているので[4]、忘れずに減算処理[5]をお願

2　税務調査の対象事業年度のうち、直前事業年度よりも前の事業年度に遡って課税処理を行うこと。

3　税法上の赤字となっていないこと。

4　法人税基本通達９－５－２（事業税及び特別法人事業税の損金算入の時期の特例）

5　法人税の課税所得の計算において、課税所得を減らす処理をすること。

いしたい。修正申告書のドラフトを作成してもらうと、この「事業税認定損」が漏れていることが多く、その都度、連絡をして認定損を追加してもらっていた。

なお、事業税認定損のみの減額更正[6]はしない[7]。この場合は、原則どおり、事業税の修正申告書を提出した事業年度の損金として処理する。

税込経理を採用している場合の消費税の処理は、消費税の修正申告書を提出した事業年度の損金となるので修正申告書上では影響しない[8]。

加算減算項目の名称には特に決まったルールはないため、加算減算項目の内容が大まかにわかる内容とすれば問題ない。例えば、外注費のうち、一部の取引を否認する際は「外注費中否認」と書いてもらっていたが、別に「外注費否認」でも問題ない。

今も同じかわからないが、修正申告書のドラフトのやり取りはFAXで行っていた[9]。FAXだと、数字が潰れてしまい、8と0の区別がつかなくなるなどして、結構悲惨なことになったりもするので（この場合は手計算で解明していた）、郵送のやり取りの方が良いのではないかと個人的に思う。

なお、残念ながら、税務職員は外部とのやりとりに使用できるメールアカウントを持っていないので、メールでのやりとりは不可である[10]。メールでのやりとりができないのはかなり不便ではあるが、これと引き換えに、情報漏洩を防ぐことができていると考えると、やむを得ないのではないかと考えている。ただ、確かに面倒くさい。

6　更正処分のうち、課税所得金額を減少させる更正処分のこと。課税所得金額を増加させる更正処分のことを増額更正という。

7　同通達、注２「直前年度分の事業税及び特別法人事業税の額の損金算入だけを内容とする更正は、原則としてこれを行わないものとする。」

8　法人税関係個別通達（消費税法等の施行に伴う法人税の取扱いについて）7（消費税等の損金算入の時期）

9　最近は、誤送信の観点から、FAXすら利用していないと聞いたこともある。

10　インターネット接続用のPCが別途あり、職員のPCはインターネットにつながっていない。職員間では、WAN（広域通信網）でつながっているので、そちらでメールなどのやりとりをしている。今後は、e-taxでの税務調査資料の提出ができるようになったので、これでやりとりをするのであろうか。

[簿記ができない税務職員]  

よく言われていることであるが、簿記ができない税務職員は多い。修正申告書の提出を受けたあと、決議書という、会社でいうところの稟議書のようなものを作成しているのだが、その書面には、税務調査の内容がまとめられている。どのように記載するのかなどについては、細かな内部ルールがあるので、それにそって粛々と作成をするのであるが、一つ変わったルールとして、税務調査の指摘事項を書くときに、借方に別表４の項目（損益項目）を記載し、貸方に別表５(1)の項目（貸借項目）もしくは流出項目を書くというものがある（先に書いた修正申告書の作成の流れの３を仕訳形式で表現するということ）。

【参考イメージ】

借方	金額	貸方	金額
売上高 計上漏れ	116,250円	売掛金	127,875円 （留保）
雑収入 計上漏れ	25円	未払消費税	△11,600円 （留保）

ちなみに、加算（資産の増加、負債の減少）の場合は通常の数値の表記で、減算（負債の増加、資産の減少）の場合は△表記をする。

この方法で普段、指摘内容を話すので、税務調査で雑収入計上漏れが把握されたときに、「雑収入計上漏れ／認定賞与[11]」と紙に書いて、顧問税理士に修正項目を説明したところ、「村上さん、貸借が逆になっていますよ」と、非常に残念そうに伝えられたことがある。税務署内での書き方（上記のルール）であることを説明したのだが、単に言い訳をしているだけと思われたのだろうと思う。

[調査1年目の調査官を苦しめるのがこれ] 

調査１年目の調査官が苦労することとして、決議書の作成があるのだが、もともと、あまり簿記が得意ではない職員が、このルールに沿って決議書を書くこととなるため、かなり難儀するようである。

11　当時はまだ「認定賞与」として処分していたため、当時の表記としている。現在は「役員給与」と書くのだろうか。税務署を辞めた後から、この手の事案に関与していないため、あまりよく知らない。

「まずは、簿記の仕訳であるべき仕訳を書いてみて。そのあと、現状の仕訳との差で修正仕訳を作る。で、その修正仕訳の損益項目を借方に書いて、貸借項目を貸方に書いて、それをそのまま別表4と5(1)に記載してごらん」と指導していたのだが、この、簿記の仕訳 → 税務署内での表現の仕方のあたりで、混乱をしてしまうようであった。

現在はどうなっているのか知らないが、機械化が進んで、指摘事項をシステムに入力すると自動で仕訳が作られるようになっているのかもしれない。きっと、機械化に伴い、手書きで申告書を書ける税務職員もだんだんと減ってきているのだと思う[12]。

[修正申告の内容を第三者に見てもらう] 税理士

本来は決して起こってはならないことではあるが、税務職員も機械ではないので、ミスをすることもあるし、他の税理士が対応された税務調査の指摘事項一覧表を見てみると、「何だ、この指摘は？」という指摘事項が書かれていることもある。

この点においては、調査官を信じ切ることは絶対にしないようにしてほしい。たとえ指摘内容が期ズレであったとしても、本当に益金・損金算入のタイミングとして、指摘を受けた内容があっているのかについて、根拠をしっかりと確認するなどした方が良い。

[調査の記録を残す] 税理士

いろいろな法人を見てきて、気になっているのが、過去の税務調査の記録が残っていないことである。指摘事項一覧表を必ず入手するように書いたが、それだけではなく、「どの税務署のどこの部門の、どの調査官」が、「どの税目の税務

12　聞いた話によると、税理士事務所で働いていると、申告書作成システムを使うので、申告書間の数値のリファレンスを理解しないまま申告書を作成することができてしまうらしい。便利なツールはどんどん活用した方が良いと思うが、しっかりとした理解のためには、簡単な内容の申告書で良いので、一度は手書きで申告書を書いてみても良いのではないかと思う。なかなか手強いが、身になる。

調査」で「何日間来た」のか、「指摘事項として挙がった事項」と「実際に修正申告の対象となった事項の内容と金額」、「修正申告に至らなかった項目の内容とその理由」がわかるようになっていることが望ましいのではないかと考えている。

税務調査が終わるとほっとするので、いまさら振り返ってまとめるようなことはしたくない気持ちも本当によくわかるが、あとひと踏ん張り。頑張って欲しい。

[更正処分] 税理士

一般的には、修正申告書の提出を受けて税務調査が終了するが、指摘事項に納得が行かない場合などには、更正処分を受けることとなる。税務署の事案では、更正処分[13]となる事案はあまりない。まったくないという訳ではないが、ハードルがなぜか異常に高い[14]。

調査官が更正処分を嫌がることについて、自分の判断に自信を持てないからだと思われている方もいるようであるが、これは間違い。このハードルが理由。また、税務調査で、「更正処分をします」と言われてから、実際に更正通知書が送達されるまでにかなりの期間を要するが、別に調査担当者がもじもじしているわけではない。これも、決裁を得るまでのハードルが理由。

税務調査に立ち会われていた税理士（国税OB）から、「俺はすべての事案を更正処分していた。なんで、更正処分ではなくて修正申告の慫慂なんだ？」と、私を諭すことが目的ではなく、更正処分をたくさんしたことを自慢げに話されたこともある（そもそも、すべての事案を更正処分ということに少し疑問を感じる。誇張しているような気がする）。

13　納税者が提出した申告書の内容に誤りがあると判断された場合で、納税者が修正申告に応じなかった場合に、税務署が納税額の修正をする処分のこと。

14　「次に、更正に対する考え方ですが、税務署であれば税務調査の結果、更正をするというのは、事務処理がかなりハードとなるので修正申告の奨励が普通に行われています。しかし、国税局の調査部では、更正が当たり前に行われており、審理課の決裁を受けるのに相当の時間を要しており、半年以上かかる調査も行われています。」（「国税OB税理士による　税務調査のすべて　税目別対策のポイント」39頁。武田 恒男編著、大蔵財務協会）

[「訴訟に耐えうる」とは何？] 

更正処分をするにあたっては、「訴訟に耐えうる証拠を集める必要がある」と言われているのだが、税務訴訟を経験して、また、資料調査課事案などで揉めて訴訟に発展してしまっている事案の調査資料を見る機会などもあったが、「訴訟に耐えうる」というのが、正直なところ、どのような、どの程度のものを指しているのか、感覚としてわからない。

税務訴訟のリアルな経験を通してでも、このような状況なのに、税務訴訟を直接に経験することがない職員（経験しているのは訟務官室[15]経験者くらいなのではないだろうか）たちが、どうやって、「訴訟に耐えうる」か否かを判断しているのかが少し気になる（争点整理表[16]を作成するといった形式的な話をいいたいわけではない）。

[間接証拠しかない場合] 

国税局ではなく、税務署の事案というだけで、更正処分のハードルが上がることについては、改善した方が良いのではないかと思っている。中にはこの状況を利用して、追徴税額を減らそうとする者もいるように聞いている[17]。

私は、一度だけ、増額更正処分をしたことがあるが、更正処分をするにあたり、国税局の関連部署に説明に行ったところ、「その資料の厚さじゃ足りない」（必要な資料をピックアップしていっただけ。資料を厚くするのは、簡単）、「間接証拠だけだと難しい」（直接証拠がない事案なんて、そこら中にある。その状況で、できる

15　訟務事務（国の利害に関係のある争訟について、国の立場から裁判所に対して申立てや主張・立証などの活動を行うこと）を担当している部署のこと。

16　争訟が見込まれる等の事案において作成される書面のこと。事実経過や法律上の課税要件、事実認定事項などを記載して調査審理に活用する。

17　税務調査対応に関連する情報で、修正申告をしないとつっぱねて、更正処分事案となってしまうことをちらつかせることで、税務調査の落としどころを探ることができるといったものがあった。これを真に受けたのか、資料調査課事案で、更正処分をちらつかせて、実際に更正処分をガツンとされている事案をみたことがある。調査官として税務調査を経験して、ぎりぎりの事案を経験してきた方ならまだしも、そうではない方に、こういった対応を勧めることは、少し無理があるのではないかと思う。

限りのことをして説明にあがった）といった、アドバイスにまったくなっていない、アドバイス（指示）をいただいた。

「間接証拠だけだと難しい」について少し説明をすると、税務調査で取引を否認する場合は、否認した取引の真実の取引を認定する必要がある。例えば、架空外注費が計上されていて、実際に他の法人にお金が渡っていたとする。その場合、外注費を否認するわけであるが、他の法人に渡っているお金が、実際は貸付金だったのか、あげたお金（寄附金）だったのか、受注工作資金だったのか（交際費）といったことを認定する必要があり、その認定を直接に証明することができる証拠を直接証拠というのだと理解している。例えば、貸付金として処理するのであれば、金銭消費貸借契約書がこれに当たるのであるが、金銭消費貸借契約書を締結することなく、お金の貸し借りを行っている場面なんてざらにあるが、このような場合に、金銭消費貸借契約書（直接証拠）がないことをもって、否認を諦めることとなるのかということに疑問がある。

いろいろと状況を説明していると、「そのやりとりをしたメール（お金を貸したという事実を示すメール）はありませんか？」といった不毛なやりとりが始まったりするが、任意調査で、そのような情報が書かれている資料がないことを調べ尽くすことなど不可能ではないかと思っている。

税務調査で調査先の代表者から、「無いことの証明は悪魔の証明ですよね？」と言われたことがある。

本当に、間接証拠だけでは、「訴訟に耐えうる」状況に持っていくことはできないのだろうか。この点を勉強したこともないし、実務で真剣に議論したこともないが、疑問に思う[18]。

[判断から逃げないで欲しい] 調査官

税務署の事案ですら、ちゃんと判断して、的確なアドバイスができない職員が、「このような部署にいて大丈夫なのだろうか？」と当時感じたのを覚えている。税務署にいる若手職員は国税局にいる職員のことをすごい人たちだと信じて

18　税務大学校論叢「税務調査における事実認定の在り方について－裁決及び判決における事実認定の考察による－」池田誠 税務大学校 研究部教育官

いる。若手調査官＝調査に手落ちがあるとは限らないと思うし、事案を持ってきた調査官ではなく、その事案と手許にある証拠を見て、ちゃんと判断をして欲しい。忙しいは理由にならない。

当時20代の若手調査官が、一生懸命に、一人で現場で戦[19]っていたのに、国税局の執務スペースという安全圏から、まったく親身にならずに、何か月にもわたって、同じことを言い続けられてしまい、本当につらい思いをした。税務署での更正処分が難しいという情報を得たであろう当該者は、「指摘内容は理解したが、修正申告はできない。納税のためのお金ももうない」と言い続け、更正処分をするための決裁は、上記のとおり、まったく進捗しなかった。何度も何度も、「もういいや、是認にして終わらせよう」と、匙を投げそうになったが、「ここで、自分が折れてしまうと、悪いことをした人がごね得をしてしまう」と考えて、なんとか踏ん張り続けた。

税務署内で議論し、最終的には、国税局の承認を得る必要がない更正処分事案であることが判明した（判断した）ので、決裁を取り下げて、更正処分をした。

私はだいぶ図太い方の性格だと思うが、それでも相当つらかった。副署長から、「また、こういった事案をやりたいと思うだろ？」と聞かれて、本心で、「もう二度とやりたくありません。納税者の対応よりも、内部の対応がつらかったです」と言ったら、とても驚かれたのを覚えている。

これは、別に国税に限った話ではなく、ある程度の規模の組織になると、どこにでもあるような、ありきたりな話なのだと思う。たった１件の経験で、しかも、下級官庁（税務署）からの一方的な視点でしかないが、少し書いてみた。

19 本件は不正経理事案であったため、「戦」という表現を使用している。

第13章
指導事項への対応

[指導事項] 税理士

調査結果説明がルール化されたことで、指導事項というものはなくなったのかなと思っていたのだが、税理士となってから税務調査に立ち合いをした際に、調査官が指導事項を伝達していたことがあったので、こちらについても参考に書いておきたい。

指導事項とは、修正申告の対象にはしないものの、今後改善が必要と認められる事項のことと理解している。理解していると書いたのは、指導事項とはどのようなものなのかについての明確なルールを税務署にいたころに見つけられなかったためである。

指導事項とは何たるかが明確ではないがゆえに、調査官がいう指導事項と納税者が受け取る指導事項に対する印象に温度差があるように感じており、これが非常に気になっている。

指導事項になるケースをざっくりと書いてみると、次のような場面が考えられる。

(ケース1) 明らかに少額の場合

例えば10,000円の棚卸計上漏れが見つかったとする。たとえ10,000円であったとしても、誤りは誤りであるため、原則的には修正申告の対象とすべきであるが、加算税が生じるわけでもないし、本税については翌期を考慮すると影響がない。また、細かな点を修正申告の対象とすると、修正申告書のドラフトの作成段階で煩わしいのと、調査官側としても決議書(どのような誤りが認められたのかなどについて書いた書類)を作成するにあたって手間がかさむだけであるため、私はこのような誤りについては指導事項としていた。

(ケース2) 明らかに誤りだけれども、他も考慮すると行って来い

例えば、消費税の個別対応方式[1]で区分誤りが認められたものの、そのほかにも税額が増減する両方向の誤りが認められ、修正内容を精査したとしても、増加税額と減少税額で行って来いとなって、追加納付税額があまり生じない結果となる可能性がある場合である。こういった指摘は、お互いに手間がかかるものの、実益がないため、来期以降、個別対応方式をしっかりとルール化する対応を求めるなどして、私は指導事項としていた。調査官によっては、このような状況であってもちゃんと対応しているのかもしれない。

(ケース3) 是認通知[2]を出さない理由として

これについては、国税通則法の改正により、税務調査の対象となった事業年度についてはその結果が送達されることとなったため、このような意味のない指導事項はしなくなったのではないかと思っている。

具体例を挙げると、印紙の管理簿を作成して、印紙の管理をしていないといった指導事項である。多額の印紙を常に保管している業種などであれば、指導事項とすることにも納得できるが、せいぜい、600円（200円×３枚）といった少額の印紙を、年に数回使うためにちょっと余分に持っているくらいの法人に対して、是認通知書を発送しないための理由として、指導事項としているのを見たことがある。

私がその指導事項を受けた法人の、次の税務調査を担当したのだが、真面目な納税者が、税務調査の初日に、「前回の税務調査で指導事項とされた、印紙の管理簿をしっかりと付けていますよ」と、手書きのノートを自信満々に見せてくれたのを覚えている。もともとそこまで印紙を使用していないので、印紙の管理簿の作成といっても大した手間ではないのかもしれないが、ちゃんと調査官のいっ

1　消費税の仕入税額控除の計算において、その課税期間中の課税仕入れ等に係る消費税のすべてを「課税売上げにのみ要する課税仕入れ等に係るもの」「非課税売上げにのみ要する課税仕入れ等に係るもの」「課税売上げと非課税売上げに共通して要する課税仕入れ等に係るもの」に区分して計算する方法。

2　税務調査の結果、申告内容に問題がなく修正等すべき事項がない場合に送達されていた書面のこと。現在は、「更正決定等をすべきと認められない旨の通知書」が送達されている。

たことを信じて、真面目に対応をしている納税者を馬鹿にしているように感じた。

[指導事項への対応] 税理士

税務調査で、指導事項を受け、これに対して、経理の責任者の方から、「指導事項ってどう対応したらいいんですか？」という質問を受けることが何度かあった。指導事項っていったい何？　というのが一般的なところなのだと思っている。

この質問に対して的確に応えるのが結構難しく感じている。先に書いたとおり、指導事項にもいろいろなケースがあるのと、調査官側と税理士側とで思惑が違うためである。

一番明確なのは【ケース３】。指導事項の内容から、単に言っているだけと感じられた場合は、気にしなくて良いと伝えていた。ただし、国税通則法の改正に伴って、是認通知を発送しないという実務自体がなくなったので、このような指導事項はなくなっているのではないかと思う。

【ケース１】については、見つかった誤りがたまたま少額なだけで、今後も少額であるとは限らない。よって、経理の仕組みなど根本的な改善が必要であると考えられる場合、例えば、棚卸資産の取得価額に含めるべき範囲を間違っている場合などには金額に関係なく改善を求めるようにしている。

【ケース２】が結構難しい。指導事項になった背景として、手間がとてつもなくかかることが見込まれて、調査官としてはあまり触りたくない誤りなので、指導事項とされただけで、蓋を開けてみれば、多額の不足税額が生じているかもしれないし、反対に納め過ぎの税金もあるかもしれない。また、税務調査の対象事業年度においては行って来いだったかもしれないが、それ以降の事業年度においても行って来いになるとも限らない。

そして、この【ケース２】において、調査官と納税者（税理士）とで温度差が大きいように感じている。調査官としては、今回の税務調査の修正事項から外れた時点で、頭の中からきれいさっぱりなくなってしまっているが、納税者（税理士）側では、さて、今後においてどうしましょうか（どこから手を付けましょうか？）という雰囲気になる。

改善にあまりにも工数がかかるような場合は、事業部サイドも交えていろいろと話し合いをするわけであるが、「本当にこれ必要ですか？」といった雰囲気になりがちなように思う。そして、そのタイミングで聞かれるのが、「指導事項って、次回の税務調査で、どのように取り扱われるんですか？」という質問である。

調査官は、指導事項を伝えるときに、「本来は修正申告の対象なのですが、今回は指導事項とします。今後改善してください。次回の調査では修正申告の対象とします」といったことを言うが、ちゃんと指導事項の引継ぎがなされたとしても、次の調査官がその指導事項をどのようにとらえるかによって、修正申告が求められる、次回も指導事項のまま、もしくは、まったく気にもしないといった風に対応が分かれてしまう。

こればっかりは次の調査官の人となりを予想することと同じで、そんなことはできっこないので、さてはて、困ったぞという状況になってしまうということである。

もちろん、適正公平な課税の実現のためには改善すべきとなるのは理解しているが、税理士としては、「もっと先に改善すべき事項があるのにな……」なんて思っていたりもするので、指導事項になったものについては、ついつい後回しにしてしまいたくなったりする。

第14章
消費税還付審査

[消費税還付審査] 税理士

私が税務署に所属していた頃に比べると、消費税還付申告に関する情報を見聞きすることが各段に増えたように感じている。当時は、消費税率が5%だったところ、現在では倍の10%となったので、注目度が増してきたのかなと思っている。消費税の還付申告の審査を担当していた時期があり、これについて書いてみようと思う。

還付審査はこうやってしていますよといった、税務署内の手続きやルールのようなことを書いてしまうと、不正還付の手助けになってしまう可能性があるように思うので、そういったことはできる限り書かず、当時、どういった観点でチェックをしていたのかということや、やや古いネタとなってしまうが、具体的な誤り事例などを紹介している。

[消費税の還付申告] 税理士

消費税の納税額は端的にいうと、受け取った消費税と支払った消費税の差額で計算される。よって、支払った消費税の額が受け取った消費税の額よりも大きい場合は、還付申告となる。

還付申告といってもいろいろなケースがあり、前期よりも売上が減少したことによって還付となるケースや、設備投資など多額の課税仕入れが生じたことによる還付、輸出が主な売上であることにより常に還付申告となる業態などがある。

ちなみに、消費税の還付申告は義務ではない。還付を受けるための申告ができるとされているのみである（消費税法46条1項）。

法人税の申告はされたものの、消費税の申告がなかったので、税理士に問い合わせをしたところ、上記の条文を根拠に申告していないと言われたことがある。

還付となることがわかっているのであれば、申告書の作成はほぼ完了しているようなものではないかとも思われるのだが、いろいろな考えの先生がいるものだなと当時感じたのを覚えている。

[机上審査] 税理士

消費税の還付申告書が提出されると、そのまま還付するのではなく、机上審査[1]をして、還付相当と認められた後に還付金の振込処理を行う[2]。

還付申告書の提出をした後に、税務署から「消費税還付申告の内容についてのおたずね」という表題の文書を受け取られた経験がおありかと思うが、この照会文書で提出を受けた資料と、消費税申告書と法人税申告書に添付されている決算書などを基にして還付相当であるか審査をしていた。

この照会文書で提出を依頼していた「消費税の還付申告に関する明細書」は、以前はお願いベースだったのだが、現在は法定化されていたので、参考に根拠条文を書いておく（消費税法46条３項、消費税法施行規則22条２項）。

還付申告書の提出から還付金が振り込まれるまでは、思っているよりも相当時間がかかると思っていた方が、精神衛生上良いのではないかと思う。私は、「還付申告書を提出してから、最低でも３か月くらいは振り込まれるまで時間がかかると思いますよ」とお伝えするようにしている。３か月かかる理由はいろいろであり、申告書を受け付ける部門と審査をする部門、還付処理をする部門が違うからといった組織構造的な面であったり、還付審査にあたって必要となる追加依頼資料の入手に時間がかかったりするからなどである。

個人的には、世の中には、書類を偽造するなどして、不正に還付金を受け取ろうとする者が実際におり、そういった者に還付金を支払ってしまったら、あとで追徴課税をしたところで、実際に還付金を取り返せるとは限らないので、還付申告を受けた段階で、とても慎重に対応しているという理解が一番しっくり来ている。

1　机上審理と同義。消費税の還付審査では机上審査といっていた。

2　還付相当として還付保留の解除の決裁を行うのであって、還付金の振込処理は管理運営部門が担当している。

[還付が遅いと苦情を入れても「やぶへび」] 

還付金の振込みが遅いといって、苦情を入れてきた納税者がいた。事の発端はこの納税者から還付金の振込時期について問い合わせを受けた税務署の担当者が、本来は答えるべきではない還付金の振込みまでの期間を、(おそらく)目安として伝えていたところ、その目安を過ぎても一向に還付金が振り込まれる様子がないので、この納税者が激昂してしまったということであった。

資金繰りの当てにしていたのだろうか、切羽詰まった様子で、「こっちには、元税務署長のOBが顧問についているんだぞ!!」といったことをいろいろと言っていたのだが[3]、いくら、このようなことをいったところで、還付金が早く振り込まれることはないので、やめた方がよいと思う。

むしろ、「早く返せ、返せ」と言われると、「何かやましいことでもあるのかな。還付は保留[4]のままにして、税務調査をしてちゃんと調べてみた方がいいかもしれないな」と感じていた。

申告書を提出する側になって、より一層思うが、還付金の振込みまでは本当に時間がかかる。のんびり待つしかない。

ちなみに実際に還付金が振り込まれるときに還付加算金[5]がついてくる場合がある。

計算方法などは延滞税と同じで、銀行の預金利息に比べると、利率が高い。なので、還付審査の担当者としても、不必要に還付処理を遅らせることには、デメリットを感じていたりもする[6]。

3　税務調査の経験があると、内部事務担当の職員から、こういった場面に慣れていると思われがちで、対応を頼まれることがよくあった。肯定も否定もせず、傾聴し続けることで、だいたいのケースでなんとかなるように思う。

4　国税の不正な還付や誤った還付を防止するために、還付金の支払を保留する取扱いのこと。

5　還付金が振り込まれる際に付される利息のこと。

6　都心署で還付審査を担当していると不動産デベロッパーのSPCの還付審査をすることもあるのだが、例えば超高層ビルの完成・引き渡しに伴う還付申告が提出されると、その還付額が数十億円単位だったりする。保留解除するのも怖いし、解除しないで還付加算金が多額になるのも怖い。提出する側も慎重にチェックをした上で申告しているので、誤りが見つかることはほぼないのではあるが。

[主担部門（消費税・間接諸税担当）] 

ここで、消費税の還付審査を担当していた主担部門[7]について少し紹介をしてみたいと思う。元主担部門経験者にはあまり気持ちがよくない表現があるかもしれないが、私自身も主担部門経験者なのでご容赦いただきたい。

主担部門とは、中規模署以上に設置されていた部門で、法人の消費税や、間接諸税（印紙税・揮発油税など）を担当していた。

税理士会などから配付される「税務職員名簿」を見ていただくと、「法人課税第２部門（消費税・印紙税等担当）」と表記された部門があると思うが、この部門のことを主担部門と呼んでいた。

もともと物品税[8]を担当していた職員が多く在籍し、言葉を選ばずに言うと、本流から外れた人達が多い印象だった。一度、この部門の背番号が付くと、その後の税務職員人生は、ほぼ、消費税や間接諸税をメインに担当することとなる。消費税の税率は導入当初（平成元年）が３％で、平成９年から５％、平成26年から８％、そして平成31年から10％と、だんだんと税率が高くなってきているが、税率の上昇と共に、主担部門経験者の存在価値が高まってきているように感じている。

私が、税務署に配属になったころ（平成17年）からすでに、「これからは消費税の時代が来るから、ちゃんと勉強して経験を積んでおいた方がよい」と、上司や先輩から、何度も言われていたのだが、正直なところ、ここまで重要な税金になるとは思っていなかった。

所属している部門で人となりをカテゴライズすることに、あまり意味はないとは思うが、個人的に感じていたのが、主担部門に所属している調査官は、とても優しい性格の方が多く、かつ勤勉なタイプが多いということである。

とても優しい性格というのは、中小企業の税務調査のような白黒はっきりしない事案を、性悪説に基づいて対応することが苦手で、そういった意味で、調査部

7　「しゅたん」と読む。消費税・間接諸税を担当。調査部門が還付審査を行っている場合があることや、内部事務を行う業務センターの開設などに伴い、中規模署に設置されていた主担部門がなくなるなど、私が税務署に在籍していた頃と、いろいろと変わっているように思われるため、あえて過去形にしている。

8　消費税導入前にあった、特定の物品に対して課される間接税のこと。

門にはあまり向かないタイプということである。勤勉なタイプというのは、署の一般部門の法人税調査は、あまり税法を勉強しなくてもある程度できてしまうが、消費税はそうはいかず、一つ一つの取引を消費税法に当てはめると、どのような取扱いとなるのかを逐一判断する必要があるので、勤勉なタイプでないと対応できないということである。

また、真面目であるがゆえに、言われたことを忠実にこなすものの、それ以外を能動的にこなすタイプではない傾向もあったように思う。例えば、今もあるのかわからないが、同時調査（普通の税務調査）と重点調査（特定の項目を重点的に見る調査）というものがあり、重点調査であっても、普通は、同時調査と同じように税務調査を進めるが、主担部門に所属している調査官は本当に重点項目しか見てこなかったりする。消費税のこの観点から誤りがある可能性があるので、重点調査をしようとなると、本当に特定の取引しか見ないということである。ちゃんと、指示どおりに動いているし、当人たちは、「重点調査だから当然でしょ」といったことを言っていたのだが、「もっと柔軟に対応すればいいのにな」と当時、心の中でつぶやいていた[9]。

ちなみに私が主担部門に所属したのは、勤勉だからというわけではなく、異動の希望を聞かれる度に、大規模法人の税務調査を経験してみたいと言っていたためである。

税務署で調査部クラスの大規模法人の税務調査を経験できるのは、印紙税の単独調査[10]か、源泉所得税の単独調査くらいしかない。

[消費税還付審査は難しい] 税理士

消費税の還付審査はとても難しい。なぜかというと基本的に、机上審査のみで完結させるためである。所属している税務署の規模や、還付審査の体制にもよる

9　私が所属していた一般部門に、主担部門の経験が長い上席調査官が配属になり、この上席さんが指導事案として、私の重点調査に同行してくれたことがあった。この上席さん、本当にその重点項目以外は一切チェックせずに税務調査を終わらせたのだが、その結果、その後の決裁の段階で、法人が行っている事業内容ですらまったく説明できない状況になってしまい、決裁が通らず、大変な目に遭ったことがある。

10　印紙税や源泉所得税のみを単独で調査する税務調査のこと。

と思うが、毎月、結構な数の還付申告の審査を受け持つこととなる。還付申告の審査は、担当業務の一つであって、これだけをずっとしているわけではない。消費税固有の納税者[11]に対する税務調査や、印紙税の単独調査を行いつつ対応をしている。気持ちとしては、全件、税務調査をして還付相当であるか確認をしたいところなのだが、そうはいかないので、どうしても、実地調査よりも、調べ方が浅くなってしまうように感じていた。

還付審査の一般的な流れは、消費税申告書の数値の基礎となる資料（勘定科目ごとに消費税の課税・非課税・不課税・免税に区分した集計表）や、例えば、資産の取得が還付申告の要因である場合には、契約書や決済資料といった取引資料を入手して、法人税の申告書や決算書にある情報[12]、過去の税務調査や還付審査の情報を参考にして、還付相当か否かを審査していた。

集計表の合計値と申告書の数値は整合しているか、販管費の項目で、例えば旅費交通費など消費税がかからない取引が含まれていると想定される勘定科目のうち、一定額が不課税取引などに区分集計されているか、固定資産売却益がある場合は、売却対価が課税標準となっているか、利息収入や株式の売却などの非課税売上は申告書に適切に反映されているか、個別対応方式の場合は区分の方法が適切か、輸入消費税[13]がある場合は、課税仕入れに含めつつ、輸入消費税の欄にも記載していないか、また、地方消費税も含めて記載していないかといった観点からチェックしていた。

これを読んで気づいた方がいるかもしれないが、チェックする観点は、もちろん税務調査での具体的な事例を通して学んだものもあるが、主なものは消費税の質疑応答事例集などにある事例から学んだものである。よって、還付審査をすんなり通す、税務調査で消費税に関する指摘を受けないようにするためには、質疑

11　法人税の納税義務はないが、消費税の納税義務がある法人（公益法人など）のこと。

12　消費税には期間特例という制度があり、一か月ごとに還付申告書の提出をすることも可能である。輸出がメインの事業である会社は、一般的には、この制度を適用しているため、還付申告書が毎月提出されることとなる。過去に何度も還付審査を受けているので、よほどのことがない限りは還付相当という結論となるが、法人税の申告書や決算書などの情報がまだない段階で審査を行うこととなるため、年１回の申告の還付審査に比べると、おっかなく感じていた。

13　海外から商品を引き取る際に課される消費税のこと。

応答事例集などをたくさん読んで、誤り事例を広く把握しておくことが、一番の方法ではないかと思っている。

また、国税庁が消費税申告のチェックシート[14]を公表しているので、これを活用してみるのもよいのではないかと思う。

チェックシートにある項目は間違いなく還付審査担当者はチェックしているので、こういった基本的な誤りは起こさないようにするのがお互いにとってよいのではないかと思う。

[還付申告には必ずストーリーがある] 調査官 税理士

この審査のやり方の怖い点として、消費税の課否判定が誤っていないかや、適用すべき制度が適用されているか（翌期免税事業者となる場合の仕入税額控除の調整など）といった形式面に注力してしまいがちで、通常の税務調査のように不正経理がないかという観点からのチェックが難しいという点がある。

還付申告には必ずストーリーがある。単に業績が落ちて、中間納付税額が年税額を上回っただけ、多額の設備投資をしたからといった風である。このストーリーを、還付申告のお尋ね文書などから把握し、そのとおりの決算書数値や消費税の基礎資料となっているかを確認するわけであるが、形式面ばかりに気を取られてしまうと、還付となったストーリーが見えていないにも関わらず、還付相当として還付保留を解除してしまう可能性があるということである。

例えば、いきなり多額のコンサルタント報酬が計上されており、それが還付の原因となっていたとする。審査担当者によっては、コンサルタント報酬の契約書等をチェックして、契約金額が課税仕入取引の金額と一致しているのかを確認し、役務提供側についても、税務署内の情報で実在し申告していることが確認できれば、還付相当として処理する可能性がある。

本来的には、コンサルタントの内容は何か、本当にあったのか、なぜ、この法人がこのような多額の報酬を支払っているのか、資金の出所は？　相手先はグ

14　国税庁ホームページ「刊行物等」⇒「パンフレット・手引」⇒「消費税申告チェックシート（国、地方公共団体及び公共法人用）」
「国、地方公共団体及び公共法人用」とあるが普通法人においても参考となることが書かれている。

ループ法人などではないか（免税事業者を利用した消費税の何かのスキームではないのか？）、といった多面的な検討が必要である。

［主担部門経験者として悔しい経験］  

税務署の外に出てから、還付申告について意見を求められることがあった[15]。金額的にも取引内容的にも、異常にしか見えない取引（詳細の共有は受けていない）があったので、還付審査の延長の税務調査で、否認をされた場合を考慮した契約条項とした方がいいですよとアドバイスをしたところ、とある別のアドバイザーが、消費税の還付審査はそういった実質面は見ず、形式的なチェックだけですよとアドバイスをしたことがあった。

これを聞いたときに、主担部門がなめられているなと率直に思った反面、先に書いたとおり、主担部門の調査官の傾向から、事実として、そういった面があると思っているので、とても悔しい気持ちになったのを覚えている。

こういったこともあってか、消費税を担当する専門官が設置されるなどし、実質面からのチェックもしっかりと行われるような体制になってきているのではないかと思う。

［「お尋ね文書」が来ると思っていた方がよい］ 

どういった内容の還付申告に対して、お尋ね文書を発送しているのかの詳細は忘れてしまったのだが、基本的にはすべての還付申告に対して送付していると理解しておくことで、大きく外していないように思われる[16]。

新規還付で数万円の還付申告に対して接触をしていた記憶がある。コンサルタ

15　例えば、とあるストラクチャーを予定しており、そのストラクチャーの実行に必要となる資金を貸し付ける側からの依頼などである。

16　毎期、還付申告をしている法人（輸出業など）や、還付申告になれている税理士がついている場合に、還付審査に必要となるであろう資料一式が申告書に同封されていることもあった。ここまでする必要はないかもしれないが、還付審査対応に慣れると、還付審査の勘所がわかるようになってくるようである。反対に、「またか。何度同じ書類（輸出申告書）を提出させるんだ‼」と怒鳴る税理士もいた。反応はいろいろである。

ント業の方で、日中は事務所におらず、金額も少額であるからか、照会文書などを送付するも、まともに取り合ってもらえなかった。

かといって、還付保留になってしまっているものを無条件で還付相当とするわけにもいかず、金額の割に手間ばかりがかかってしまったのを覚えている。よって、還付額が大きいから、小さいからといったことで、還付のお尋ね文書が来るか否かを予想するのはあまり意味がないように思う。

[還付理由を説明できるかを確認] 税理士

税理士事務所の担当者に、還付となった理由を確認しても、あいまいな回答しか来ず、まったくストーリーになっていない還付申告があった。業績があまりよくなかったので還付申告になったといったことを言っていたのだが、これは経験則でしかないが、業績が悪化した場合は、中間納付税額が差引税額[17]を上回って還付となることが一般的で[18]、業績悪化が理由で、控除税額[19]が消費税額を上回って還付となること[20]はあまりなく、この説明に違和感を覚えた。

損益計算書の販管費明細を見ていただくとおわかりいただけるかと思うが、販管費の大半を人件費（消費税はかからない）が占めていることがほとんどである。よって、赤字の決算となっていたとしても、消費税は納税となっていることの方が多い。物を売る商売をしており、仕入が先行している場合は、消費税は還付となりうるが、棚卸資産として計上されるため、これが理由で赤字となることはない。

電話で繰り返し質問をしていたのだが、何度説明を聞いてもあいまいな説明に終始し、埒が明かないので、課税仕入れが多額となっていた科目の元帳を提出してもらい、併せて提出を受けた取引資料とを突合したところ、期末に、まったく

17　消費税申告書第一表の⑨欄の数値のこと。

18　消費税申告書第一表の⑫欄（中間納付還付税額）に数値が記載されている還付申告書のこと。

19　消費税申告書第一表の⑦欄の数値のこと。

20　消費税申告書第一表の⑧欄（控除不足還付税額）に数値が記載されている還付申告書のこと。

根拠のない外注費が多数計上されており、それが理由となって還付申告となっていたことが判明した（税務調査に着手し、すべて否認）。

税務調査での雰囲気からの推測でしかないが、会計事務所の担当者が作った還付申告書を、管理者の方が、なんで還付申告となっているのだろう？　という観点から、チェックしきれていなかったようであった。

還付申告書の提出前に、還付申告となった理由を具体的に説明できるか、決算書の数値等とその説明は整合しているかを確認することをお勧めする。

[不課税売上[21]の証明が結構難しい] 税理士

申告をする側になって気づいたのだが、不課税売上の証明が難しい。上記のとおり還付審査を経験しているので、還付申告書を提出する際には、還付となっている理由を具体的に説明できるか、輸出事業を行っている場合は、通関書類などはしっかりと揃っているかなどを確認するようにしているのだが、不課税売上であることを直接的に証明できる、具体的な書面がなかったりする。

役務提供の場合は、その具体的な役務提供の内容から役務提供地が判断できたり、契約書に、どこで役務提供を行うのかが明記されていたりするのでよいが、物を売っている場合には、個々の売買について必ずしも契約書が締結されているわけでもなく、せいぜい、納品書に書かれている引き渡し場所か、取引の相手が外国法人であることをもって説明するくらいしかない。

[具体的にイメージするとわかる] 税理士

歯科医師業の還付申告の審査をしたことがある。医師の収入の多くは保険診療（非課税売上）であるため、多額の設備投資を行ったとしても、設備投資に係る消費税を全額控除できるわけではなく、還付申告となることは、割と珍しかったように記憶している。還付申告となっていることに疑問を感じ、消費税申告書の中

21　消費税の課税要件を満たさない売上取引のこと。非課税売上や免税売上は課税要件を満たしているという点において違い、課税売上割合の計算などにおいて適切に区分していないと計算を誤ることとなる。

身を見てみると、個別対応方式における、課税仕入れの区分が、すべて、「課税売上げにのみ要するもの」[22]に区分されていた。インプラントなどの自由診療（課税売上）もあるので、課のみ対応があっても間違いではないが、すべてとなると、歯科診療所を具体的にイメージすると間違いであることに簡単に気づける。

還付審査を担当している職員は毎月それなりの件数の還付申告書を見ている。そうすると、還付申告になるパターンのようなものがわかってくるので、それから外れた申告書を見るとセンサーが働くということである。

還付申告書の提出前のチェックは、計算過程が正しいかをチェックするだけではなく、その法人の業種などを意識して行った方が良いと思う。また、これは申告書を作成し、提出する側になって強く感じているが、申告書を作成した人とは、別の人がチェックした方が絶対によい。申告書を誤りなく作成するためには、数値が正しく転記されているかといった数値面に集中力が奪われがちで、業種なども意識しつつ申告書に誤りがないかのチェックをするためには、頭の切り替えが必要となる。一人でやると結構大変で、非効率であると感じている。

[不正還付事案] 税理士

還付審査の中でもとりわけ難しいのが輸出業の還付審査だと思う。不課税と免税の違いをしっかりと理解し、その判定ができる必要があるし、免税売上となるための要件もしっかりと理解していることが求められる。くわえて、貿易の実務面の知識も求められ、通関士の資格を取った方がいいのではないかと真剣に考えたこともある[23]。

こういった知識面については、個人の努力次第でなんとでもなるが、怖いのは不正還付である。輸出申告書をご覧になられたことがあれば、伝わるのではないかと思うが、偽造をしようと思えば、なんとなくできてしまいそうなフォーマットである。そして、実際に、偽造をする者がいて、免税取引[24]を装うなどして、還付申告をしたりするのである。当然、輸出申告書が本物であるか否かを調べる

22　付表２－３「課税売上割合・控除対象仕入税額等の計算表」⑰欄

23　アンダーバリューで通関をしている法人に、税務調査で何度か遭遇したことがある。粉飾もそうであるが、税務調査に直接影響がないことについては、たとえそれが問題のある行為であったとしても、割とすんなりと話してくれるように当時感じていた。

方法はあるのだが、それでも、自分が所属している税務署が管轄しているエリアで、査察の不正還付事案の情報を聞いたりすると、「もしも、自分が還付相当として処理した申告が査察案件になったらどうしよう」と、とてもおっかなく感じたのを覚えている[25]。

[簡易課税[26]適用法人の還付申告] 税理士

還付申告の誤りで多いのが、簡易課税適用法人の還付申告だった[27]。この申告があると、税務調査に着手して、修正申告の慫慂を行うのだが、納税者の方が席を外したタイミングなどを見計らって、顧問税理士に、簡易課税を選択していることを把握しているかを聞いてみるようにしていた。

ずいぶん前に簡易課税制度の選択届出書を提出していたが、その後、売上が伸びていたので原則課税[28]となっており、簡易の届出を提出していたことを失念していたケースや、税理士が交代したものの、引継ぎなどがないからか、簡易課税を選択していること自体を顧問税理士が把握できていないケースもあった。

24　消費税の課税要件を満たす取引であるが、国外で消費されるものなどについて、消費税が免除されている取引のこと。

25　「消費税の不正還付を許さない！」というインターネット番組を国税庁の WEB サイトで見ることができる。ドラマ仕立てであるため、リアクションなどが少し大げさではあるが、興味がある方はご覧いただくのもいいかもしれない。ちなみに、不正をしていた者にその証拠を突き付けた場面では、急に怒り出す、泣く、黙って何も話さなくなる、質問したこととはまったく違うことを話し出す（会話にならなくなる）、納税するためのお金がもうないので修正申告ができないと言い始めるといったリアクションが主だったように記憶しており、こんなに素直に白状する者を経験したことはない（調査官は説得するためにもっともっと長い期間しんどい思いをする）。

26　中小事業者の納税事務負担に配慮する観点から、事業者の選択により、売上に係る消費税額を基礎として仕入に係る消費税額を算出することができる制度のこと。基準期間（法人は前々事業年度）における課税売上高が 5,000 万円以下の課税期間について認められている。

27　簡易課税適用法人が還付申告をした場合には、自動で KSK が判定してアラートが出るようになっているため、これを税務署側で見逃すことはない。

28　原則的な方法（受け取った消費税から支払った消費税を控除して納税額を計算する方法）により消費税の納税額を計算する方法のこと。

これは、新旧税理士同士で引継ぎを行うことで、防ぐことができたんじゃないだろうかと思うのだが、なぜ、新旧税理士間での引継ぎは行われないのだろうか。新しい税理士に交代する際に、こちらから、必要であれば引継ぎを行う旨の連絡を納税者を通して行ったことがあるが、実際に引継ぎの要請を受けたことはないし、こちらが引き継ぐ際にも、そのような申し出を受けた経験がない。

ビジネスにおいて、取引関係が終了する相手先のために、時間をかけてまで、引継ぎを行う必要があるのか？　ということなのだとも思うが、過去に提出した申告書や申請書、届出書をごそっと共有するだけでもよいのではないかと思っているのだが、それは難しいのだろうか。

[状況に応じて実地調査へ移行] 税理士

消費税の還付審査は、必要に応じて実地調査に移行する。先に書いた、期末に外注費が多額に計上されていた事案もそうであるし、簡易課税適用法人の還付申告もそうである。

昨今の不正還付の状況を受けて、実地調査へ移行する場面は増えているのではないかと思う。なお、主担部門が行う税務調査であっても、通常の税務調査と大きな違いはない。

[どこかおかしな還付申告] 調査官 税理士

消費税の還付申告の審査をしていて怖いなと感じた事案を紹介してみたい。

投資商品の販売を行っている法人で、還付申告書の提出を受けたあとに、還付申告のお尋ね文書を送付したものの、宛所なしとして返戻されてしまったため、還付保留となっていた事案だった。税務署の異動の時期を挟んで、私が引き継いだのだが、登記を調べてみたり、インターネットで情報を収集したりしたところ、とある場所で事業を行っていることが把握できたため、お尋ね文書を再発送して回答を得た。回答内容が不明確であったことに加え、そもそも基準期間の課税売上高が1,000万円を下回っており、かつ、課税事業者の選択届出書の提出がないなど、課税事業者に該当しないことが見込まれたことから[29]、税務調査に着手することとなった。

通常の税務調査と同様に準備調査を行ったところ、過年度の決算書間の数値が整合していないなどの不審な点が見受けられたのに加え、損益計算書には役員報酬や給料が計上されているものの、源泉所得税の納付事績が一切ないなどのおかしな点もあった。

本店所在地へ臨場し、概況聴取などを行ったが、質問に対する回答が要領を得ず、投資案件の勧誘を行う際に使用しているパンフレットを、参考資料としていただきたい旨を伝えたところ、具体的な理由の説明もないまま、断られてしまった。

免税事業者であった期間（還付申告の基準期間）の課税売上高を把握したいので、過去の決算書や元帳などがないか質問をしたところ、事務所のどこかにあるが、すぐには出てこないという回答であった。税務署にある法人税の申告書に添付されている損益計算書の収入項目をすべて足しても、1,000万円に満たず、免税事業者であると思われる旨を伝えたところ、その翌日には、過去の決算書が誤っていた旨の説明と、基準期間の課税売上高が1,000万円以上となっている決算書と法人税申告書の修正申告書案（繰越欠損金があるので、課税所得は生じない）が提出された。

源泉所得税の納付事績がない点を確認するため、賃金台帳を依頼し、確認してみたところ、源泉所得税や社会保険料の控除が一切されておらず、経理担当者に源泉所得税の納付などはどうなっているか質問をしたところ、よくわからないという回答だった。

帰署後に、統括官に調査の状況を復命し、消費税の還付申告についても不審な点があること、源泉所得税で多額の未納が見込まれることから、源泉所得税の部門と協力して対応をした方が良いと判断し、還付保留は解除しないこととした。

基準期間の売上高の関係や源泉所得税の関係で追加の依頼をしていたのだが、いっこうに資料の提出がなかったため、電話にて、会社に問い合わせをしたところ、非常に不愛想な電話での対応で、税務署であることを名乗ると急に丁寧な対応になったりするなど、電話対応一つをとっても違和感があった。結局、私が担

29 「消費税及び地方消費税の更正等及び加算税の取扱いについて（事務運営指針）」（調査等により免税事業者であることが判明した場合の確定申告書等の取扱い）により、修正申告書の提出を行うこととなる。

当している間に資料が提出されることはなかった。その後に聞いた話によると、この法人、やはり問題がある法人だったようで、還付保留を解除しない判断は正しかったという連絡を受けた。具体的にどのような結果となったのかは存じない。

上記のケースでは、おかしな点がたくさん見受けられたので、還付保留を継続する判断ができたが、表面上は普通の会社を演じられていたらと考えると恐ろしい。

余談であるが、この税務調査に立ち会われていた税理士は、ストレスからなのか、円形脱毛症の痕がいくつも見受けられ、文字どおり死んだような眼をしていた。この事案以外にも、不幸にもこういった事案の還付申告を受任し、税務調査対応などで大変な目に遭っている税理士を何度か見たことがある。申告期限間際の還付申告の依頼などのスポット業務については、受任の可否も含め、慎重に対応されることをお勧めする。

[課税売上であると指摘した事例] 税理士

還付申告の審査をしていたところ、グループ法人への切手の売却収入を非課税売上[30]としている申告があった。おそらく、郵便局で購入した場合に切手が非課税とされていることから、どのような場面であったとしても、切手の売却が非課税売上となると勘違いされていたのだと思われるが、これは郵便局などが行う譲渡についてのみ非課税となる[31, 32]。

税務調査に着手し、切手の販売であっても課税売上となることを、根拠資料を示すなどして説明して、ご理解を頂いた。この法人には税理士の関与がなかった

---

30 消費に負担を求める税としての性格から課税の対象としてなじまないものや、社会政策的配慮から課税しない取引のこと。

31 消費税法基本通達６－４－１（郵便切手類の譲渡）

32 「通達６－４－１は、郵便切手類などがディスカウントショップなどで販売されるような場合には、非課税規定の適用はありませんということを書いているわけです。～略～そうするとこの場合には課税される。通常の代金より安く売って、その消費税分は課税事業者ならば納税しなければならないということになるわけですね。」（消費税法の考え方・読み方〈五訂版〉大島隆夫・木村剛志共著。税務経理協会。56頁）

ので、修正申告書のドラフトの作成をこちらで行ったのだが、切手の売却収入を非課税売上から課税売上にすることで、還付額がより大きくなった。

この切手はDMの発送用に過去に大量購入したものの余りで、使用する見込みがないので、グループ法人へ売却していたのであるが、還付申告となっていた法人が、現在は事業をほぼ行っていない箱会社であったことから、主な売上がこの切手の売却収入であった。よって、当初申告では、課税売上割合[33]がとても小さな値となっており、仕入税額控除のほとんどの控除が取れていなかったところ（一括比例配分方式により計算）、切手収入が課税売上となることで、課税売上割合が跳ね上がり、仕入税額控除の増加額の方が、切手収入に係る消費税の額よりも多くなり、結果として還付額が増えたということである[34]。

調査の１日目に、切手の売却収入が課税売上であることを指摘し、２日目に、還付額が増えそうである旨をお伝えしたところ、「税務調査が来て、税金を返してもらえることなんてあるんですね」と、とても喜んでいたのを覚えている。とてもまれな出来事であるが、たまにこういったことも起きる。

［建設仮勘定（中間金）の課税仕入れの時］ 税理士

建設工事などで工事の着工から完成引き渡しまでの期間が長期に及ぶため、工事代金の前払い金等として、金銭が支払われることがあるが、これを、支払ったタイミングで課税仕入れとして取り扱ってしまうという誤りがある。

消費税法基本通達11－３－１（課税仕入れを行った日の意義）にあるとおり、課税仕入れを行った日とは、「課税仕入れに該当することとされる資産の譲受をした日をいう」ので、工事の発注の対象である建物の引き渡しを受けていない段階では控除が認められないのだが、消費税法基本通達11－３－６（建設仮勘定）や関連する解説[35]を読んで、建設仮勘定に含まれるような課税仕入れは、建設仮勘

33　仕入税額控除の計算等において用いる割合のこと。「課税期間中の課税売上高（税抜き）÷課税期間中の総売上高（税抜き）」で計算する。

34　例えば、課税仕入れが100あり、課税売上割合が1％しかないと、１しか控除できないが、課税売上割合が90％になると90控除することができる。この増加額89が、課税売上として指摘した金額（切手売却収入×消費税率（当時は5％））を上回ったということである。

定に計上したタイミングと建設仮勘定から本勘定へ振り替えるタイミングのいずれかで仕入税額控除の対象としてよいという風に勘違いをしてしまったのではないかと思われる。

事業用の建物であれば、期ズレであるが、居住用の建物の場合は、その後の居住用賃貸収入の状況によって控除できる金額が変わってくる。

ある程度、実務を経験された方からすると、とても当たり前のことを言っているように感じられるかもしれないが、本当にこういった基本的なミスが認められる還付申告書が提出される。おそらく、消費税の仕入税額控除のタイミングの原則的な取扱いを意識しないまま、申告書を作成してしまっているからではないかと思われる[36]。

[輸出申告書の名義が相違している事例] 税理士

輸出した場合は、消費税が免税（０％課税）となるため、売上のために仕入れた物にかかる仮払消費税の還付を受けることができる。そして、免税売上として取り扱われるためには、輸出申告書の保存等が求められるが（消費税法施行規則５条）、この輸出申告書に記載されている輸出者の名義と、消費税の還付申告書をした法人とが一致していない場合は、輸出免税が認められないこととなる[37]。

輸出を行う際は、通関業者（乙仲（おつなか）さんといったりもする）に輸出手続を依頼するため、このような間違いは生じないと考えてしまうようであるが、輸出者の名義が通関業者になっていたり、グループ会社の名義になっていることがあるため、申告にあたってはご留意いただきたい。

私が還付審査をしていたのは、10年以上前のことであるため、もうさすがにこの誤りはなくなったのだろうと思っていたのだが、つい最近、税務調査でこの

35　タックスアンサー　No.6483「建設仮勘定の仕入税額控除の時期」

36　税務調査の指令を受けた時、私自身がこの勘違いをしてしまい、なぜ否認の対象となるのかがわからなかった。その結果、上席の同行事案となったため、税理士事務所の担当者に、中間金の支払を仕入税額控除の対象とすることについて、どのように考えていたのかを聞けずに税務調査が終了してしまった。

37　友好商社の特例もあるが、詳細は割愛する。国税庁ホームページ質疑応答事例「輸出取引に係る輸出免税の適用者」

内容の指摘を受けてしまったという話を聞くことがあった。いつまでも同じ誤りが生じてしまうということは、根本的な何かを改善する必要があるような気がしている。

[還付額が減っただけでも加算税はかかる] 税理士

還付審査をしていく中で、勘違いをされている方が多かった印象なのだが、修正申告によって還付額が減少した場合であっても、減少額に応じた加算税はかかる。

輸出申告書の名義が相違している事例は、形式的な側面が強いからか修正申告書の慫慂にあたって揉めることが多いのだが、輸出申告書の名義が違うので課税売上となる旨と、修正申告書を提出して欲しい旨の連絡を税理士事務所の担当者に連絡をしたところ、やけにすんなりと修正申告書に応じてくれたことがあった。

スムーズ過ぎたので、やや違和感があったのだが、加算税の賦課決定通知[38]を受けてから連絡が来た。「修正申告においても依然として還付申告であるのに、加算税がかかることに納得がいかない。根拠を示せ」とのことであった。

国税通則法65条1項において「納付すべき税額に100分の10の割合を乗じて計算した金額に相当する過少申告加算税を課する」とされている。

[消費税が苦手な人が多い]

税務大学校で研修を受けた頃に消費税がまだなかった世代や、税務署へ配属後に消費税を担当することがなかった職員は、結構な確率で消費税を苦手としている印象がある。税務署に事前相談などに行く際に、それを想定して、担当部門の統括官宛に事前に電話をして、話をしてみると、「実は消費税がさっぱりわからなくて」といったことを正直に話してくれた統括官もいた。主担部門にいた頃に、「保険金の受け取りは非課税売上なので、保険料の支払も非課税仕入なの

38 修正申告書の提出等を行った場合で過少申告加算税等の加算税が課される場合に、税務署から送達される通知書のこと。

か？」という質問を他の調査官から受けたこともある[39]。こういった具合に、消費税を苦手としている職員が多い印象なのだが、税務署の外に出て、税理士も似たような状況であるように感じている（もちろん、とても詳しい方がいることも承知している）。

税理士となった後のことであるが、とある法人の取引内容を整理していくなかで、消費税の判定に誤りがあると見受けられたことがある。やんわりとそのことを顧問税理士に伝えるべく、いろいろとやりとりをしていたところ、「まず、この業界の取引慣習を理解してから質問してください!!」とお叱りを頂いてしまった。取引慣習の有無で、消費税法の判定が変わるような場面ではなかったし、当然、事前に取引慣習をクライアントに質問するなどして確認した上で、直接伝えると角が立つので、やんわりと気づいてもらう方法を模索しての対応だったのだが、こういったリアクションをされてしまうと、どうやったらうまく伝えられるのだろうかと考えてしまう。

[契約書を締結した方がよい] 税理士

消費税があまり得意ではないと見受けられる方とのやりとりからの推測でしかないが、消費税の判定にあたって必要となる、会社が行っている取引が法律上、売買、請負、委任などのいずれの取引と整理すべきなのかの判定を苦手とされているようにも見受けられる[40]。特に、先の件のように業界の取引慣習で取引を行っている場合は、契約書が締結されていないことが多々あり、この場合は、当事者の意思、代金の支払のタイミングや、保管料などの諸経費は誰が負担しているのか、トラブルが起きた際の責任関係などといった、様々なことを総合勘案して、判断することとなる。いろいろとヒアリングしてみた結果、取引当事者間

39　保険料を対価とする役務の提供は非課税取引であり（消費税法６条、別表２三)、保険金の受取りは不課税取引である。確かに会計システムなどに「非課税仕入」という消費税の区分があったりするが、実務におけるその区分の必要性がいまいちわからない。

40　「売買と請負のどちらだとお考えですか？」といった風に質問を投げかけてみても、「それが何？」という反応をされてしまったりする。この判定をせずに、物の引き渡し時点とその場所などをどうやって判定しているのだろうかと疑問に感じる。会計処理から、どのように判定されているのかを推し量ってみようとしたこともあるが、見事に撃沈してしまった。

で、理解が異なってしまっている場合もあり、きちんと整理しようにも、非常にややこしい状況になりがちなように思う。

税法の判定を行うにあたっての、「業界慣習」というフレーズは、危険信号であると理解している。税務調査などでも、「これが業界の慣習だから」といったことを言う者が一定数いたが、だいたいの場面で、その「業界の慣習」は、税法の判定に影響しなかったように記憶している。契約書を締結して、どのような取引なのかを明確にしておくことが望ましいのではないだろうか。

[個別対応方式をざっくりと] 税理士

個別対応方式について、売上原価に集計される科目を課税売上のみ対応に区分し、販管費以下はすべて共通対応に区分するといった、非常にざっくりとした申告対応をしている事例を見ることがよくある。

売上原価に集計される科目でも、不課税対応や非課税対応、共通対応になり得るし、販管費であっても同様のことが言える。販管費以下の項目をすべて、いったん共通対応にしておき、その中から、課税売上対応となるもののみを抽出することを考えられるかもしれないが、消費税法基本通達11－2－18（個別対応方式の適用方法）において、「その課税期間中において行った個々の課税仕入れ等について、必ず、（～略～）区分しなければならない。したがって、例えば、課税仕入れ等の中から課税資産の譲渡等にのみ要するものを抽出し、それ以外のものを全て課税資産の譲渡等とその他の資産の譲渡等に共通して要するものに該当するものとして区分することは認められないのであるから留意する。」とされているので、ご注意いただきたい。この通達を根拠にして実際に否認している事例を見たこともある。

もちろん、厳密にやりすぎると、法人の取引量によっては、とてつもない工数となってしまうので、ある程度ルール化して、それに沿って機械的に処理することが現実的な対応だと思うが、上記のとおり、あまりにもルールがざっくりすぎると調査の対象にされてしまう。特に調査部所管となるような法人の申告を対応される場合は、この対応はしない方が良いと思う。

[真面目に申告している人が損をすることへの疑問]

とある法人の会議室にて、消費税法上の取扱いが明確となっていない点について議論をしていたところ、以前からある論点であるにもかかわらず、いまだにその取扱いが明確にされていない理由を聞かれたことがある。

「明確にすることで、それを逆手にとる者も一定数いて、それゆえ、明確にすることができないのではないかと思う。国税にいると、そういった者を実際に目の当たりにするので、どうしても、そっちを意識した対応とならざるを得ないのだと思う」と回答したところ、「真面目に申告している人が損をするということですか？」というリアクションを受けた。

納税者全体から見ると、ほんの一部でしかないこのような者を意識せざるを得ない結果、真面目に申告をしている方々が、不利益を被るという状況には確かに違和感がある。

国税調査官として税務調査を経験すると、嘘のようなホントの事案をたくさん経験するため、「世の中そういったものなんだな」と妙に擦れてしまうのだが、あらためて考えさせられた。今後、同じような質問を受けた際に、もっとちゃんとした回答ができるようにありたいと思う。

[今後もますます重要になると思う]

冒頭に書いたが、消費税率が上がるにつれて、金額的な影響の大きさもあってか、消費税の重要性が増してきているように感じている。

その反面、消費税を苦手とされている方も依然として多くみられ、消費税に明るいということは、この業界で生きていくにあたっての強みになるように思っている。

調査部調査の税務調査対応などをしていて、私と同世代の調査官は、法人税の観点からのみではなく、消費税の観点からのチェックもしっかりと行い、質疑応答事例集にあるような内容であれば勉強し、理解をしているように感じている。おそらく、次世代以降も同様だと思われ、そうなると署の一般部門の税務調査であっても、消費税の観点からの指摘が増えてくるのではないかと思っている。

第15章
無予告現況調査

[無予告現況調査とは] 税理士

「無予告現況調査」とは、事前の通知なしに行う税務調査のことをいう。税務署が保有する情報から不正経理が想定され、事前通知をすると、帳簿書類の破棄が行われるなどのおそれがある場合に行われる。

一般部門の調査官であっても、無予告現況調査を行うことがあるのだが、これについて、当時感じたことを書いてみようと思う。無予告現況調査が具体的にどのような状況において認められるのか、内外観調査[1]をどのようにしているのかといった内容については、他の国税OBの方々が書かれているので、この本では触れていない。

[心を無にする] 税理士

まずは、私が経験した無予告現況調査を紹介したい[2]。

調査先は、都内で飲食店を経営している法人。前回調査では、仮名預金[3]を用いた売上除外で、課税処分を受けていた。今回の選定理由も同様に売上除外を想定したものであった。内外観調査などを経て、無予告にて税務調査に着手することを決定。無予告事案では店舗や関係者宅など、いろいろな場所に調査官を向か

1　準備調査の一環として、法人が運営している店舗などに実際に赴いて、売上代金の管理状況の確認や、その日の客数のカウントなどを行うこと。

2　調査官経験がある方がご覧になると突っ込みどころがあるかもしれないが、細かな点はご容赦いただきたい。

3　昔、ポチなど、ペットの名前などを使用して、預金口座を作ることができたらしく、短い税務署人生で一度だけ、仮名預金（過去に作ったものがそのまま残っていた）を見たことがある。

わせるが、事案の担当者は一番重要な場所である代表者宅を担当する。この事案は私が担当者だったので、代表者宅を同じ部門の上席調査官と担当した。

朝、代表者宅のインターホンを押す。押しても反応がない。何度やっても同じであった。事前に把握していた代表者宅の電話番号に電話を掛けたが出ない。同様に把握していた代表者の娘（会社の役員）の電話番号がつながり、娘を通じて、代表者へ連絡をとってもらい、代表者宅に入ることができた。

夜通し仕事をし、早朝に帰宅して寝ていた頃に無予告で臨場しているので、夫婦ともども、パジャマ姿。そんな中、税務調査の調査宣言をして、税務調査を開始した。

無予告である理由を説明し、概況聴取をしつつ、簿外預金がないか確認するため、預金通帳と判子の保管場所を代表者に質問した。リビングにある棚の引き出しに保管しているとのことであったため、そこまでぴったりと付いて行った。棚の引き出しごと、ダイニングテーブルの上に抜き出してもらい、中に入っていた預金通帳を一つ一つ、個人名義のものも含めてすべて確認した。

確認している最中、私のそばで、代表者の妻が、「いきなり来て、人の家をあちこち調べるなんて何事か!!　なんなんだ、この若いのは!!」と怒っていた。「ここで素直に応じないと余計に疑われるから、よくない」と、冷静に妻をなだめる夫。今にも夫婦喧嘩が始まりそうな雰囲気だったのを覚えている。

銀行名、支店、口座番号などを控え、一緒に保管されていた印鑑の印影を空押ししてから[4]、印影をすべてとった。そして、個人名義の通帳を開いて、入金の内容を逐一質問し、売上代金ではないかの確認をしていく。次に、店舗から引き揚げていた前日とそれより前の日の売上代金の管理方法を把握し、実際に現物をカウントする[5]。カウントした結果と、お店で使用している会計伝票、売上の帳簿との整合性を確認していった。

その間ずっと、代表者の妻は、睨みつけるようにして私を見ていた。

私がリビングまで付いて行き、代表者とやりとりをしている間、なぜか、一緒に臨場していた上席調査官は、調査のためにお借りした部屋に一人で座ってい

4　朱肉をつけることなく、判子を押すこと。最近使用した判子なのかの判定に役立つ。

5　現金の紛失等のトラブル防止の観点から、調査官は現金に直接触れることはできないため、納税者にカウントの方法を指示して、カウントしていただく。

た。「何のために二人で臨場しているんですか！」と文句を言いたかったし、傍にいて助けてほしいとも思ったが、とても、そんなことを言える状況ではなかったので、一人で全部行った（思い出すだけでもいまだに腹が立つ）。

やっている最中は、心を無にしていた。

今すぐこの場から、逃げ出したいと思っていたが、逃げ出すことはできない。了解を得た上とはいえ、見知らぬ人の家に上がりこんで、通帳を確認したり、現金を数えたりしていると、不思議と自分が何か悪いことをしているような気持ちになった。

必死になって調査を続けていると、だんだんと代表者夫婦が自分の親に重なって見えてきたのを覚えている。もしも、自分の親がこんなことをされていると知ったら、税務署に怒鳴り込んでいたのではないかと思う。

もう一生こんな仕事はしたくないと思った。

いまだに、テレビの企画もので市役所職員による差し押さえの現場などを見ると、この風景を思い出し、むかつきと共に、気分が悪くなり、ちゃんと見ることができない。

[思っている金額に落ちていく] 税理士

無予告現況事案だからといって、おしなべて、想定どおりの不正経理が把握されるわけではなく、翌期に認容される棚卸除外の指摘（実質負担額は加算税と延滞税のみ）で終わることや、是認で終わることもある。

売上除外が認められるものの、正確な除外金額が把握できない場合などに行われる、仕入からの推計課税となる事案においては、その調査官が思い描いている金額に近しい追徴税額に落ち着くことが多かったように思う。

今回のケースはというと、私は、完全に日和っていたので、結果がどのようになったのかは、容易にご想像いただけるのではないかと思う。

[納税者から同情された] 税理士

無予告現況調査が主な調査手法である資料調査課の事案に、何回か参加したことがある。

趣旨としては、税務署だけでは調査が難しい事案への対応や、税務署の調査官の調査能力の向上を目的としていると聞いていたが、実査官[6]の方曰く、活きが良いのを見つけるという目的もあるらしい。

つまり、私が活きが良さそうということで駆り出された（若手調査官は基本的に駆り出される）。

資料調査課の実査官と署の若手がペアになって調査を行うのであるが、資料調査課事案なので、当然、無予告現況事案。代表者宅に臨場して、いろいろと確認をしながら、調査を進めるのであるが、この実査は、いわゆる料調系[7]の方だったので、（おそらく）指導の意味も兼ねて、非常に厳しく接してくださり、実査から叱られながら税務調査を進めることとなった。

例えば、現物確認[8]をするように指示を受けて、現物確認をしている最中に、聴取書[9]を取るので、今からすぐに、手書きで（必要最低限の事項のみを的確に書いた）聴取書を作るように指示されるといった具合に、次から次に作業が覆いかぶさってくる。この時、現物確認をしながらも、実査が質問していることには耳を傾けておき、何が起きているのかを把握しておく必要があるのだが、聴取書を取るという指示を受けて、まごついたり、状況を説明してくださいなどと言ったりすると、「さっさとやれ!!」「ちゃんと聞いとけ!!」と叱られる羽目となる。もちろん、聴取書を作成するためのグッズ（書式、糊、判子、朱肉など）を常に調査バッグに備えておくことも忘れてはいけない[10]。

6　資料調査課や統括国税実査官部門に所属している、税務署職員を指導・監督する職員のこと。

7　資料調査課に長く在籍している職員のこと。そのほか、総務課や人事課をキャリアの軸としている職員を「官房系」、査察を軸としている職員を「査察系」といったりもする。

8　調査対象者の明示の承諾を得て、机・金庫・キャビネ、個人のカバンやバッグの中身を確認すること。

9　調査官が納税者に対して質問して聴き取った内容の要旨を証拠化した書面のこと。現在は「質問応答記録書」といっているようである。

10　いろいろと言われるので、だんだんと調査バッグが大きくなり、文房具屋さんのような状況になる。とあるCMで、執事役の俳優さんが、言われたらすぐに、なんでも準備をしてしまうが、あれを実際にこなせるような状況にないと、叱られ続けるという状況に陥る。人によっては、この状況を楽しめるのではないかと思うが、今もこのような雰囲気なのかは存じない。

こういった風に、基本的に、どのようにやっていても叱られ続けるので、だんだんと慣れてくる（気にならなくなる）のだが、無視するわけにもいかないので、元気よく返事をしつつ、調査を進めていたところ、20代そこそこの若手調査官が先輩調査官からいじめられているように見えたのか、「なんで、この子をいじめるの？」と調査先の代表者から同情をされたことがある。

きっと、傍から見ると異常な光景なのだと思う。

[ノルマのためではなく正義感からではないかと思う]

税務調査に関する情報を調べてみると、「調査官はノルマのためにむちゃくちゃな課税をしようとする」といった情報を目にすることがあった[11]。先の経験を踏まえると、「こんなに精神的にしんどい仕事を、ノルマのために果たして続けられるのだろうか？」と疑問に感じる。不正計算等を見逃すわけにはいかないという正義感から、なんとかやっているというのが実際のところなのではないだろうか。

私は一般部門の職員だったので、このような事案を頻繁に対応することは求められなかったが、資料調査課や特別調査部門・班の調査官は、このような事案ばかりを対応しているのだと思う。普通の人間であれば、すぐに精神的に参るのではないだろうか。税務調査が嫌で市役所などに転職してしまう職員も一定数いる[12,13]。

実際に、調査官としてこのような税務調査を経験した上で、「ノルマがあれば楽しくてしょうがない」と思えたのであれば、それは個人がどのように感じるかであって、私がとやかくいうことではないが、やったことがない人間が言う事に対しては、疑問を感じる。

11　推測でしかないが、無予告現況事案であると思われる。

12　転職しても、税務関係の担当になるため、やっている仕事の内容は大きく変わらないようであるが、それでも、このような税務調査を担当する機会は税務署に比べるとかなり少ないようである。

13　私が退職手続をしている際に、同僚が国税局の人事課の職員からの電話連絡を受けたところ、私の退職理由も、心が疲れてしまったからと勘違いされていたことがあった。それくらい、調査官という仕事は大変なのだと思う。

調査官に問題がある事例が余計に話をややこしくする

調査官の対応が発端となって、税務訴訟にまで発展してしまった事案を見たこともある。また、単に利益が激増しているということだけで、資料調査課などの特殊な部署の調査対象となり、指摘を受けている内容を聞いてみると、単に金額が大きいというだけで損金性を認めないなど、めちゃくちゃな税務調査を受けてしまっている納税者の相談を受けたこともある。

資料調査課や特別調査部門・班に所属している若手調査官は、考えることを求められない（如何に上の指示どおりに動くかが求められる）からか、思考が停止してしまっているような若手調査官を見ることもある。こういった調査官が、とにもかくにも、上から言われたことを無心でやっているとトラブルになってしまうことも納得できるし、ノルマのためにやっているように見えてしまうのも理解できる。

税務署に配属されたばかりであったり、税務調査の経験がほぼなかったりする職員向けに言われていた「税務調査はゲームのようなものだから心配しなくて大丈夫だよ」というアドバイスがあった。税務調査の経験がほぼない状況で、税務署内で見聞きする尖った事案の話ばかり聞いてしまうと、すべての税務調査がそのような事案なのだと勘違いしてしまって、税務調査から逃げてしまう職員が一定数おり、そのような職員に向けたアドバイスである。

この考え方は間違いではないとも思うが、ある程度、税務調査の経験を積んだ後になっても、税務調査の本来の意味について真剣に考えることなく、ゲームのような感覚で調査をしている調査官もいる。このような調査官に会う機会があれば、元調査官として、外に出て初めて気づけることを踏まえて、いろいろと伝えてみるのだが、まったく響かない印象を受けたりすると、この調査官の将来が不安で仕方がなくなる。

自分の頭で考えつつも、うまく立ち回ることと、本当に何も考えずに、自分は下っ端だから指示されたこと以外には何もできないと言い訳し、無責任に言われたことをやり続けることは違うと思う。将来、自分が考える立場になった時にどうするつもりなのだろうか[14]。

COLUMN

「正義」という言葉について 調査官 税理士

「ノルマのためではなく、正義感からではないかと思う」のパートで「不正計算等を見逃すわけにはいかないという正義感から、なんとかやっているというのが実際のところなのではないだろうか」と書いた。これについて少しだけ補足をしておきたい。

まず、「正義」とは誰から見ても共通の一つのものではなく、その人の価値観や経験、現在置かれている環境（立場）などで、変わるものだと思っている。職業柄、様々な争いごとを、いろいろな立場で見てきたが、その根底にあるのは、自分が正しい（正義）という思いなのではないかと感じる。

さて、では、国税調査官から見て、「正義」とはなんなのかを考えてみると、やはり、不正経理や租税回避行為をする者を見逃してはならんということなのではないかと思う[15]。

このように書くと、国税調査官という職業が素晴らしく見えてくるかもしれないが、気になっていることがあるので、それも書いておきたい。

署の特別調査部門・班や、国税局の資料調査課に所属している調査官達は、日々、不正経理や租税回避行為を目論んでいる納税者と対峙している。そういった納税者ばかりと長い期間接していると、真面目な納税者とそうではない者の判別がつかなくなるようである。

14　国税庁の定員は約5万6,000人と、かなり大きな組織である。中にいたのでよくわかるが、本当にいろんな職員がいる。それぞれ向き不向きがあり、それに沿った形で税務調査を担当する職員を選んでいるのだとは思うが、これだけの人数がいると、すべきではない対応をとってしまう残念な職員が、ある程度は生じてしまうのはやむを得ない（防ぎきれない）のかもしれないとも思う。不幸にもそういった調査官に当たってしまった場合は、その調査官と喧嘩をするのではなく、また、「税務署長に会わせろ!!」といった対応をするのでもなく、その事案の責任者である統括官に話すことをおすすめする。

15　「税務調査はとってなんぼで、それが俺らの役割なのだから、多少行き過ぎた課税が生じてしまったとしても、それは適切に反論してこない税理士や納税者が悪い」という考え方をしている調査官も一定数いるかもしれないが、ここに照準を合わせると、話がこんがらがるので、こういった方の存在は無視する。

そして、彼らが、国税局の他の部門や税務署に出たときに、自分が信じている正義をあらためて考え直すことなく、同じように真面目な納税者や税理士に接してしまい、トラブルとなってしまうことが見受けられる。これがとても気になっている。

個々の納税者や税理士の人となりをみて、対応を柔軟に変えていけばいいものを、それをせずに、資料調査課のような税務調査のやり方をするので、納税者からすると、強引かつ横柄な態度に見えて、トラブルに発展してしまうということである。

国税の外に出て、税理士となり、確定申告無料相談会場の派遣業務や支部の活動を経験した。そして、その活動を通じて、関係諸団体に所属されている多くの人たちの活動や、税理士先生たちの日々の頑張りがあることで、税務行政が成り立っているということを肌で感じ、理解することができた。まず、これを現場の調査官にもちゃんと理解をして欲しい。

「正義」に話を戻すと、真面目に申告納税をしている納税者に対する税務調査において、不正経理や租税回避行為をする者を見逃してはならんという正義を、真面目な納税者とそうではない者の判別をすることなく（しようとせず）振りかざすのが、本当に正しい対応なのかを、ちゃんと自分の頭で考えて欲しい。

税法は残念ながら万能ではなく、法律の文言だけでは課税上の取扱いがはっきりとしないこともよくあるし、取引一つとっても、課税の対象となるのか否かは、その見方や説明の仕方で変わってしまうことがある。

こういった論点について調査官から指摘を受けた場合、納税者の多くは、指摘事項の適否を正確に理解できていなかったとしても、「国税さんが言うのであれば」と、調査官が言う事を信じて、修正申告書の提出に応じていることがある。

修正申告書を出した後に私が関与し、指摘事項の内容を、端的にかみ砕いた内容で説明をしてみると、「えぇ!?」と驚く納税者や、「その何が悪いんですか？（問題なんですか？）」と指摘事項に対して疑問を感じ、調査官に対する不信感を露にする納税者もいた。間違いなく、納税者の国税組織に対する信用を毀損している。

こういった事態を避けるために、調査結果説明など、調査手続がルール化されたのだと考えているのだが、改正からそれなりの年月が経ったこともあり手続きに対する意識が風化しているように感じる。調査結果説明の場において、申告内容の何が、どのように問題だったのかを、法令や通達に基づいて説明をし、納税者に理解を求めたのだろうか。条文すら確認することなく、自分の経験のみを根拠にして考えた課税が正しいと、納税者を言いくるめて、修正申告書の提出をさせてはいないだろうか。税務調査での成績が強くもとめられる部署では、このような弊害があると感じている。税務調査が終わった後の納税者のことをまったく考えていない。

税務調査は修正申告をとるまでのゲームではない。

私が税務調査を担当していた頃（10年以上前）は、税務調査にこういった側面もあったと思う。いわゆる、「口でとってくる」というやり方である。ただ、世の中の移り変わりを見ていて、もう、そういった時代ではないと感じている。なぜ、この変化に気づけないのだろうか。

税務調査を担当している調査官たちは、国税組織の中で、納税者に一番近い重要な存在である。彼らが、大きな視点を持つことなく、このような税務調査をしているのを見聞きすると、恥ずかしく思う。ちゃんとして欲しい。

税務行政は納税者の国税組織への信用を基礎として成り立っている。

信用を得るのはとても時間がかかるが、失うのは一瞬。

こういった間違った「正義」を振りかざすことで得られるのは、ちっぽけな税収増のみで、その結果、納税者の国税組織に対する信用という、かけがいのないものを失っているのではないだろうか。

[一番こたえるのが「どうぞ、どうぞ」] 税理士

多くの国税OBの方々が同じことを言っているが、無予告現況事案で、一番こたえるのが、「どうぞ、どうぞ」と言われることである。もちろん、税務調査にご協力いただけることは大変助かるのだが、真面目な納税者に対して、無予告現況をしても意味がない。

「どうぞ、どうぞ」という言葉の裏には、「うちは何も悪いことしていないので、好きに見て行ってください」という意味があるので、とてもこたえるということである。もちろん、本当に何も悪いことをしていないのかを確かめるために、現況調査を行うこととなるのだが、やはり、「いきなり来て、何様だ!!」み

たいな事案に比べると、いつもとリアクションが違うからか、萎える。

とある現金商売の法人への無予告現況では、「どうぞ、がんがんやってください」と言われたこともある。かなり手広く店舗を展開していたため、法人だけでは、店舗で不正が起きていないかのチェックに限界があり、税務署が本気で調査をすることで、店舗に緊張が走って統制が働き、むしろ助かるということであった。

[調査官にとっても税務調査は怖い] 税理士

税務調査が好きだという強者も、もちろんいるが、私はとても怖かった。怖いというのは、毎回知らない会社に行って、厳しいことを言われるからという訳ではない。

私が税務調査を行った会社が不正経理をしており、仮にそれを見つけられていなかった場合を想像すると怖いということである。

一般部門が管理している法人であっても、不正経理を行っている法人ではないという保証はどこにもない。なので、税務調査を行う際は、常に、そのような法人である可能性を頭の片隅においていた。

不正経理といっても、様々で、売上除外、架空仕入、棚卸除外、架空人件費、個人的経費の付け込みなどがあり、さらにこれらに加えて、税法の適用誤りがないかの検討も同時に行うこととなる。

これらをたった２～３日間で、一気に同時にこなすわけである。当然、すべての取引を入念に調べて、反面調査をして、裏取りをしてといった風にはできないので、ある程度の割り切りをもって、税務調査を終了するほかない。

一応の区切りを付けて、不正経理などが見つからなければ、「この法人は真面目に申告していたんだな」と自分に言い聞かせて納得させるのだが、税務調査の帰り道などで、ふと、「本当に不正経理や税金計算の誤りはなかったのだろうか？」などと考えだしてしまい、答えのない問いを、ぐるぐるとずっと頭の中で考える羽目になってしまうこともあった。

実際に不正経理や大きな税金計算の誤りがなければ、結果オーライなのであるが、もしも仮に、不正経理が行われていたり、大きな税金計算の誤りがあったりした場合、その納税者は、「村上さんという若い調査官が来たのでバレなかった」

などとは言わず、「税務署の調査を受けたけれどもバレなかった」といった風に、「税務署」を主語にすると思う。

なので、自分の行った税務調査の結果は、税務署の出した結論として表現されるのだと考えると、やはり怖い。

[税務署と警察とは喧嘩をするなという教え] 税理士

税務署に勤務していた頃、エレベーターに乗っていると、納税者の方が乗ってきたので、何階に行くのか尋ね、行き先の階のボタンを押したことがある。その方は、親から事業を引き継いだ方のようで、先代の経営者から、「税務署と警察とは喧嘩をするな」と教えられたということを私に話してくださった。

行き先の階のボタンを押して、「なぜにこのような話になるのだろうか？」と不思議に感じて、うまく返事ができなかったのだが、退官後にいろいろな経営者の方々とお会いして感じるのは、まさにこれのように思う。もちろん、絶対に譲れないポイントもあるのだと思うが、ある程度のところでさっさと手打ちをして、終わらせてしまう[16]。税務調査対応が上手な税理士の対応も似たようなところがあった。

「税務署に勝った」といった表現を見ることがあるが、詳細は存じないので、推測でしか言えないが、「勝った」のではなく、「相手にするのがめんどくさい」と思われたか、もともと指摘の内容が間違っていただけなのではないかと思う。「警察官に勝った」と言っている人を想像してみて欲しい。どのような人を想像するだろうか。本当に戦いを挑んだら、逮捕されるのがオチではないだろうか。税務署に本当に挑んだら、更正処分をされるのがオチだと思う。

過去に税務署と揉めたことに執着した結果、そのほかのことも含めて、めちゃくちゃになってしまっている人を見たこともある。

納税者の方が、こういった状況に陥ってしまうことのないように併走してあげられるのが、税理士なのではないかとも思う。

16　お土産を作っておくことを勧める趣旨ではない。また、「○○円で手打ちしませんか？」といった風に、何の根拠もなしに追徴税額の話をし始めると、多額の不正があり、それを隠そうとして、手打ちをしようとしていると、勘違いされてしまうため、これは絶対にしない方が良い。

第16章 無申告法人に対する税務調査

[所得税の確定申告シーズン] 税理士

第３章「税務調査の時期」の中で書いたが、所得税の確定申告シーズン（概ね２月～３月中）は、税務調査を控えるようにしていた。この時期に税務調査をしてはいけないということではないが、税理士は所得税の確定申告対応で忙しく、法人税の税務調査対応どころではないということで、税理士が関与していない法人や無申告法人に対する税務調査を重点的に行っていた。

[無申告が一番悪い] 調査官 税理士

調査官として税務調査をしていると、売上除外や架空経費の計上などが目についてしまい、つい勘違いをしてしまうが、実は、無申告が一番悪い。私が税務調査を担当していた頃に、税務署長が訓示[1]か何かの際に、このようなことを言っており、ハッとさせられたのを記憶している。

無申告法人といっても、バリバリ稼働している無申告法人から、会社を設立したものの未稼働となっている法人などいろいろなケースがあったが、普段、一般部門の調査官が対応しているような納税者とは少しタイプが違うため、基本的には統括官や上席調査官が無申告法人の対応をしていたように記憶している。

私の場合は、上記の気づきがあったので、誰かから求められたわけではないが、積極的に無申告法人に対する税務調査も行っていた。

1　事務年度の初めや新年などに、署長訓示といって、署内の全職員に向けて、職務上の注意事項などを伝える場が設けられていた。

[商業登記の情報] 税理士

法人の設立登記などの商業登記の情報は、定期的に税務署に共有されている。私が税務署に配属になった頃（平成17年頃）は、アルバイトスタッフが法務局に在中して、せっせと商業登記簿の取得をしていたと記憶しているが、その数年後には、自動的に商業登記の情報が税務署に共有されるような仕組みになったように記憶している。

その情報を基にして、法人の設立登記がされたにもかかわらず、税務署に設立の届出書などの提出がない法人に対して、照会文書などを送付していた。真面目な納税者であれば、税務署から文書が来れば対応して、設立関係の書類が提出されることとなるが、中には一切反応がない法人や、設立に関する届出は提出したものの、その後の確定申告書の提出がない法人がある。こういった法人などに対して、所得税の確定申告シーズンに集中的に接触を試みていた。

[設立はしたが未稼働] 税理士

以前は株式会社を作るためには、資本金を1,000万円以上とすることなどが求められていたが、最低資本金制度が廃止されて、資本金１円から会社を作ることができるようになった。１円でいいのは資本金であって、実際に事業を行うとなると、当然にお金が必要となるのだが、この改正により、とりあえず会社を作ってはみたものの、まったく稼働していないという法人が増えたように当時感じていた。

こういった法人に対しては照会文書などを送付して、法人の稼働の状況を確認しており、未稼働法人であれば、休業届[2]を提出してもらっていた。ただし、休業届を出したからといって、確定申告が不要になるわけではなく、ゼロ申告書といって、法人税申告書別表１の所得の金額欄に「０」と記載した申告書を提出する必要があるのだが、それの提出がない法人が結構あった。

会社を作るのにお金がかかるのと同様に、会社をなくすのにもお金がかかるので、とりあえず作った会社以外にも、すでに廃業しており、不動産などの資産も

2　異動届出書に休業中と書いて提出するのみで、専用の書式があるわけではない。

保有もしていないが[3]、登記だけはほったらかしのままという法人も結構あった。

これについては、登記の抹消について法改正が入ったので、状況は改善したのではないかと思う[4]。

[稼働無申告法人] 税理士

とりあえず法人を作っただけの場合は、ゼロ申告書の提出を促すだけですんなりと対応が終わるが、稼働無申告法人の対応は大変だった。稼働無申告法人というと、本店所在地を転々としたり、法人を設立しては潰したりといったことを繰り返している法人を、調査官としてはまず初めにイメージしてしまうのだが、こういった法人の対応はしたことがないので[5]、書けることは特にない。よって、ここで書くのは、一人親方などの稼働無申告法人についてとしたい。

稼働無申告法人については、管轄の税務署の担当部門に、たくさんの情報が集まっている。例えば、発注者側（工事の元請業者など）に対する税務調査で収集した情報などである。元請業者の税務調査の一環として、協力会社の住所などの情報を基にして、申告の状況を税務署内のシステムで調べてみると、申告事績が確認できないことがある。その後の調査で架空経費などではなく、単なる無申告であると判断できた場合に、請求書などの取引資料と取引金額（得意先元帳など）を、その稼働無申告法人を管轄している税務署に回付していた。

稼働無申告法人といっても様々で、細々と活動をしているだけの法人（基本的には赤字で消費税の免税事業者）もあるが、バリバリ活動している法人もあった。後者に関する情報は、結構な分量の情報が蓄積されていたように記憶している。

とはいえ、すべての取引情報を把握できているわけではないので、決済口座を把握できている場合は、銀行に預金の照会をかけて、預金を数年間分復元して、その内容を確認するなどしていた。これにより、所得が見込まれるほどの稼働無申告法人なのか、赤字であることが見込まれるが消費税の課税事業者であること

3　廃業している法人であっても、不動産を保有している場合は、不動産を処分した際に課税所得が発生することなどが見込まれるため、継続して管理している。

4　法務省ホームページ「休眠会社・休眠一般法人の整理作業について」

5　こういった法人に対しては、納税地指定をするなどして、相応の調査官が対応をしている。

から、消費税の納税が想定される法人なのか、赤字で、かつ、消費税の免税事業者[6]なのかといった風に、大まかであるが分けることができる。そして、所得が見込まれる法人を第一優先に対応し、次に赤字であることが見込まれるが消費税の課税事業者であることが見込まれる法人を対応していた。

意外かもしれないが、稼働無申告法人というのは結構存在している。なので、ある程度、優先順位を付けて対応しないと対応しきれないということもあり、さきのような順位付けをしていた。ただし、赤字で消費税の免税事業者だから申告をしなくても良いということを言いたいわけではないので、その点はしっかりとご理解をいただきたい。

[納税までを意識して調査する] 

頑張って接触して、最終的に期限後申告書の提出に至ったとしても、次に、納税資金をどうするかという問題が生じる。税金の納付に関する対応は、調査官には権限がないので、徴収部門の徴収官に引き継ぐこととなる。申告だけさせて、後はお任せしますと引き継ぐと、徴収部門の職員から嫌な顔をされるし、無責任な対応にも思えたので、無申告法人に対する税務調査と同時に財産の調査もしていた。具体的には、法人税の所得金額を算定するためには損益計算書を作る観点からの情報を集めることが重要となるが、損益に直接影響しない情報（預金や売掛金、貸付金など）も同時に収集して、徴収部門に情報を引き継いでいた。

納税の意思がある場合はまだ良いが、申告はするが、納税は別の話という方もいた。

こういった場合であっても、一足飛びに、差し押さえができるわけではないので、せっかく頑張って申告までこぎつけても、残念ながら、税金が滞納となってしまうケースもあった。

6　この場合は源泉所得税の観点があるのだが、源泉所得税については未納整理といって別に接触を試みているため、ここでは考慮しない。

[個人事業主の無申告] 税理士

最近はあまり聞かなくなったように思うが、取引先に個人事業主がいると税務署が不審がるということを見聞きすることがあった。なので、法人成り[7]せよということだったのだと理解しているが、この情報は少し誤っているように感じている。

個人事業主だから不審がっているという訳ではなく、個人事業主の無申告が法人に比べると多いから注意しているということではないかと思う。あとは、先に書いたとおり、法人については、登記情報を把握できているため、その法人が実在するかの確認が簡単にできるが、個人の場合は申告事績がないと、実在する人物なのかの追加の調査が必要となるということもあり、法人の取引先に比べて注意してみているということではないかと思う。

取引先の申告の有無やその内容については、基本的に取引先の全件について、税務署内のシステムで確認をしている。申告があれば、年間売上金額と調査先の支払額が見合っているか、申告がない場合は、単なる無申告なのか、架空の人物なのかをいろいろな情報から判断している。

具体的に、どのようにして判断しているかというと、税務調査先での取引内容などのヒアリングはもちろんのこと、請求書などの取引資料から住所や電話番号、決済口座などの情報を入手し、必要に応じて預金の復元を行ったり、反面調査をしたりして判断していた。その結果、単なる無申告であると判断した場合は、入手した資料を文書化して、所得税部門に引継いでいた。

システムエンジニアなどの職種の場合は、税務調査先に常駐していることもあり、税務調査先で直接会うことができることもあった。その場合は、いったん、調査先の社長や顧問税理士などに離席してもらい、その方に、申告が確認できていないことを伝え、申告をしていない場合は、申告するように指導していた。

無申告だった方に、なぜ無申告となっていたのかを聞いてみると、忙しかったので、という理由が多かったが、実際のところは、税務署にバレないと思っていたというのが本音なのではないかと思う。税務署から連絡がこなくても、バレて

7　個人事業主として事業を行ってきた人が、事業の拡大等に伴って、会社を設立してその事業を引き継ぐこと。

いないのではなく、税務署は情報を持っているものの、単に後回しにされているだけなのではないかと思う。

[どうやって接触するのか] 税理士

稼働無申告法人に対するアプローチとしては、書面での照会、電話、直接会いに行くといった方法がある。別にルールがあるわけではないが、私はこの順番で稼働無申告法人に接触していた。

まずは、書面で事業の状況などを照会する。真面目な納税者（廃業しているが登記だけ残っている場合など）は回答をしてくれるが、稼働無申告の法人が真面目に回答してくるケースはほぼない。次に電話をすることとなるが、電話番号がわからないケースもある。源泉所得税の部門や徴収部門など他の部門が把握しているケースや、預金を復元して、携帯代金の引き落とし事績から携帯番号を調べるなどといったことをして、電話番号を把握していた。

把握した電話番号に電話をしても、出てくれないか[8]、留守番電話に折り返し連絡が欲しい旨のメッセージを残しても[9]、ほとんどのケースで無視される。たまに話すことができても、だいたいのケースで「今忙しいので、必ず申告する」といったことを言われるが、その場合は、具体的にいつまでに申告をするのかを約束し、その約束の日が過ぎたら、また電話をするということを繰り返していた。

ここまでは、普通の調査官であればやっていると思うが、なぜか、直接会いに行くことを嫌がる調査官が多かった。怖い人が出てくるのではないかといった不安や、連絡もなしに会いに行ったところで、代表者に会えるかわからず空振りに終わることが多いからではないかと思っているが、この直接会いに行くが一番効果があったように思う。

ただし、会いに行くのにも少し工夫が必要で、一人親方であれば、日中は現場

---

8 稼働無申告で税務署からの問い合わせに慣れている納税者の場合は、税務署の電話番号を電話帳に登録しているため、税務署からの電話だとわかるようで、出てくれないこともあった。その場合は、「184」で掛けてみると、電話に出てくれたりする。

9 架電している電話番号が、探している法人の電話番号であるかがわからないため、留守番電話に具体的な要件を残すことはしていない。

に出ていることが想定されるので、朝の早い時間に行ってみたり、別の税務調査の帰り（夕方）に寄ってみたり、雨の日の日中に会いに行ってみるなどしていた。
直接会いに行ったら、夜逃げ同然の状況で、もぬけの殻となっている事務所だったこともあった。夜逃げ後の事務所など、テレビの中の世界でしか見たことがなかったのだが、実際に見てみると、何とも言えない恐怖心が込み上げてきたのを覚えている（がらんどうの部屋に、価値がないと判断されたであろう物が散乱していた）。

[銀行員と税務職員の恰好は似ている] 税理士

とあるバリバリの稼働無申告法人があり、異動直後の7月から、延々と接触を試みたことがある。法人の事務所があるマンションのエントランスに、いつも黒のスーツを着た、大きなバックを肩から掛けた青年（私のこと）がいることを気にかけた、同じマンションの住人に声をかけられた。
「どこに用事があるんですか？」と聞かれたので、「〇〇〇号室の〇〇さんに用事があって来ているのですが」と伝えたところ、銀行員、もしくは何かの営業と勘違いされたようで、その方が、無申告法人の代表者の方を呼んできてくれた。
無申告法人の代表者は何かいい話だと思っていたようで、笑顔で話しかけてくれたのだが、私が、「税務署です」と伝えると、表情が急に曇り、呼んできてくれた住人の方が気まずい表情をされていたのを覚えている。

[無申告になった理由] 税理士

稼働無申告法人の代表者とうまくコミュニケーションが取れる状況になってきたら、なぜ無申告となってしまったのかを聞くようにしていた。別にそれで何か税金の取扱いが変わるわけではないのだが、何か理由があったのだろうと思われるのと、少しでも理解を示すことで、今後はちゃんと申告をしてくれるようにと思ってである。
理由は本当にいろいろで、「申告が必要なのはわかっていたんですが、ついつい後回しになってしまって」という定番の回答から、「がんで入院していた」（でも結構稼いでいた）、「妻と離婚したから」（無申告とは関係ないが、大変そうだった）

など、みなさんそれぞれいろいろな事情があった。

無申告になった理由ではなく、無申告でも構わないと考える理由を話してくれた代表者の方もいた。その方曰く、「税理士に頼まなくても、税務署がこうやって定期的に来て申告書を作ってくれる。加算税などはかかるが税理士報酬を支払うのを考えると、特に損はしていない」とのことであった[10]。これを言われたときには、唖然として返す言葉が出てこなかったのだが、いろいろと考えさせられた。

無申告法人の税務調査を通じて、いろいろな人のドラマを見聞きすることができ、いい経験になったようにも思う。

税務調査から少し離れた内容を書いているので、実務に活かせる気づきなどはあまりなかったかもしれないが、調査官たちは、ちゃんと無申告法人に対しても調査をしていることをお伝えしたく書いてみた。

私が対応していた無申告事案は、かなり穏やかな部類であるということも併せてお伝えしたい。世の中には悪質な稼働無申告法人もあり、そういった法人に対しては、一般部門ではない、別の部門の調査官たちが、日々、目を光らせている。

10　令和５年度税制改正により、高額な無申告に対する無申告加算税が引き上げられ、また、繰り返し行われる無申告行為に対する無申告加算税等の加重措置が整備されている。

第17章 印紙税の税務調査

この章では、印紙税の税務調査について書いてみようと思う。印紙税という税目自体がかなりマイナーであることに加え、印紙税の税務調査の対象となる法人は、ある程度の規模になってからとなるため、印紙税のみの税務調査が行われていることをそもそもご存じではない方や、ご存じであったとしても、立ち合い[1]の経験がない方がほとんどではないかと思う。

[印紙税] 税理士

大きな税務署であれば、主担部門が設置されているが、一般的にいうと、法人課税部門に、間接諸税[2]担当がいて、その方が印紙税業務を一手に担っているのだと思う。

印紙税がどういった税金なのかを簡単に説明すると、不動産売買契約書などの課税文書を作成した際に、その文書に収入印紙を貼付することで納税が完了する税金である。国税庁が公表している「印紙税の手引」[3]が参考になるので、詳細はそちらをご確認いただきたい。

1　実務的には状況に応じて立ち合いを認めていると理解している。

2　消費税、印紙税、酒税、たばこ税など、税金を負担する人と納税する人が異なる税金をまとめて、間接諸税といっている。

3　国税庁ホームページ「刊行物等」⇒「パンフレット・手引」⇒「印紙税の手引」

COLUMN 「印紙税の手引」をご紹介 税理士

国税庁が「印紙税の手引」を毎年公表している。これが結構便利で、印紙税の税務調査を担当していた時は、指摘事項の説明資料として使い、税務調査の最終日には、参考資料として配付していた。税理士となった現在においても活用している。

「印紙税の手引き」は全部で36頁あり、気合を入れて読めば、数時間で読めてしまう。コンパクトであるにもかかわらず、体系的にまとまっており、全体の理解に役立つのと、印紙税の判定誤りの原因になりがちな、「印紙税の課税文書って一般的な感覚の契約書とどう違うの？」といった基本的なルールも解説されている。

この資料の最後に、印紙税の税額表（「印紙税額一覧表」）が掲載されており、印紙税をこれから勉強しようという方には、ぜひ、眺めていただきたい。どのような文書が課税文書として取り扱われているのかの概観をつかむことができる。

見開きのページいっぱいに、文字がぎっしりと記載されているため、息が詰まりそうに思うかもしれないが、実務でよく遭遇する課税文書は、

1-1号文書（不動産に関する契約書）

1-3号文書（消費貸借に関する契約書）

2号文書（請負に関する契約書）

7号文書（継続的取引の基本となる契約書）

17-1号文書（売上代金に係る受取書）

くらいである。

税額表で課税文書の概観を把握した後は、この手引きにある「第2 課税文書の取扱い」のうち、先に紹介した、実務でよく遭遇する課税文書に該当する箇所に目を通しておくことで、大抵の場面で対応ができるように思う。

一点留意点として、印紙税法を正確に判断したい場合は、法律にある税額表（課税物件表）を確認されることをお勧めする。情報の正確性が違う。

具体的な例を一つ上げると、5号文書として「合併契約書又は吸収分割契約書若しくは新設分割計画書」が税額表に記載されているが、分割契約書の変更契約書が課税文書に該当するのかが、この表からはわからない。そこで、法律にある税額表（課税物件表）を確認してみると、「2　吸収分割契約書とは、会社法第757条

（吸収分割契約の締結）に規定する吸収分割契約を証する文書（当該吸収分割契約の変更又は補充の事実を証するものを含む。）をいう。」（アンダーラインは筆者が加筆）とされており、変更契約書も課税文書に該当することが判断できる。

印紙税の基本的な項目に関する質問を対応するにあたり、参考になる箇所を併せて紹介しておく。

「（3）課税文書に該当するかどうかの判断」～「（5）仮契約書や仮領収書等」（PDF2頁）

「2 文書の所属の決定」（PDF2～5頁）

「3 契約書」（PDF5頁～7頁）

「4 記載金額」（PDF7頁～12頁）

「1 納税義務者」（PDF12頁～13頁）

[印紙税があまり好きではない] 税理士

私は印紙税があまり好きではない。なぜかというと、普段は、誰も気にしない（どうでも良いという反応をされる）にもかかわらず、質問を受けることが多いし、いざ、税務調査で指摘を受けると、普段の反応はどこへやら、大変だ、大変だと騒ぎだすためである。

そして、税務調査が終わると、また、元どおりのテンションとなり、金額的にもそこまで大きくないし、ややこしくてよくわからないから、別にいいや、という扱いを受けてしまう。つまり、印紙税の担税力[4]に疑問を感じるとか、時代遅れ云々とかではなく、単に、周りの反応を踏まえるとあまり好きではないということである。

ちなみに、印紙税法の作り自体はシンプルで、かつ、よくできているように感じているので、嫌いではない。ある程度割り切れば、機械的な対応が可能で、条文や通達の分量もそこまで多くないので、そこまでの年数をかけなくても、印紙税に詳しい人くらいにはなれるように思う。ただし、マイナーな税目であるがゆえに、エキスパートの方の経験値と知識量が半端ではないので、そこを目指すと

4　税金を負担する能力のこと。

大変なことになると思うのでご留意いただきたい（私は数年かじっただけのひよっこ）。

[印紙税はとても怖い税金] 税理士

印紙税は、一通の課税文書に貼付する金額で考えると、そこまでの金額的なインパクトはないが、利益を課税標準にしていない点と、作成した課税文書のすべてに印紙の貼付が必要となる点から、とても怖い税金だと思っている。例えば、1通当たり200円の税額であったとしても、日常的に発行するような書面が課税文書に該当してしまうと、多額の追徴税額となってしまうこともある。

少しマニアックな事例であるが、具体的な事例を紹介してみたい。判取帳[5]（20号文書、1年ごとに4,000円）という課税文書があるが、判取帳に1件あたり100万円を超えた金額が付け込まれると、判取帳ではなく、領収書[6]（17－1号文書、受取金額に応じて課税）として、領収の付け込みの一つ一つが課税されてしまうという取扱いがある[7]。この取扱いを知らなかった中小企業が、判取帳だけで数百万円の課税を受ける状況となってしまっていたのを見たことがある。

企業規模がそれなりになると、億単位の追徴課税も稀にある。新聞などで報道されたベースでみると、数年に1件くらいのペースにしかならないが、数千万円、数百万円くらいの追徴税額であれば、事案としては結構あるように感じている。

5　領収書を一覧形式にしてまとめた帳面のことで、受領年月日、氏名住所、領収金額などが記載されており、受領したことを示すために押印などを行う。

6　正式名称は「売上代金に係る金銭又は有価証券の受取書」であるが、便宜的に一般的な名称で表記している。以下、この章において同じ。

7　国税庁ホームページ質疑応答事例「判取帳の範囲」
「また、判取帳に次の事項が付込みされた場合は、その付込みされた部分については、判取帳への付込みはなく、それぞれの課税文書が新たに作成されたものとみなされます（法第４条第４項、措法第 91 条）。
（…略…）
⑶第 17 号の１文書が新たに作成されたものとみなされる場合
第 17 号の１文書により証されるべき事項で、その付込み金額が 100 万円を超えたとき」

[一の文書の意義と、素朴な疑問からくる質問] 

印紙税は、課税文書1通又は1冊ごとに課税されるため、「一の文書」をどのように取り扱うのかによって、印紙税の課税額の総額が変わってくる。

そもそも、「一の文書」とはなんぞやと思われるかもしれないが、国税庁にある質疑応答事例[8]によると「1通の証書等又は1冊の通帳等を『一の文書』と総称」しているとのことであった。

> **一の文書の意義**
>
> **【照会要旨】**
>
> 印紙税は「一の文書」ごとに課税されるとのことですが、この「一の文書」とはどういう意味ですか。また、どのような基準により判断することになるのでしょうか。
>
> **【回答要旨】**
>
> 印紙税の税率は、課税文書 1 通又は 1 冊につき○○円というように定められています。
>
> すなわち、課税物件表の第 1 号から第17号までの証書等については 1 通を、第18号から第20号までの通帳等については 1 冊を課税単位としています。そして、通則 2 及び 3 において、これら 1 通の証書等又は 1 冊の通帳等を「一の文書」と総称することにしており、原則として「一の文書に対しては 1 個の課税」ということを定めています。

なお、【回答要旨】にある「通則」とは、印紙税法の別表第一にある、「課税物件表の適用に関する通則」のことを言っている。

8　国税庁ホームページ質疑応答事例「一の文書の意義」

別表第一 課税物件表（第二条―第五条、第七条、第十二条関係）
課税物件表の適用に関する通則
1 この表における文書の所属の決定は、この表の各号の規定による。この場合において、当該各号の規定により所属を決定することができないときは、２及び３に定めるところによる。
2 一の文書でこの表の二以上の号に掲げる文書により証されるべき事項又はこの表の一若しくは二以上の号に掲げる文書により証されるべき事項とその他の事項とが併記され、又は混合して記載されているものその他一の文書でこれに記載されている事項がこの表の二以上の号に掲げる文書により証されるべき事項に該当するものは、当該各号に掲げる文書に該当する文書とする。
3 一の文書が２の規定によりこの表の各号のうち二以上の号に掲げる文書に該当することとなる場合には、次に定めるところによりその所属を決定する。

税務署に在籍していた頃に受けた質問で意外と多かったのが、この「一の文書」の取扱いについてである。当時は、袋とじするなどして物理的に一つのものになっている場合は、「一の文書」として取り扱っていると説明をしていた。ただし、厳密にはこの説明は正しくはない。

例えば、契約書と覚書を締結した場合で、それらを袋とじして、契印を押印しているような場合があるのだが、印紙税法基本通達の逐条解説[9]にて、代理店委託契約書と代理店委託契約書付属覚書を同時に締結して、これらを袋とじした事例が紹介されている。

その事例の解説では、次のとおりとされているのだが、この取扱いを正確に把握できている方が、いったいどれくらいいるのだろうかと少し疑問に思っている。国税庁のウェブサイトにて解説されていても良さそうに思うが、私が調べた限りではあるが、この解説はなされていないようであった。

9 「令和元年版 印紙税法基本通達逐条解説」川﨑令子編著（大蔵財務協会）13頁

- 契約書と覚書を同時に作成し、それらをとじ合わせるほか、契印等で結合し、かつ、覚書に署名、押印等を行わない場合には、契約書と覚書が一の文書に該当する
- 契約書及び覚書等に署名、押印等があるものを袋とじにした場合は、①袋とじされた文書の契約日が同一であること、②契約書及び覚書等に署名、押印等をした契約名義人が同一であること、③文書を作成した後に、それぞれの文書を切り離して行使又は保存することを予定していないものであること、のいずれにも該当する場合は、袋とじされた全体を一の文書として取り扱う

また、「一の文書」に関する質問の派生形として、「同じドッチファイルやクリアファイルで管理している場合に、契約書が一の文書として取り扱われることがあるのか？」という質問がある。

初めてこの質問を税務署の内部担当者から受けたときに、「さすがにそれはない」と回答したのだが、納税者から受ける結構あるあるな質問のようで、もしかしたら、そのような指摘をしている調査官がいるのかもしれない。

仮にそのように取り扱うとしたら、ドッチファイルとクリアファイルはNGで、同じキャビネはOK？　など、いろいろと疑問が湧いてしまうのだが、先に書いた「一の文書」の取扱いからしても、単に、同じドッチファイルやクリアファイルで管理しているというだけで、一の文書として取り扱われることないと思うし、私は、税務調査でそのような取扱いはしていなかった。

[大企業の税務調査を経験できる] 調査官 税理士

法人税の調査の場合、税務署であれば基本的には資本金1億円未満の法人が対象となるが、印紙税の単独調査になると、国税局の調査部所管の法人くらいまでは、税務署の調査官であっても調査をすることができる。ただし、調査部特官が所管している規模の法人については、国税局内にある、諸税調査部門[10]が調査

10　国税庁ホームページ「東京国税局の機構」の課税第2部の中に、「調査部門第1・2部門（諸税）」があり、この部門のこと。

を担当している。

売上の規模でいうと、売上高が数百億円規模の会社が多かった。もちろん、想定される非違の内容によっては、それ以下の規模の法人であっても調査の対象となりうるが、基本的には、特官部門の税務調査に同行したり、法人税の税務調査の一環として、印紙の貼付漏れがないかをチェックしたりするくらいではないかと思う。

私が署の一般部門で調査していたときは、税務調査の最終日の1時間くらいで、契約書をざっと確認して、印紙の貼付漏れがないか確認していた。

[調査先の選定] 税理士

調査先をどのようにして選んでいるかであるが、法人税と同じで、特に決まったルールはなく、印紙税の経験が豊富な統括官は、税務署内にある情報を参考にしつつ、経験に基づいて調査先を選定しているようだった。詳しくはその域に達する前に税務署を去ってしまったのでよくわからないが、印紙税の税務調査においては、法人税の税務調査のように不正経理を意識する必要はないし（印紙の不正使用などもあるが、それは措いておく）、申告書の机上審理といったことも必要ないので、選定を行うにあたって見る観点は、割とシンプルなのだなという印象を持っていた。

[税務調査の事前通知] 税理士

税理士には税務代理権限がないので、納税者に直接連絡をすることになる。契約書関連であるためか、経理部の方ではなく、総務部や法務部の方が対応されることが多かった。

税理士の立ち会いについては、厳密にはNGだったように記憶しているが、私は柔軟に対応していた。

調査対象期間は、私は、調査着手日の前日から過去3年間の間に作成された契約書で取り扱っていたのだが、これはどうやら税務署によって取扱いが違うようで、法人の決算期などに合わせている場合もあるようである[11]。

時効の関係で調査対象期間を決めているという理解なので（源泉所得税なども同

じ)、法人の決算期で区切る理由がよくわからないのだが、ここは税務署の指示のとおりで問題ないのだと思う。作成日は、契約書に書かれている日付をベースにして問題ないと理解している。また、契約書が生きているか否かは関係ない。

[実地調査（行政指導？）] 税理士

印紙税の税務調査は、事前準備依頼資料の一覧をお送りして、準備が完了してから、税務調査を始めていた。臨場時には、会社が普段使っている定型のフォーマットへの印紙の貼付の要否とその金額があっているかを確認したり、押印申請簿などから、印紙が必要となりそうな契約書や書面をピックアップし、現物を確認したりして、一つずつ判定していた。

まれに、ドラフト段階のデータで資料をご提出いただくこともあったが、基本的には、印紙が貼付された現物を確認している。印紙の不正使用等がないかも併せて確認しているためである。

[調査日数] 税理士

だいたい3～5日くらい臨場していたように記憶している（こちらの記憶は本当に曖昧)。まれに規模が大きい法人（売上高でいうと数千億円くらい）の調査をすることもあるのだが、その場合だと、2週間くらい臨場していたのではないかと思う。

税務調査の連絡をすると、調査部調査を受けていると納税者から連絡を受けることがある。調査部調査と一緒に調査に入ることもあるらしいのだが、私は、「調査部の調査が終わってからにしてくれ」と断られた経験しかない（納税者と調査部の双方から断られた)。

[覚　書] 税理士

誤りで多かったのが、覚書に対する印紙税である。そもそも印紙をまったく貼

11　国税通則法の改正に伴って取扱いが変わったとも聞いたことがあるが、正しい情報なのかは存じない。

付していない、貼付していても印紙の金額を誤っている事例が多く見受けられた。印紙の金額を誤っている事例のほとんどが、とりあえず、えいやっと200円の印紙を貼付しているケースだったように記憶している。納税義務を果たそうとする意思は見えた。

覚書の印紙の要否を判定する方法を大雑把に説明すると、まず、原契約[12]を確認して、原契約が何号文書に該当しているのかを確認する。そして、覚書で変更した内容が「期日」「契約金額」「単価」といった「別表第２　重要な事項の一覧表」[13]にある事項に該当するか否かを確認することで、基本的には足りる。該当していれば覚書にも印紙の貼付が必要となる。契約金額を変更した場合には、その金額に応じて、印紙の貼付額が決まるが、これも、先に紹介した「印紙税の手引き」にある説明[14]に沿って、粛々と判定すれば足りる。

[社内文書ではない] 税理士

SPCを使って合弁事業を行っている場合などに、社内（合弁事業の内部）の決裁と認識して、借入の申込書にハンコをついて、貸付を実行した結果、SPCの担当者と母体の法人の担当者の両者の押印がある申込書が完成してしまい、課税文書として取り扱われてしまったという事例を見たことがある。当事者の認識は、社内文書に社内での決裁を得ただけかもしれないが、客観的に見ると、そうはなっていない。印紙税にはこういったドライな面があるのでご注意いただきたい。

そのほか、基本契約書で自動成立となっている申込書の取扱いや完済通知など、いろいろな留意事項があるが、マニアックな内容となるので、詳細の説明は割愛する（印紙税の質疑応答事例集を一冊購入して、頭から読めばだいたいの事例を把握できる）。

12　覚書の冒頭で作成日とともに引用されている契約書のこと。
13　「印紙税の手引き」「印紙税法基本通達　別表第２　重要な事項の一覧表」（31頁）
14　「印紙税の手引き」の「4　記載金額」（7頁～12頁）

[請負に関する契約書]  

どのような取引内容の契約書が、請負に関する契約書に該当するのかについては、消費税法でいうところの、「給与か、外注費か」の議論に似ているような気がしている。様々なことを総合勘案して判断するため、どこまでいっても白黒はっきりしない。ソフトウェアの開発を業としている会社などで論点となる。

法律事務所に在籍していた頃に、印紙税の質問を受けることがあったのだが、請負か委任かの論点がありそうな場合には、質問に来た弁護士さんに、民法の観点から、明確に請負といえるか（もしくは、請負ではないと言い切れるか？）を聞いてみるようにしていた。ほとんどのケースで、どちらであるかをはっきりと言い切るのは難しいという回答だったように記憶している。このような論点であるため、実務においては、この論点にあまり深く踏み入れない方が良いように思っている。

印紙税の税務調査の指導事案で、この論点が挙がったことがあるが、同行者の先輩調査官は、学説や考え方の紹介をしているばかりで、調査官であった私もそばで聞いていて、「で、請負に該当するのかしないのか、どっちなんですか？」と思ってしまった。そして、この同行者の方、言いっぱなしでこの事案を離れてしまったため、残された私が事態を収拾する羽目になってしまった。

理論に基づいた議論があってもいいとは思うが、この論点については税務調査の現場が明らかにこの水準に達していない（達しようと思っている人もおそらく皆無）と感じており、それゆえ、あまり深く踏み入れない方が良いと書いた。

納税者の対応として大切なことは、判断基準を社内ルール化するなどして、機械的な対応（例えばサービスラインに基づいて判断するなど）ができるようにしておくことと、印紙税の税務調査でその判断基準を説明することができる状況にしておくことではないかと思う。

[文書の所属の決定] 税理士

一つの契約書に印紙税税額表に掲げる事項が２つ以上記載されている場合、いずれの号の課税文書として取り扱うべきかを決める必要がある（「文書の所属の決定」）。先に紹介した印紙税の手引きの２頁～５頁にて説明がされているので詳細は割愛するが、この取扱いの内容をざっくりと説明すると、基本的には、若い番号に所属が決定される。

例えば、１号文書と２号文書の両方の記載がある場合は、１号文書として取り扱われる。

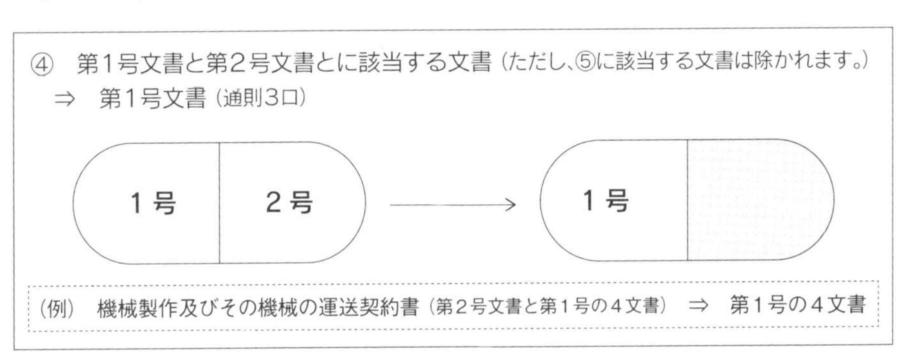
④　第１号文書と第２号文書とに該当する文書（ただし、⑤に該当する文書は除かれます。）
⇒　第１号文書（通則３ロ）

（例）　機械製作及びその機械の運送契約書（第２号文書と第１号の４文書）　⇒　第１号の４文書

基本的にはこれで問題はないのだが、例外として、２号文書と７号文書の取扱いがある（ほかにも例外はあるが、実務でほぼ遭遇しないので割愛する）。

１号文書や２号文書に該当する課税文書であっても、契約金額の記載がなく、かつ、７号文書にも該当する場合は、７号文書として取り扱われることとなっている。

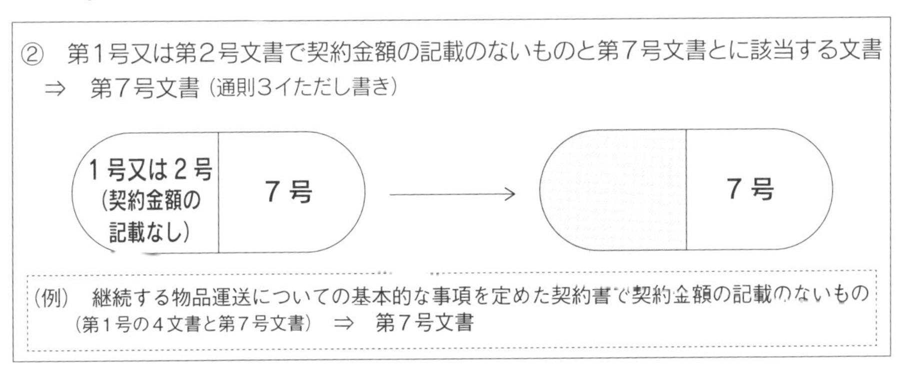
②　第１号又は第２号文書で契約金額の記載のないものと第７号文書とに該当する文書
⇒　第７号文書（通則３イただし書き）

（例）　継続する物品運送についての基本的な事項を定めた契約書で契約金額の記載のないもの（第１号の４文書と第７号文書）　⇒　第７号文書

例えば、請負契約（２号）に関する基本的な事項を定めた契約書を締結した場合で、その書面に契約金額の記載がない場合は、２号文書ではなく、７号文書に該当することとなる。これを２号文書の「契約金額の記載のないもの」で判断して、200円の印紙が貼付されていたのを、印紙税の税務調査でよく見かけたように記憶している。

このような誤りが生じる原因の一つとして、７号文書（基本契約書）とされる

「二以上の取引を継続して行うために作成される契約書」（印紙税法施行令26条1号）の意味がわかりにくいことがあるように思っている。

この点については、国税庁の質疑応答事例で下記の解説[15]がされているので紹介をしておきたい。

> **2 以上の取引を継続して行うための契約であることの要件**
>
> **【照会要旨】**
>
> 2 以上の取引を継続して行うための契約であることの要件について、具体的に説明てください。
>
> **【回答要旨】**
>
> 「2 以上の取引」とは、契約の目的となる取引が 2 回以上継続して行われることをいいます（基通別表第一第 7 号文書の 4 ）。
>
> 例えば、120個の物品について一定の日に120個の売買契約をし、 1 月ごとに10個ずつ納品するとした場合は、 1 取引に該当し、毎月10個ずつを 1 年間にわたって売買するとした場合は、 2 以上の取引に該当することになります。
>
> なお、一般的に契約期間が設けられていて始期又は終期があるものについては、その取引は 2 以上の取引になります。
>
> 具体的には、エレベーター保守契約、ビル清掃請負契約書等、通常、月等の期間を単位として役務の提供等の債務の履行が行われる契約については、料金等の計算の基礎となる期間 1 単位（ 1 か月、 1 年等）ごと又は支払いの都度ごとに 1 取引として取り扱われます（基通第 7 号文書の 6 ）。

これまでいろいろな印紙税の質問を受けてきたが、単発の請負契約で、契約書に契約金額を記載していない事例をあまり見なかったように思う。取引金額がそこまで大きくない場合は、契約書を締結せずに、注文書と請書で取引をしていることが多いのではないだろうか。金額が大きいゆえに、慎重を期して契約書を締結するわけで、そのような状況において、あえて金額を書かないというのも想定しづらい。

15　国税庁ホームページ質疑応答事例「2 以上の取引を継続して行うための契約であることの要件」

よって、契約金額の記載がない＝７号文書という、ざっくり判断でも、大きく間違えることはないのでないかと思っている。

［契約書すべてを読む必要はあるか？］ 税理士

印紙税の判定を行う際は、契約書の内容のすべてに目を通すようにしている。思いもよらないところに課税文書に該当するような条項（著作権の無償譲渡条項など）が置かれていたりするので、そのようにしている。税務署へ印紙税の相談に行く場合も、契約書すべてを持参するように依頼を受けるのではないかと思うので相談に行かれる際はご留意いただきたい。

これがあるべき印紙税の判定のやり方なのであるが、印紙税の税務調査で同じことをしているかというと、そうではない。年がら年中、契約書ばかりを眺めているので、確認すべき箇所のあたりがつくようになり、そこを重点的に見るようになる。

テンプレの契約書を使用している場合は、変更を加える際に、法務部のチェックが入っていることがあるので、その場合は、その法務部が行ったチェックを確認したりしていた。

［新しい指摘というよりは同じ事の繰り返し］ 税理士

印紙税に限った話でもないように思うが、日々新しい調査手法が考案され、新たな指摘事項が発見されているということではなく、過去に受けた指摘を、担当者が変わることで、その情報が適切に引き継がれず、フォーマットの改訂の際などに、課税文書に該当するような変更をしてしまう、またはそのような業務フローにしてしまうといったことを繰り返しているだけのように感じている。

よって、いかに過去に受けた指摘事項を適切に引き継いでいくのかが、重要であるように感じている。税理士となってから、この課題に取り組んだことがあるが、「言うは易し」で、文書化しておけば済む話でもなく、これはかなり難しかった。特に人員の流動性が高い会社や業種の場合は、数年後にはメンバーの全員が入れ替わってしまっているということもよくあり、過去の税務調査のことを私以外誰も知らないといったことが起こったりする。

[契約先が必要部数以上作成してきたときはどうする？] 調査官 税理士

両者が押印するスタイルの契約書（一般的な契約書）の印紙税の納税義務の成立のタイミングを真剣に考えだすと、結構むずかしい。

実務的には、両者の押印があるか否かで判定しているのだが、これだと、先方が押印して袋とじして送ってきた契約書に押印をしないだけで、納税義務が成立していないこととなってしまい、少しおかしい。

当然、法律上はそのような取扱いとはなっていないのだが、では、契約書の作成部数を２通としているにも関わらず、先方が、書損などを想定して、余分に契約書を作成して押印版を送付してきた場合に、その余分な契約書の取扱いをどうすればよいのかを考え出すと、なかなか難しい。例えば、納税者の手許には、先方の押印が完了している契約書が２通あるが、うち１通だけに印紙が貼付されていたりする。

税務調査で何度かこの場面に遭遇し、なぜ、余部を破棄せずにとっておくのかと質問をしたところ、押印された契約書を破棄するのは、たとえ必要がなくても憚られるとのことであった。何か私が、うまく丸め込まれてしまっていただけなのだろうか。この場合の適切な対処法がわからない。

参考に、印紙税の納税義務の成立の時に関する情報を書いておく[16]。

「印紙税の納税義務は、課税文書を作成した時に成立し、課税文書の作成者が、その作成した課税文書について印紙税を納める義務があります（法３、通則法15②十二）。」

課税文書の作成とは、単なる課税文書の調整行為をいうのではなく、課税文書となるべき用紙などに課税事項を記載し、これをその文書の目的に従って行使することをいいます。
したがって、課税文書の「作成の時」は、その行使の態様によりそれぞれ次のとおりになります（基通44）。
行使の態様：契約当事者の意思の合致を証明する目的で作成される課税文書

16 「印紙税の手引き」12頁。

作成の時：証明の時
例示：各種契約書、協定書、約定書、合意書、覚書

[第三者へ提出用という抗弁] 税理士

不動産売買契約書などにおいて、仲介者用や金融機関提出用といった、取引当事者以外に提出することが明確にされているものについては、印紙税の貼付は不要となっている。ただし、そのように明記されていたとしても、実際は提出されずに、手許に残っている場合、その契約書には印紙の貼付が必要だと理解している[17]。

「○○提出用」と契約当事者以外の者に提出されることが明記された文書であっても、例えば、監督官庁に提出しないで契約当事者が所持している場合や、当初、契約当事者間の証明目的で作成されたものが、たまたま結果的に契約当事者以外の者に提出された場合等は、課税の対象になりますので注意が必要です。

たまに、税務調査で、こういった主張をされる方がいたので、簡単に紹介してみた。

[貼付漏れがあった場合] 税理士

貼付漏れがあった場合は「印紙税不納付事実申出書」という書面を提出して、納税をすることとなる[18]。このルールを四角四面にとらえると、契約書を作成したその瞬間を過ぎてから印紙の貼付漏れに気づいた場合は、この書面を提出することが求められてしまうこととなるが、その頃合いは常識の範囲で判断して欲しい。

ちなみに、印紙税調査の対応をしていて、印紙の貼付漏れに気づいた場合に、すぐに貼ってしまえばバレないと思われるかもしれないが、これは簡単にわかる。

17 国税庁 質疑応答事例 印紙税「契約当事者以外の者に提出する文書の取扱い」
18 タックスアンサー「No.7131 印紙税を納めなかったとき」

まず、朱肉がかなり鮮明である。年がら年中、たくさんの契約書を見ているわけで、時間が経つと朱肉がどのような色になるのかは感覚としてわかっている。そのほか、印紙の管理簿を見れば契約締結時に印紙が使用されていないことが確認できるので、それでもわかる。そのため、「バレないから貼ってしまえ！」はしない方が良い。

[過 怠 税] 税理士

法律上は3倍の過怠税となるが、自主監査を行っていただくことで基本的には1.1倍の過怠税で取り扱っていた。ただし、印紙の不正使用であったり、銀行が作成する金銭消費貸借契約書や、不動産業者が作成する不動産売買契約書といった、その業種での典型的な契約書について、多数の貼付漏れが見つかったりした場合などには、3倍の過怠税で処理することもある。幸か不幸か私は3倍の事例は経験がない。

まれに、1.1倍や3倍の処理について、貼付が漏れていた契約書に印紙を貼付した上で、さらに過怠税として納税の必要があると勘違いされている方もいるが、貼付が漏れていた契約書に印紙の貼付は必要ない。

なお、過怠税は、法人税法上、本税部分も含めて全額が損金不算入[19]となるのでご注意いただきたい。過怠税が、法人税申告書の別表4で加算処理されているかは、税務調査や、机上処理の際に、チェックしている。

[過怠税について調べてみる] 税理士

印紙を適切に貼付していなかったり、所定の方法により消さなかったりした場合（印紙に割り印を押さなかった場合）は、過怠税が課されることとなっている（「印紙税の手引」16頁）。

19　タックスアンサー「No.7131 印紙税を納めなかったとき」
「なお、過怠税は、その全額が法人税の損金や所得税の必要経費には算入されませんのでご注意ください。」

V 過怠税

印紙による納付の方法によって印紙税を納付することとなる課税文書の作成者が、その納付すべき印紙税を課税文書の作成の時までに納付しなかった場合には、その納付しなかった印紙税の額とその2倍に相当する金額との合計額（すなわち不納付税額の3倍）に相当する過怠税が徴収されることとなります（法20①）。

ただし、課税文書の作成者が所轄税務署長に対し、作成した課税文書について印紙税を納付していない旨の申出書（印紙税不納付事実申出書）を提出した場合で、その申出が印紙税についての調査があったことによりその課税文書について前記の過怠税の決定があるべきことを予知してなされたものでないときは、その過怠税は、その納付しなかった印紙税の額とその10%に相当する金額との合計額（すなわち不納付税額の1.1倍）に軽減されます（法20②）。

また、貼り付けた印紙を所定の方法によって消さなかった場合には、消されていない印紙の額面金額と同額の過怠税が徴収されることとなっています（法20③）。

3倍や、1.1倍が過怠税として説明されているからか、貼付が漏れていた契約書に印紙を貼付した上で、さらに過怠税として納税の必要があると勘違いされている方もいる。これについては先にも書いたが、貼付が漏れていた契約書に印紙の貼付は必要ない。

まず、過怠税の根拠条文は下記のとおりである（下線は筆者が加筆。）。

（印紙納付に係る不納税額があつた場合の過怠税の徴収）

第20条 第8条第1項の規定により印紙税を納付すべき課税文書の作成者が同項の規定により納付すべき印紙税を当該課税文書の作成の時までに納付しなかつた場合には、当該印紙税の納税地の所轄税務署長は、当該課税文書の作成者から、当該納付しなかつた印紙税の額とその2倍に相当する金額との合計額に相当する過怠税を徴収する。

2 前項に規定する課税文書の作成者から当該課税文書に係る印紙税の納税地の所轄税務署長に対し、政令で定めるところにより、当該課税文書について印紙税を納付していない旨の申出があり、かつ、その申出が印紙税についての調査があつたことにより当該申出に係る課税文書について国税通則法第32条第1項（賦課決定）の規定による前項の過怠税についての決定があるべきことを予知してされたものでないときは、当該課税文書に係る同項の過怠税の額は、同項の規定にかかわらず、当該納付しなかつた印紙税の額と当該印紙税の額に百分の十の割合を乗じて計算した金額との合計額に相当する金額とする。

3　第8条第1項の規定により印紙税を納付すべき課税文書の作成者が同条第2項の規定により印紙を消さなかつた場合には、当該印紙税の納税地の所轄税務署長は、当該課税文書の作成者から、当該消されていない印紙の額面金額に相当する金額の過怠税を徴収する。

「納付しなかった印紙税の額」+「その2倍に相当する金額」（1項）又は、「納付しなかった印紙税の額」+「当該印紙税の額に100分の10の割合を乗じて計算した金額」（2項）を過怠税の金額としている。

1項が3倍と言われている過怠税の根拠で、2項が1.1倍の根拠である。

そもそも、「過怠税」とは何なのかについてであるが、下記のとおり解説されている[20]。

過怠税というのは、印紙税の課税文書の作成者が、上の方法で納付すべき印紙税を当該文書の作成の時までに納付しなかった場合（～略～）に課される附帯税で、（～略～）過怠税のうち、納付しなかった印紙税の額に相当する部分は、本来の税額の追徴であって、附帯税ではない。

法人税とは違う課税の方法となっているが、その理由について、下記のとおり解説されている[21]。

20　「租税法［第24版］」金子宏（弘文堂）917頁
「附帯税」とは延滞税や加算税のこと（同著）898頁

21　「税務調査官の視点からつかむ 印紙税の実務と対策」佐藤明弘（第一法規株式会社）74頁

過怠税は、２つの性格を持っており、その第１は、印紙を貼り付けて納付する印紙税を納付しなかったことに対する税額の追徴という性格です。

他の国税で納付不足があった場合には、全て更正などの処分によって、不足の税額を追徴することになっていますが、これに対して、印紙納付の方法によって納税する印紙税は、１件当たりの税額が少額であるため、特に本税としての印紙税の追徴を単独で行わないで、次に述べる行政的制裁としての金額と併せて徴収しようとするものです。

第２は、財政権の侵害行為や侵害行為を誘発するおそれのある行為に対する行政的制裁の性格を持っていることです。

以上より、不納付事実申出書を提出した場合は、貼付漏れとなっていた契約書に別途印紙を貼付する必要はない。

例えば、飲食店などが発行している領収書について、印紙の貼付漏れがあったとする。仮に、貼付漏れとなった課税文書そのものにも過怠税とは別に、印紙の貼付が求められているのであれば、発行した領収書を持っている一人一人に会いに行って、印紙を貼付することとなるが、これは現実的ではない。このことからも、貼付漏れとなっていた課税文書そのものへの印紙の貼付が必要ではないことを、おわかりいただけるのではないかと思う。

「不納付事実申出書をどのように保管しておいたら良いか？」（別の調査官が印紙が貼付されていない契約書を見て、不納付ではないかと勘違いされないようするためにはどうしたら良いか？）という質問を、印紙税の税務調査の際にお受けすることがよくあった。

個人的には、可能であれば、不納付事実申出書と該当する契約書をまとめて保管することが良いと考えているが、その対応が難しい場合は、不納付事実申出書を単独で保管しておくことでも良いのではないかと考えている。というのも、不納付事実申出書には契約書の名称と作成年月日が記載されているし、調査官からの指摘事項の説明時にサンプルの契約書の写しの交付を受けているはずで、その説明資料と、不納付事実申出書の記載で、どの契約書について追徴を受けたのかの判別がつくためである。

[自主監査[22]のやり方] 税理士

税務調査の最終日に、貼付漏れとなっていた契約書の一覧を交付して、一通当たりの貼付漏れ金額を伝達し、自主監査をお願いしていた。この自主監査がやっかいで、日常的に契約書が作成されている業種などの場合は、法務部の方が、かかりきりになって対応しても、自主監査に相当な期間を要すると言われてしまうことがあった。

淡々と待ち続ければ良いのだと思うが、個人的にはその対応があまり好きではなかったので、その場合は、会社にある契約書をすべて、会議室に持ってきてもらい（保管場所を確認して、網羅性を担保。これは拠点が一か所である法人にしかできない。規模感があまりにも大きくなると無理）、全部こちらでチェックしたことがある。貼付漏れとなっている契約書一つ一つに付箋をはって、コピーを依頼するので、担当部署の役職者の方には、結構な精神的ダメージがいくようであった。

このほか、サンプルで数か月分チェックしてもらい、押印申請簿などから全体の作成通数を把握して、それらから課税漏れ額を推計したこともある。このやり方がいいか悪いかは措いておいて、納税者と合意の上で、税務調査をスムーズに終わらせる方法としてこの方法をとった。ただし、正面切って、「推計します」といっても、「ちゃんと全件チェックしてください」と言われてしまうと思うので、そこは、うまくコミュニケーションを取ってみて欲しい。

[写しに印紙は必要なのか？] 税理士

税務署にいた頃も、その後もいろいろな印紙税に関する質問を受けたが、「写し（コピー）の契約書に印紙は必要ないというのは本当か？」という質問が本当に多かった。私は、「コピーしたものに、何一つ書き加えることなく、相手に交付することもなければ印紙は不要」と回答するようにしている。

この手の情報はだいたいのケースで独り歩きする。独り歩きした結果、適切に情報は伝わらず、その結果、「原本と相違なし」と追記したり、押印したものを交付したりといったことが起きる[23]。写しであれば、どのようなことをしても印

22　納税者が自発的に印紙税の貼付漏れ通数と金額を調査すること。

紙が必要ないということではない。

[何事も経験] 調査官 税理士

印紙税の税務調査を担当することとなった時は、「こんなのは税務調査じゃない」というのが正直な思いだったのだが、今になって思うと、税務調査といっても、源泉単独調査もあるし、揮発油税の税務調査もあるし、たばこの手持ち品課税[24]など、本当にいろいろとあるので、幅広に経験できて良かったと思う。

通算で３年間程度、印紙税の税務調査を担当していたのであるが、３年も経験すれば、ある程度は印紙税に詳しくなれる。そして、行く先々で印紙税を聞かれる。その時は感謝されるが、それ以外の時は、「印紙税でしょ」というリアクションを受けたりするので、少し悲しかったりするのだが、印紙税の税務調査を経験することで、この章のネタができたので、結果として良かったなと思っている。

皆さんも、思ってもみない部署に配属になったり、希望していない業務を担当したりすることがあるかもしれないが、腐ることなく、新しい体験ができるぞと、前向きに楽しんでみても良いのではないかと思う。

その経験が思いもよらぬ形で、将来、役に立つかもしれない。

23　署名・押印後のものをデータ化し、そのデータを紙に印刷し、その印刷したものを取引先に渡した場合、交付した文書が契約の成立を証明しているのであれば、印紙税法上の契約書となる（「印紙税事務の留意事項」租税研究（2022年４月）99頁）。

24　たばこ税率の引き上げがあった場合に、販売業者等を納税義務者として、税率引き上げの日に所持するたばこの本数に応じて、申告納税をする制度。適切に申告がされているかの確認のため、販売業者を訪問して、申告内容を確認するなどしている。

第18章 消費税単独調査

消費税単独調査とは、収益事業を行っていない公益法人などの法人のうち、消費税の課税事業者である法人を対象としている税務調査のことである。主担部門に所属している調査官が担当している。

主担部門に所属していたときに、この消費税単独調査を経験したので、少し書いてみたいと思う。正確に説明をしようと試みたところ、かなり読みにくい文章となってしまったため、あえて、崩した表現で説明している。特に特定収入の調整計算の箇所においては、理解のために、厳密には正確ではない表現を使用しているが、ご容赦いただきたい。

[収益事業とは] 税理士

まずは、法人税の収益事業とはどのようなものなのかを簡単に説明をしておきたい。

収益事業とは、法人税法施行令にて定められている34の事業（事業に付随して行われる行為を含む）で、継続して事業場を設けて行われるものをいう（法人税法２条13号、法人税法施行令５条１項）。具体的には、物品販売業や請負業などの事業が対象で、民間企業で一般的に行われている事業をイメージすると良いと思う。収益事業ってなんなのだろうと考えてみたいのであれば、個人的には、ペット葬儀事件[1]が良いのではないかと思っている。コンセプトがつかめる。

1　平成 18（行ヒ）177 法人税額決定処分等取消請求事件
https://www.courts.go.jp/app/hanrei_jp/detail2?id=36811
事業の目的、内容、料金の定め方、周知方法等の諸点において、宗教法人以外の法人が一般的に行う同種の事業と基本的に異なるものではなく、これらの事業と競合するものであることなどから収益事業に当たるとされた事例。

[実費弁償契約] 税理士

民間企業で一般に行われているような事務処理等を受託した場合であっても、その契約が実費弁償[2]である場合で、そのことについて税務署の確認を受けたときは、収益事業に該当しないこととできるという取扱いがある[3]。そもそも実費弁償に該当していない、又は、該当したとしても適切な手続きを行っていないにも関わらず、結果として、毎年利益が出ないので申告をしていない法人がまれにある。

消費税単独調査のつもりで、税務調査に着手して、事業内容を聞いたり、契約書などを確認してみたりしたところ、収益事業に該当する事業を行っている法人に遭遇してしまうことがあった。決算書の内容を見てみると、収支がトントンか少し赤字になるくらいの内容となっていることが多いのだが、理事などの役職者に対して、賞与（定期同額以外の報酬）を支給していることがあった。この場合は、この賞与が法人税法上、損金不算入となる[4]ように思われ（確定申告をしていないので、当然に事前確定届出も行っていない）、課税所得が生じる旨を指摘したりしていた。

ちなみに、収益事業の申告漏れが新聞などで報道されることがあるが、あれはおそらく、消費税の単独調査で把握されたのではなく、こういった事案を担当している国税局の部署の事案なのだと思う。

[特定収入] 税理士

消費税単独調査特有の論点として、「特定収入がある場合の仕入控除税額の調整」[5]という制度がある。特定収入とは、端的にいうと、寄附金や会費などの不課

2　委託者から受ける金額が、受託した業務のために必要な費用の額を超えないことをいい、契約書などに精算条項が置かれている。

3　法人税基本通達 15 － 1 － 28（実費弁償による事務処理の受託等）

4　「令和元年版　実例問答式　公益法人の税務」大蔵財務協会　若林孝三、鈴木博共著。「151　公益法人等の役員賞与」591 頁。

5　タックスアンサー No.6495「国、地方公共団体や公共・公益法人等に特定収入がある場合の仕入控除税額の調整」

税売上のうち、課税仕入れに充てられる部分のことをいい、特定収入によって賄われたであろう課税仕入れにかかる仕入税額控除を制限するというのがこの制度である。

〔仕入控除税額の計算の特例のイメージ〕

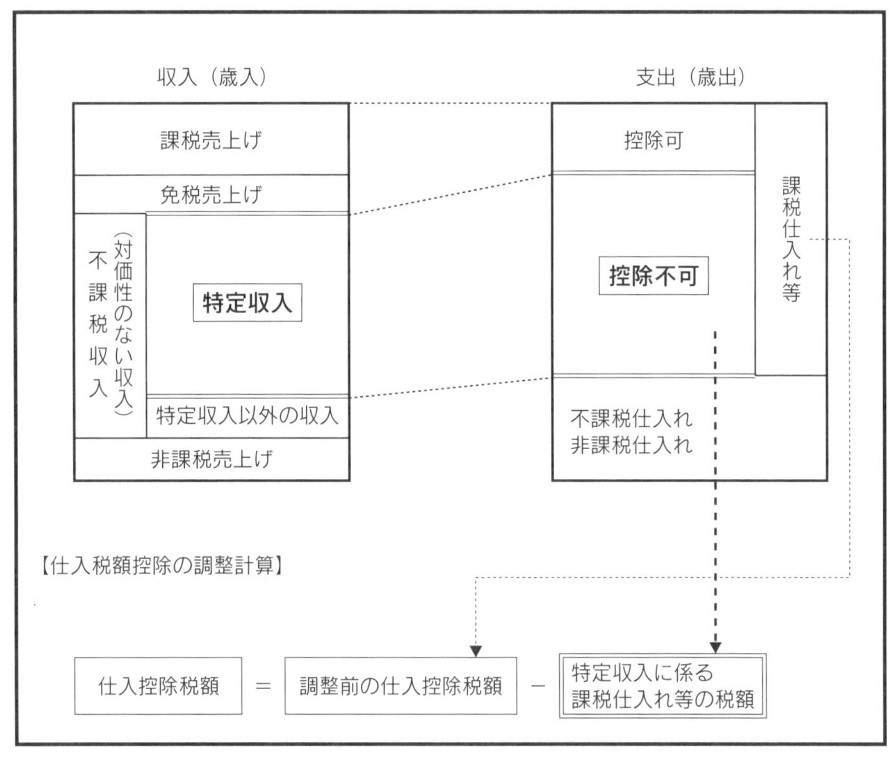

（「国、地方公共団体や公共・公益法人等と消費税（令和５年６月）」５頁）

国税庁が公表しているパンフレットには、下記のとおりその趣旨が説明されているので、参考に紹介しておきたい。

> **⑵ 国、地方公共団体、公共・公益法人等の仕入控除税額の計算の特例**
>
> 国、地方公共団体、公共・公益法人等（人格のない社団等を含みます。以下「4.仕入控除税額の計算の特例」において同じ。）は、本来、市場経済の法則が成り立たない事業を行っていることが多く、通常は租税、補助金、会費、寄附金等の対価性のない収入を恒常的な財源としている実態にあります。
>
> このような対価性のない収入によって賄われる課税仕入れ等は、課税売上げのコストを構成しない、いわば最終消費的な性格を持つものと考えられます。
>
> また、消費税法における仕入税額控除制度は、税の累積を排除するためのものですから、対価性のない収入を原資とする課税仕入れ等に係る税額を課税売上げに係る消費税の額から控除することは合理性がありません。
>
> そこで、国、地方公共団体、公共・公益法人等については、通常の方法により計算される仕入控除税額について調整を行い、補助金等の対価性のない収入（特定収入（P６参照））により賄われる課税仕入れ等に係る税額について、仕入税額控除の対象から除外することとしています。

（「国、地方公共団体や公共・公益法人等と消費税（令和５年６月）」４頁）

[かなりややこしい] 税理士

この特定収入の判定が難しい。個人的には国税庁が公表している資料[6]が、情報がまとまっていて、便利だと思っているのだが、この資料にある説明を読んでいただくとわかるが、「裏の裏は表」のような説明となっているので、かなり混乱するのではないかと思う。

例えば、この資料の６頁に特定収入の概要が図示されているのだが、「資産の譲渡等の対価以外の収入」（※１）のうち「消費税法上、特定収入に該当しないこととされている収入」（※２）以外の収入（※３）が特定収入に該当するとされている。

6　国税庁ホームページ「刊行物等」⇒「パンフレット・手引」⇒「国、地方公共団体や公共・公益法人等と消費税」

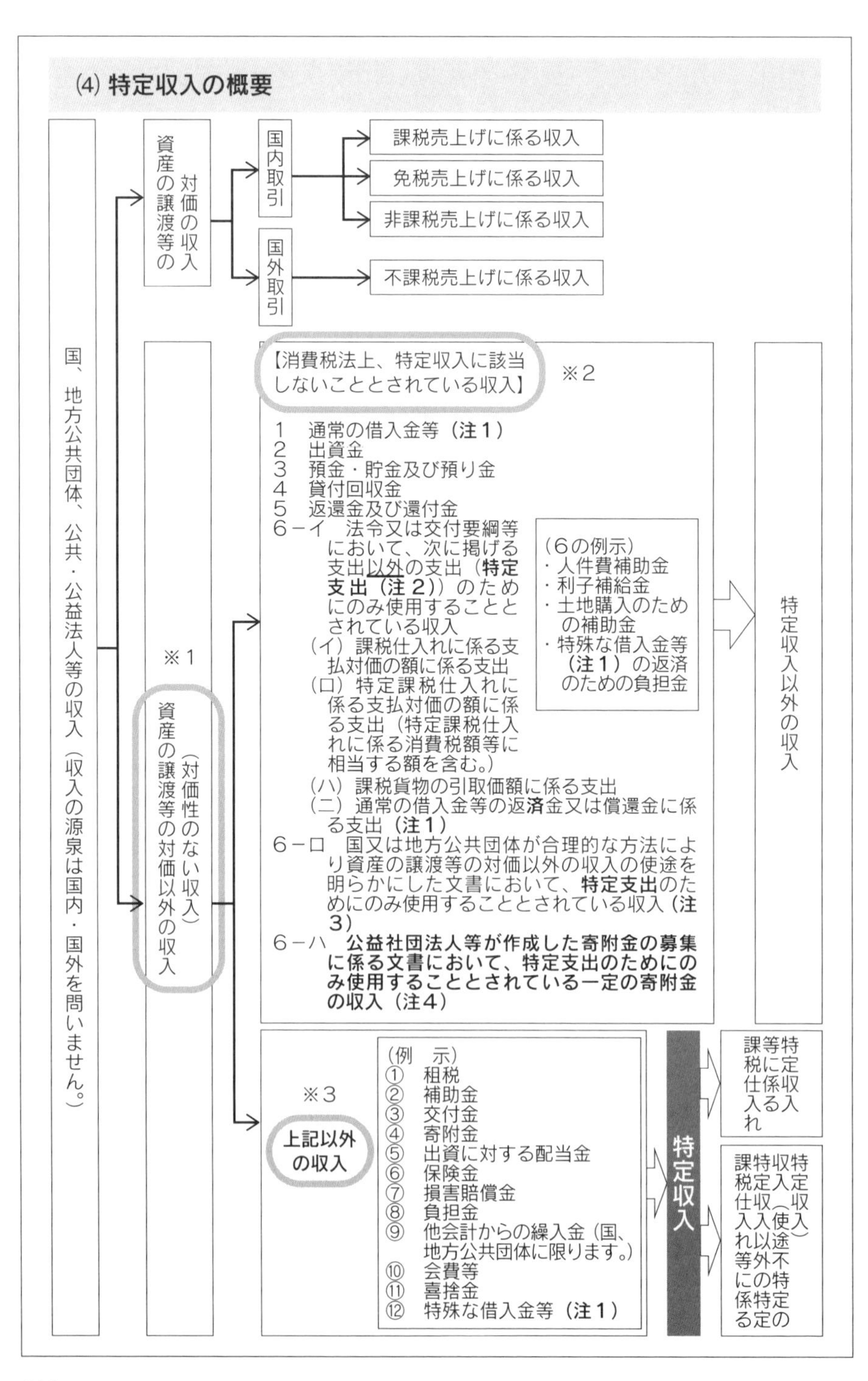

(4) 特定収入の概要
国、地方公共団体、公共・公益法人等の収入（収入の源泉は国内・国外を問いません。）
資産の譲渡等の対価の収入
国内取引
国外取引
課税売上げに係る収入
免税売上げに係る収入
非課税売上げに係る収入
不課税売上げに係る収入
※1
資産の譲渡等の対価以外の収入（対価性のない収入）
【消費税法上、特定収入に該当しないこととされている収入】
※2
1　通常の借入金等（注1）
2　出資金
3　預金・貯金及び預り金
4　貸付回収金
5　返還金及び還付金
6－イ　法令又は交付要綱等において、次に掲げる支出以外の支出（特定支出（注2））のためにのみ使用することとされている収入
（イ）課税仕入れに係る支払対価の額に係る支出
（ロ）特定課税仕入れに係る支払対価の額に係る支出（特定課税仕入れに係る消費税額等に相当する額を含む。）
（ハ）課税貨物の引取価額に係る支出
（ニ）通常の借入金等の返済金又は償還金に係る支出（注1）
6－ロ　国又は地方公共団体が合理的な方法により資産の譲渡等の対価以外の収入の使途を明らかにした文書において、特定支出のためにのみ使用することとされている収入（注3）
6－ハ　公益社団法人等が作成した寄附金の募集に係る文書において、特定支出のためにのみ使用することとされている一定の寄附金の収入（注4）
（6の例示）
・人件費補助金
・利子補給金
・土地購入のための補助金
・特殊な借入金等（注1）の返済のための負担金
特定収入以外の収入
※3
上記以外の収入
（例　示）
① 租税
② 補助金
③ 交付金
④ 寄附金
⑤ 出資に対する配当金
⑥ 保険金
⑦ 損害賠償金
⑧ 負担金
⑨ 他会計からの繰入金（国、地方公共団体に限ります。）
⑩ 会費等
⑪ 喜捨金
⑫ 特殊な借入金等（注1）
特定収入
課税仕入れ等に係る特定収入
課税仕入れ等に係る特定収入以外の特定収入（使途不特定の特定収入）

そして、さらに、「消費税法上、特定収入に該当しないこととされている収入」を見てみると、6－イで「法令又は交付要綱等において、次に掲げる支出以外の支出（特定支出[7]）のためにのみ使用されることとされている収入」（※4）とされている。

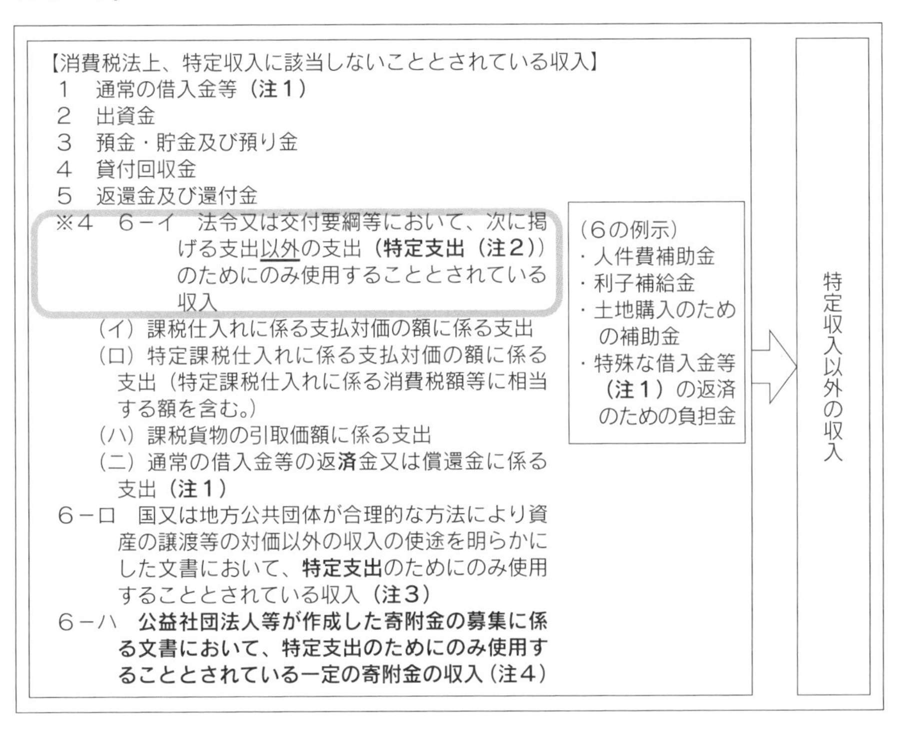

特定収入に該当するかの判定だけで、「以外」「該当しない」という表現が複数回使用されており、普通に読むと、頭がこんがらがってしまう。これを書いていて、何度も見返してチェックしたが、やはり頭がこんがらがった。

大雑把にこれらを説明してみると、「消費税法上、特定収入に該当しないこととされている収入」とは、出資金や預金など、単に預かっているだけのお金や、貸付金の回収など、貸していたお金が返ってきた取引のことをいっている。また、「法令又は交付要綱等において、次に掲げる支出以外の支出（特定支出）のた

7　同資料6頁の注意欄で「2. 特定支出とは、6－イ（イ）～（ニ）に掲げる支出以外の支出ですので、例えば、給与、利子、土地購入費、特殊な借入金等の返済などがこれに該当します。」と解説されている。

めにのみ使用されることとされている収入」とは、人件費など消費税の課税仕入れに該当しない取引に使用されることとされている交付金などのお金のことである。

これらに該当しないもの、つまり、補助金、交付金、寄附金などのもらったお金で、人件費などに使用されないお金が、特定収入に該当することとなる。

初見では、絶対に混乱すると思うが、何回も何回も読んで、判定を繰り返していると、不思議と勘所が掴めてくる。

[個別対応方式と似ている] 税理士

特定収入を特定したあとは、特定収入で賄われた課税仕入れがいくらなのかを算定する必要があるのだが、こちらも非常に大雑把に説明をすると、消費税の個別対応方式と同じような計算をしている。

特定収入を、課税仕入れと直接紐づくものと、直接紐づかないものに分け、直接紐づくものは、その全額が、直接紐づかないものは、調整割合[8]を乗じた金額の仕入税額控除が制限される。

お金に色を付けることはできないが、交付要綱などの書面で使途を特定したりして、課税仕入れ等に係る特定収入（個別対応方式でいうところの「非課税売上対応の課税仕入れ」に近い）と、課税仕入れ等に係る特定収入以外の特定収入（使途不特定の特定収入。個別対応方式でいうところの「共通対応の課税仕入れ」に近い）とに分けて計算をする。

なので、課税売上割合が低いなどの理由から、個別対応方式が求められる場合は、この調整計算と、個別対応方式の２回、お金に色を付ける作業を行うこととなる。

---

8 「国、地方公共団体や公共・公益法人等と消費税（令和５年６月)」12頁。

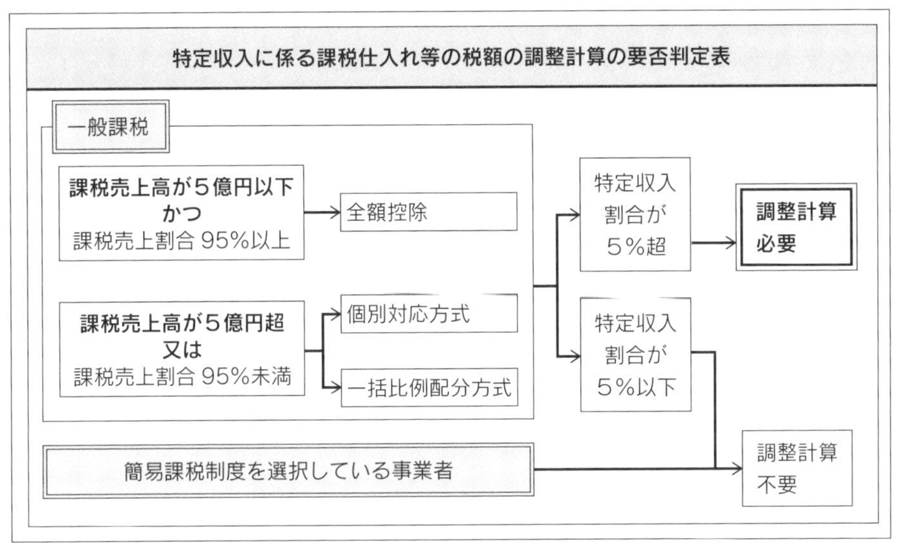

(「国、地方公共団体や公共・公益法人等と消費税（令和５年６月）」11頁)

国税庁のウェブサイトに、計算に使用できるデータとチェックシートが公表されている[9]ので、これらを活用すればある程度の間違いは防げるのではないかと思う。

[特定収入の誤り事例] 調査官 税理士

先に書いたとおり、特定収入の判定が複雑であるがゆえに、特定収入の調整計算がまったくされていない事例もあったが、これ以外にも、「調整割合が著しく変動した場合の調整計算の調整」漏れが多かったように記憶している。

通常は、単年度の調整割合で仕入控除税額の調整計算を行うが、これを当期も含めた過去３年間を通算して割合を計算した場合に、調整割合が20％以上変動していると、必要となる制度である（消費税法施行令75条５項）。

これは、課税売上割合が著しく変動した場合の調整計算[10]に似ているように

---

9 「国、地方公共団体や公共・公益法人等と消費税」が掲載されているページをスクロールすると下の方に「特定収入に係る課税仕入れ等の税額の計算表」データと「消費税申告チェックシート（国、地方公共団体及び公共法人用）」がある。

思っている。これまたざっくりと説明をしてみると、調整割合に20%以上の変動が生じた場合に、当期も含めた過去３年間の数値でならすという作業を行っている。特別会費（一般的には特定収入に該当する）を徴収していたにもかかわらず、そもそもこの制度があることを知らず、調整計算が漏れていたパターンのほか、特定収入の金額自体はそこまで変動していないものの、そのほかの収入が大きく減少したことにより、調整割合を算定する式（下図）の分母に含まれている「資産の譲渡等の対価の額の合計額」が減少して、20%以上の変動が生じていた事例もあった。

> **※調整割合**
>
> **調整割合**とは、その課税期間において、次の算式により計算した割合をいいます。
>
> **調整割合**＝課税仕入れ等に係る特定収入以外の特定収入の合計額（**使途不特定の特定収入**）÷（資産の譲渡等の対価の合計額※＋課税仕入れ等に係る特定収入以外の特定収入の合計額（**使途不特定の特定収入**））
>
> ※　資産の譲渡等の対価の額の合計額＝課税売上高（税抜き）＋免税売上高＋非課税売上高＋国外売上高
>
> 調整割合が著しく変動した場合に該当するときは、特定収入に係る課税仕入れ等の税額について別途調整が必要となります。

（「国、地方公共団体や公共・公益法人等と消費税（令和５年６月）」12頁）

調整計算が漏れている法人のあたりを付けようと思い、税務署に提出された申告書を逐一チェックしたことがあるが、毎年、調整計算の要否をフォーマットに入力して検証し、その検討結果を申告書に添付している法人がいくつかあった。このミスを防ぐためには、この方法が一番良いのではないかと思っている。

[課税取引に該当するかも検討している]　調査官　税理士

特定収入以外にも、消費税の課否判定の検討なども行っており、普通法人と同様に、経費のうち、消費税がかかっていない取引であるにもかかわらず仮払消費税を認識していないかといったこともチェックしていた。

10　タックスアンサー「No.6421 課税売上割合が著しく変動したときの調整」

この事案が消費税単独調査の事案なのかは存じないが、弁護士会の消費税の事例[11]などもあり、主として行っている事業の消費税判定を誤ると、その影響額から恐ろしいなと感じていた。

このほかにも、免税取引や不課税取引の判定誤り（取引内容に関係なく契約当事者の所在地で判定していたという誤りが多かった）や、立替払いの取扱い（インボイス制度開始前からある論点で、経理要件などがある）に関する誤りなども見受けられた。

[意外にも監査法人でも役に立った] 調査官 税理士

私が所属していた監査法人にはパブリックセクターといって、公益法人等に対する会計監査を行っている部署があった。３月決算の上場企業の会計監査が５月のゴールデンウィーク明けくらいに終了し、その後に、会社法決算の３月決算法人の会計監査に駆り出され、そして最後に、このパブリックセクターの会計監査の応援に駆り出される。５月末頃だったように記憶しているのだが、この時期になると、つくば市など、独立行政法人がたくさんあるエリアには、パブリックセクターに所属している会計士達に加えて、他の様々な部門から応援に駆り出された会計士達が集まっている。

独立行政法人であっても、消費税の課税事業者となりうるので、会計監査の一環として、消費税の計算に誤りがないか検討している。元国税職員ということもあり、税金科目が担当として割り当てられることが多く、その際に、消費税単独調査（特定収入）の経験が役に立った。

おそらく、普段の会計監査では、誰も真剣に検討することなく、質問をしてくる人もいなかったのではないかと思われるのだが、せっかくなのでということで、消費税計算を担当されている方に監査部屋にお越しいただいて、いろいろと質問をしてみたことがある。みなさん、口を揃えたように、「マニュアルとシステムがあり、マニュアルどおりにシステムに数値を入力している。その結果出力された数値の説明を求められても、正直よくわからない」という回答だった。

11　大阪高判平成 24 年 3 月 16 日。弁護士会が提供している、法的サービスの申込人の紹介や、弁護士法 23 条の 2 に基づく照会などを行うことにより受領していた手数料等が、消費税の課税対象となるかが争われた事例。

[システムに依拠してブラックボックス化]

税理士

消費税単独調査の変わった点として、例えば、区の水道事業なども調査先になりえる点がある。水道事業以外にも、バス事業なんかも対象となりえるし、役所ではないが、シルバー人材センターなどの社団法人も対象となりえる。一度だけ、役所に対して消費税単独調査を実施したことがあるのだが、かなり苦戦したのを覚えている。

先に書いた、独立行政法人と同じで、特定収入の調整計算は行っているが、担当者の方にその数字の根拠を求めても、マニュアルどおりにシステムに数値を入力しているので、説明できないとのことであった。消費税計算が正しく行われているかの検証のために、計算式と数字がたくさん記載された計算資料をご準備いただいたのだが、その中に何を集計しているのかわからない数値があった。この数値は何かを質問をしたところ、過去の担当者から引き継いだのだが、数値の中身がわからず、ブラックボックス化しているとのことであった。おそらく、消費税導入時（平成元年）まで遡って、計算をすべて検証すれば解明できたのだとは思うが、いろいろと考慮した結果、それはしないこととした。そもそも過去の資料が残っていないだろうし、解明できたとしても、自己満足で終わるような気がする。

需要があるかはわからないが、特定収入解明バスターズなんてサービスを始めたら良いかもしれない（私はやりたくない）。

[何のための調査？]

調査官

税理士

公益法人は事業を行って儲けることを目的としていないため、基本的には事業の収入だけでは、赤字となる。では、どうやって収支を保っているのかというと、所轄している官庁などからの補助金収入や会費で賄っている。来年度の予算を提出して、その予算に応じて、補助金の額が決定されるわけであるが、消費税単独調査で非違が認められて、消費税の追加納付が生じた時も、この補助金で賄うこととなるようで、指摘内容も理解したし、修正申告書の提出も行うが、予算取りができてからの納税となるため、それまで待っていて欲しい（税務調査の時期にもよるが、１年近く待つ可能性もある）と言われてしまうことがあった。

この補助金の原資をたどっていくと、結局のところは、税金で賄われているわけで、税務調査で税金を追徴しても、その追徴した税金は、税金で賄われている補助金で支払われることとなり、単にお金がぐるっと回っているだけなように感じて、いつも、この税務調査は税収と言う意味においては、何か意味があるのだろうかと疑問に感じていた（念のため書いておくが、特定収入の調整計算の趣旨が理解できないというわけではない）。

税務署の現場の調査官という狭い視野で見ていたからなのかもしれないが、いまだによくわからない。

第19章

税務訴訟

[この章を読むにあたって]

この章は、「税経通信」の連載第11回と12回で書いた税務訴訟に関する記事をまとめたものである。他の章とは違い、あえて、形式的な修正以外の加筆修正はあまり行っていない。この記事を書いたタイミングは、最高裁判決が出た直後であり、補佐人税理士として当該案件に関与することで感じたことを書いているため、できる限り当時のままとした方が、思いがより鮮明に伝わるのではないかと考えたためである。

私が国税に在籍していた頃の税務訴訟のイメージは、条文上明らかな取扱いを誤ってしまった事例や、税務調査の進め方に対して感情的になった事案など、無理筋の事案ばかりというものであった。ただ、税務訴訟を複数経験してみて、そのイメージはどうやら間違いであるように感じている。その中の一つの事案を紹介しているので、読んでみていろいろと考えてみて欲しい。

新人調査官の方には、自身が行っている税務調査の究極の状況が、税務訴訟であることを意識して欲しいと思う。常に税務訴訟まで意識して税務調査をすると、証拠として集める資料一つ一つに対しても注意を払うようになるし、先輩方が「条文を見ろ」と口酸っぱくいってくる意味が解るのではないかと思う。また、普段意識することのない、訟務官室や、国税不服審判所という部署も、将来の道としてあることを意識するきっかけとなるのではないかと思う。

[2023年3月6日最高裁判決]

2023年３月６日に、消費税について争われた事案の最高裁判決[1]が言い渡された。

国税に在籍していた頃から税務訴訟に興味があり、研修などで税務訴訟に関することを学んでみたものの、実際に経験をしてみないとよくわからないなという思いをずっと持っていた。法律事務所に在籍をすることで、この事案を始めとして、いくつかの税務訴訟に補佐人税理士として関与することができたのだが[2]、この経験をシェアすることで、私と同じように税務訴訟に興味がある税理士に、何らかのきっかけをつくることができるかもしれないと思うに至り、これを書くこととした。

税務訴訟というと、ほぼ勝てない、大規模な法人が巨額の追徴課税について起こすもので、中小企業の税務をやっていても、まったく関係のない世界というのが、税理士業界での一般的な認識ではないかと思っている。税務訴訟がより一般的になればという思いまではないが、この文章により、税務訴訟に興味関心を持つ税理士が増えることで、税務を取り巻く環境がより良くなることにつながるのではないかとも思っている。

税務訴訟を経験したといっても、片手で足りるくらいの件数しか経験していない。なので、税務訴訟の経験が豊富な税理士を名乗る気はないし、今後、税務訴訟を専門にしてやっていくつもりもない。

なお、ここに書いている意見などに関しては、過去に私が所属していた事務所等の公式見解ではない。また、税務訴訟に補佐人税理士として関与する中で、私が感じたことを書いているものであり、正確性に欠ける部分もあるかもしれないが、ご容赦いただきたい。

[事案の概要]

まずは、簡単に事案の概要を説明したい。

消費税の納税額は、端的にいうと、受け取った消費税と、支払った消費税の差額で計算される。この計算方法は、商売をしていてすべての取引が消費税の対象となる取引であればシンプルで済むのだが、実際は、土地の販売などの非課税売

1　令和4年（行ヒ）第10号 消費税及び地方消費税更正処分等取消請求事件
https://www.courts.go.jp/app/files/hanrei_jp/825/091825_hanrei.pdf

2　2022年2月28日付で法律事務所を退所しているため、それ以降の訴訟進行（2023年2月9日の口頭弁論など）には関与していない。

上や、海外に向けて商品を販売し輸出した場合などの輸出免税など、いろいろな取引があることから、支払った消費税のうち、消費税の課税の対象となった売上に要するものを控除するという仕組みとなっている。

その仕組みの中で、再販売目的で取得した居住用不動産について、取得から再販売までの間に賃料収入（非課税売上）が生じている場合に、この取得した居住用不動産にかかる消費税を全額控除すべきであるか（課税売上にのみ要するものとすべきか）、一部しか控除が認められないのか（共通して要するものとすべきか）、が争われたのがこの事案である[3]。

この事案の特徴として、事実認定について争われている事案ではなく、純粋な法律解釈に関する事案であったこと、消費税導入時まで遡って、改正の経緯も踏まえてのリサーチが必要であったこと、争点を理解するために、会社が行っているビジネスをしっかりと理解する必要があったことが挙げられるように思う。

[様々な視点]

これまで、国税、監査法人、法律事務所といろいろと渡り歩いてきたが、行く先々で、それぞれ独自の視点があるということを感じていた。

具体的に言うと、税理士の視点、弁護士の視点、会計士の視点、調査官の視点、裁判官の視点といったものである。

税理士の視点は、記帳業務などの実務から学ぶことが多いからか、実務寄りの視点が強いように感じる。対して、弁護士の視点は、実務はさておき、契約関係などを整理した後、法律や裁判例を読むといった風に少しドライに感じる。また、会計士の視点は、会計監査を通じた経験からか、契約関係はさておき、経済的実態を重視する傾向にあるように感じるし、調査官の視点は税理士の視点に、監督官庁としての視点（一人一人の納税者を見るのではなく、納税者全体を見たときの視点）を加えたものであるように感じている。裁判官の視点は、訴訟の進行や、様々な税務訴訟の判決を見るに、弁護士の視点を、より一層ドライにした印象を受けている[4]。

3　この論点については、令和２年度税制改正により手当がされており、今後、同様の論点が問題となることは想定されない。

なぜ、いきなりこのことを書いたかと言うと、このような視点の違いがあることを理解しておくことが、税務訴訟に補佐人税理士として関与するにあたって重要であると考えているためである。

様々なことを弁護士と議論していると、うまく議論が嚙み合わないことがあったのだが、時間を置いて、話し手の視点に立って考えてみると、実はお互いに同じことを言っていたということに気づくことがあった。それぞれ違う視点を持っているということを念頭に置きつつ、議論をすると、弁護士とより適切なコミュニケーションが取れるのではないかと考えている。

また、仮に、税務訴訟で実務の観点からはまったく想像もつかないような判決が出た場合に、なぜそのような結論となったのかを理解するにあたっても、役に立つのではないかと思う。「裁判官は実務をわかっていない」という意見を見聞きしたりもするが、まずは代理人側が、この視点の違いを理解することで、裁判官に実務を理解してもらった上で、判決を書いてもらうためには、どのような主張立証をすればいいのかを考えることも大切なのではないかと思う。

法廷は、法律の解釈について争う場であるため、税務訴訟で実務的な観点からの主張は不要であるという考えもあるのだと思うが、これについては、必要か不要かの判断は裁判官がすることなのではないかと思っている。もちろん、訴訟戦略として、その観点からの主張はあえてしないということであれば、それに対して、何かを言うつもりはない。何事もバランスが重要なのだと思う。

[それぞれの視点でこの事例を見てみる]

試しに、この事案をそれぞれの視点で見ると、どのように見えるか簡単に書いてみたい[5]。もちろん、これ以外の見え方もあるとは思うが、視点の違いを具体的にイメージしていただくためのものとして、ご理解をいただきたい。

4　フリーレントの損金算入時期について争われた裁決事例（平成30年6月15日裁決）があるが、これを読んでいただくと、税理士・会計士の視点と弁護士の視点の違いが、より明確にわかるのではないかと考えている。

①税理士の視点

個別対応方式の共通対応はバスケット条項のようなものなので、他の２つの区分に比べるとその範囲は広いと感じている。申告業務を行うにあたって、すべての取引の用途区分を会社の意思なども考慮しつつ、判定することはかなり難しい。しかし、不合理な計算結果となっているのは税法としておかしいと感じている。納税者は救済されるべきではないだろうか。

②調査官の視点

税務調査において、会社の意思を認定するのはかなり難しく、そのような判断をしていると運用にバラつきが生じる可能性もかなりある。稟議書などの書き方次第で消費税の取扱いが変わってしまう可能性もあり、これは望ましい税制なのであろうか。

よりシンプルに、非課税売上が生じていれば、その理由いかんに関わらず共通対応として取り扱う方が全体最適なのではないかと思う。その結果、１円でも非課税売上が生じていれば共通対応となってしまうが不合理なのはしょうがない。消費税法は平成元年に始まった若い税制であることから、まだ、欠陥が残ってしまっているとも思う。

欠陥があったとしても、我々は組織が決めた方針に従って課税処分を行うことしかできない。

③会計士の視点

会計上、売上原価は売上に個別対応させ、販管費は売上に個別で対応させることができないので期間対応させて、損益計算書を作成している。預金利子しか非

5　本件で論点となっていた取扱いについて、調査官として、税理士としてのそれぞれの立場で関与する機会があり、その都度、たくさん考え、悩んだ。どれだけ法律や専門書籍を読んでも判断がつかず、「1円でも非課税売上が生じていれば、共通対応として取り扱う形式的な実務はおかしいと感じる」というのが個人的な意見だった。文理解釈といっても、どちらにも読めるに思われ、最終的には価値判断だったのではないかと思う。

6　－平成23年6月の消費税法の一部改正関係－「95％ルール」の適用要件の見直しを踏まえた仕入控除税額の計算方法等に関するQ＆A〔Ⅰ〕【基本的な考え方編】問19（預金利子がある場合の用途区分）

課税売上がない場合の個別対応方式の事例[6]があるが、販管費に係る消費税は、共通対応に区分するとされており、期間対応させている販管費の個別対応方式の用途区分判定にあたっては、いくらか納得感がある。また、その他の事例を読んでみると、用途区分の判定は、原価計算の考え方に近いようにも思う。

よって、会計上、売上に個別対応させている売上原価について、販管費と同様に取り扱うことに違和感を覚える[7]。

弁護士と裁判官の視点は、私は持っていないので、具体例を書けないが、実務の取扱いはさておき、といった視点で事案を見る傾向にあるように思う。

[実務の考え方で解決できるのは国税不服審判所まで]

それぞれの視点の違いを述べたが、この観点から、実務の考え方を用いて、解決できるのは国税不服審判所[8]までだと考えている。

事実認定については、国税不服審判所で争う価値があるが、法解釈について争う場合は意味がないということが言われたりしているが、それに近い考え方なのかもしれない。

国税不服審判所には、税理士・弁護士・会計士資格を有する専門家が任期付きで採用されている。審判所での勤務経験がないので、詳細はわからないが、裁決事例を見ていると、裁判所に比べると、まだ実務寄りの判断がされることが多い印象を持っている。このことから、実務の考え方で解決できるのは審判所までと書いた。

国税不服審判所で争うということは、税務調査の現場で、調査官の視点からのみでは認められなかった事例に、民間出身の他の士業の視点も踏まえた判断を仰いでみるということではないかと考えている。

国税不服審判所は、国税職員が職員の大半を占めているので審査請求には意味

7　賃貸収入の損益計算書上の区分や、棚卸資産として取り扱うのか固定資産として取り扱うのかについては、ここでは意識していない。また、販管費であっても商品の広告宣伝費など、課のみ対応に区分される費用もある。

8　税金の裁判所のようなところで、裁判所に訴訟の提起をする前に、国税不服審判所に審査請求を行う必要がある。

がないといった意見を聞くことがあるが、これは参考程度にとどめておいた方が良いように思っている。公表裁決事例を見てみると、元調査官として、現場の人間として、びっくりするような裁決が出ることもある[9]。

これは、税務実務に関することであるが、法令解釈について国税不服審判所で争われた場合、その結論（裁決）に沿って、一気に課税処分が始まるような印象を持っている。なので、新しい裁決事例が公表された際は、裁決の要旨などを確認しておいた方が良い。

[税務調査の場面ではどうか？]

調査官に裁量があるのは、税務調査の現場のみだと考えている。もちろん、決議の段階で審理系の職員のチェックが入るので、法律に沿った処理が求められるのだとは思うが、そうはいっても、理屈だけでは成り立たないことを現場が一番よく知っているので、ある程度は裁量で、全体最適を図っている印象を持っている。

ただし、東京局についていうと、税務調査の現場でも裁量がなくなってきている印象を持っている。それ以外の国税局では柔軟な取扱いをしているのを見たこともあるが、この傾向は、関東圏をはじめとして、じわじわと地方にも広がっていくのではないかと思う。そうすると、いずれは、地方局であっても、調査官の裁量はあまりないという状況になるのかもしれない。

[税務訴訟の大きな流れ]

税務訴訟の全体像を知っていただくために、ごくごく簡単に税務訴訟の流れを紹介しておきたい。大きな流れは次のとおりである。

9　令和2年12月15日裁決など

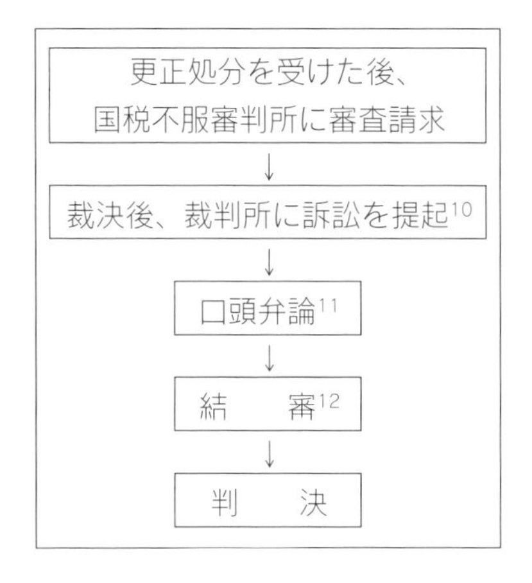

税務訴訟に和解はないので、基本的に最高裁まで続く。まれに、地裁で終わっている事案もあるが、こういった事案は、かなり特殊な事案であったと聞いたことがある。

高裁で終わる事案は、判決内容を精査した結果の、様々な価値判断による選択であると理解している。

口頭弁論は概ね３か月に１回のペースで開催され、地裁では複数回の口頭弁論が開かれるので、あっという間に１年が過ぎてしまう。

口頭弁論には、裁判官、原告、被告の代理人が集まるので、その場で議論が行われるのだろうと考えていると、かなりがっかりすると思う。基本的には準備書面の陳述及び証拠の提出[13]と、次回の期日の日程調整がそのほとんどで、概ね10分程度で終わってしまう。「異議あり!!」という発言は一度も聞かなかった。

なお、「陳述」「準備書面」「書証」「差し支え」といった専門・業界用語で、裁判官とのやりとりが進むため、法廷に出向いても、いったい何が起きたのかが、最初はまったくわからない状況になると思う。

10　「審判所ってどんなところ？～国税不服審判所の扱う審査請求のあらまし～」「国税に関する不服申立制度の概要図」５頁

11　裁判所ホームページ「口頭弁論等」

12　口頭弁論が終結し、判決を待つ段階となること。

13　準備書面と証拠は、期日の約２週間前までにFAXなどで提出しているため、法廷で実際に手交するわけではない。

期日後には期日報告書といって、口頭弁論で話された内容や、次回の期日などの情報を記載した報告書を、クライアントに共有していた。この書面を確認しておけば、訴訟の経過は追えるのだが、一度でもいいので期日に出席して、裁判所の、あの独特な雰囲気を直接感じ取っていただくのも良いのではないかと思う。

[高裁と最高裁]

地裁では口頭弁論が複数回開かれると書いたが、高裁は基本的には1回の口頭弁論で結審して判決という流れとなる。それでも、控訴から高裁判決まで半年以上はかかる印象を持っている。最高裁は、上告をしてから、次のアクションが起きるまでどれくらいの期間がかかるのかは、事案によりけりと聞いたし、実際にそのように感じた。

上告から3か月程度で裁判所から書面が来て、負けが確定することもあれば、この事案のように、口頭弁論が開かれて、その後に、判決ということもある。

[代理人を探すタイミング]

税務訴訟の代理人を探すタイミングが重要だと考えている。具体的には、税務調査の指摘事項が概ねまとまって、どうやら更正処分となりそうだということがわかってきたタイミングが丁度良いと思っている。更正通知書の送達を受けてからだと、遅すぎるし、指摘事項に挙がりましたという段階では少し早すぎる。幸いにも指摘事項から外れるということも起こりえる。

税務訴訟の代理人を探されていた方から伺った話であるが、税法の解釈が議論となっている事案について、代理人候補に勝ち目があるか聞いてみると、かなり難しそうという意見ばかりになってしまうこともあるらしい。単に税務訴訟の過去の勝訴率の低さからの意見なのか、同種の過去の判例などを踏まえての意見なのかはわからないが、「かなり難しそう」という意見となるのは、至極当然ではないかと思っている。世の中にある税法の解説のほとんどが、国税側の視点に立ったものであるところ、その解釈について、国税側以外の視点から見てみると、おかしな取扱いとなっているので、議論となっているのではないだろうか。税理士や調査官の視点で解決できているのであれば、税務調査の現場もしくは国税不服審判所で解決しているはずである。

何が言いたいかというと、裁判官の視点に一番近い、弁護士の視点で考えた時にどう見えるか、どんな主張が考えられるのかを、この代理人を探すタイミングで聞いてみた方が良いということである。これには、当然時間がかかる。そのため、更正通知書の送達を受けてからだと遅すぎると書いた。

[代理人の選び方]

いざ、税務訴訟をするとなっても、どの弁護士に依頼したらよいのかわからず、とりあえず、顧問弁護士に相談してみるということが一般的な対応だと考えられるが、代理人を選ぶ際は、その候補の方が、税務を（も）専門にやっているか否かを重視した方が良いと考えている。

どの士業も同じで、専門分野がある。試しに、法律事務所のウェブサイトを複数チェックしてみるといいのではないかと思う。専門分野を皆さん書かれている。相続税を専門にしている税理士事務所に移転価格税制についてのアドバイスを求めても、適切なアドバイスが期待できないのと同じである。逆も然り。

法律事務所の規模感を気にされる方もいるかもしれないが、税務訴訟を対応している法律事務所は、大中小のいずれもあり、事務所の規模が判決の内容に直接影響するとも思えないので、事案の内容や、事務所とのつながりやすさ、予算の都合などと相談しつつ、決めればいいのではないかと思う。

[税務訴訟のデメリット[14]]

税務訴訟をすると、国税ににらまれて嫌がらせを受けたりするのではないかという質問を受けることがあった。これについては、気にしなくて良いと思っている。

税法の取扱いについて、見解が相違し、税務調査の場では、解決できなかったので、法廷の場で、はっきりさせましょうという状況で、国税側に嫌がらせをす

14　準備書面における国側の主張は、非常に冷たく感じるので、準備書面上での国側の主張を感情を持って読んでしまうと、必要以上に国税のことが嫌いになってしまうのではないかと思う。そういった意味ではデメリットがあるかもしれない。

るメリットがあるのかというと、それはさすがにないのではないかと思う。移転価格税制などでも税務訴訟が起きているが、それと同じなのではないだろうか。

日々変化し、複雑化している取引についての課税のルールを定めた税法について、絶対に間違うことなく判断をすることができる人間はいないと思うし、繰り返しになるが、視点が違えば、判断は変わりうると思っている。残念ながら、視点が違って意見が合わないので、ルールに則って、法廷に判断を仰ぎましょうということではないかと思う。

一点だけ、これは大変そうだなと感じたこととして、税務調査の後続の事業年度において、否認された取引の取扱いをどうするのかという論点がある[15]。これについては、その後の取扱いを、税務調査により指摘を受けた内容に修正してしまうと、税務訴訟の中で、それが証拠として提出されてしまう可能性があることから、税務訴訟を意識した処理をする必要があると考えている。なので、実務では普段行わないような税務処理を行うこととなるのだが、その処理について、現場の調査官から質問を受けて、税務訴訟の観点からの取扱いであることを説明してもうまく伝わらないし、経理部の方にとってはそのハンドリングが難しく、国税とのやりとりが結構な負担になってしまうようなこともあるようである。

デメリットではなく、やや細かな話となるが、一度、クライアントからチクリと言われてしまったので追加のご案内を一つしておきたい。訴訟を行うためには、地裁、高裁、最高裁ごとに収入印紙が必要となる。訴額に応じて印紙税額が決まり[16]、税務訴訟は訴額が大きくなる傾向にあることから、印紙税額も数百万円など結構な額になることがあるので、クライアントにそのことをお伝えすることを忘れずに。この点、国税不服審判所では手続費用はかからない[17]。

---

15 「関東信越国税局からの更正通知書受領に関するお知らせ」
https://ssl4.eir-parts.net/doc/8919/tdnet/2155968/00.pdf
https://ssl4.eir-parts.net/doc/8919/tdnet/2112384/00.pdf

16 裁判所ホームページ「裁判手続案内」⇒「裁判手続を利用する方へ」⇒「手数料」

17 審査請求よくある質問 -Q&A- Q3「審査請求には、どのくらいの費用と日数がかかりますか？」

税務訴訟における税理士の役割

税務訴訟における税理士の役割は決して華やかなものではない。はっきり言ってかなり地味である。進行協議期日[18]や弁論準備手続[19]で裁判官に直接説明をしたり、陳述書や報告書といった書面を通じて、実務面の説明を行ったりすることもあったが、このような機会はまれだと思う。

具体的に何をしていたかを振り返ってみたところ、「リサーチ」、「国側と納税者側とでなぜ見解が相違してしまったのかの説明」、「それらを受けての弁護士からの質問に答えること[20]」が主な役割だったように思う。訴訟戦略の立案、準備書面の作成、クライアントからの訴訟に関する質問対応などにおいて、税理士が活躍できる場面は限られるように思う。

どのようなタイプの税理士が向いているか？

税法に関して、「あるべきは何なのだろう？」という疑問を、素直に持てることが大切だと思う。国税庁が、著名な学者や税理士が言っていることが常に正しい、と考えるのではなく、まずは、自分の頭で考えてみるタイプということである。そもそも税務訴訟になるような論点についての明確な解はないし、国税庁が言っていることが正しいのであれば、端から負けを認めているのに等しいように思う。

日々の業務においてまで、国税庁が出した情報を常に疑い、抗う必要はないが、なぜ、そのような結論となったのかなど、批判的に考えてみる癖をつけていた方が良いと思う。

あとは、「訴えの利益」などの、普段の業務では目にすることのない論点もあるので、税務実務に直結しない知識であっても積極的に学ぶ姿勢が必要だと思う。

---

18 訴訟の今後の進め方などについて協議をするための期日のこと。法廷ではなく、裁判所内にある会議室で行われる。

19 争点を明らかにして、訴訟の長期化を避けるために設けられる手続きのこと。法廷ではなく、裁判所内にある会議室で行われる。

20 一番印象に残っている質問が「なんで、国税庁は共通対応であることを周知しなかったんですかね」である。これについては後半で思いを書いている。

リサーチの方法

私が実際に行ったリサーチの方法を紹介してみようと思う。

はじめに、論点の全体像を理解した。具体的な証憑や数値があると、理解が進む。

全体像を理解したら、質疑応答集などで、とりあえずの答え探しをしてみた。国税OBなどが執筆したものには、国税内部にある情報を書籍化したものがあるので、それで、国側のスタンスがわかってくる。この段階で、国税OBが書いたものなのか、試験組の税理士が書いたものなのか、学者が書いたものなのかも意識しておくと後々の整理の際に便利だと思う。

質疑応答集を読み漁ると、論点の根拠条文や通達を把握できるので、次は、コンメンタールや通達の逐条解説などを使って、その条文や通達の改正の有無、関連する裁判例を把握した。論点となっている制度に改正が入っている場合は、「税制改正の解説」や財務省主税局の担当官の講演録[21]などを読んで、改正の背景事情などを把握した。

そして、判例検索システム[22,23]などを用いて、判例を入手した。判例の要旨に、関連する裁判例や論文などが書かれているので、その情報を基にして、ひたすら情報収集を繰り返す。ある程度、情報収集をすると、同じ情報間をぐるぐると回り出すので、そのくらいまでリサーチすれば、概ねこの手法によるリサーチは完了となる。

次に、専門誌のリサーチを行った。私が所属していた法律事務所では、過去の専門誌や書籍の目次がデータ化されていたので、それを使って、関連しそうな記事のあたりを付けて、ひたすら読み漁った。本件では、消費税の導入時まで遡る必要があったので、概ね、昭和60年くらいから平成30年くらいまでの間に発刊された税務専門誌を対象にした。平成初期の頃の目次はデータ化されておらず、専門誌自体も外部倉庫に預けてあったので、税理士会図書室[24]に行って、目次を片っ

21　日本租税研究会「租税研究」

22　裁判所ホームページ 裁判例検索

23　有料の判例情報サービスもあり、媒体によって、見ることのできる判例が違うため、網羅的に検索をするのであれば、法律事務所に対応をお願いした方が良いかもしれない。

24　日本税務研究センター　図書室のご案内

端から見て、関連しそうな記事はすべて読んだ。もちろん、消費税法関連の棚に保管されている書籍の目次にも目を通し、関連しそうな箇所はすべて確認した。

リサーチをしていると、税務に関する情報の大半が同じ情報を引用していることに気づく。広く引用されている情報は読み飛ばすことができるので、この段階から、積極的に個人の意見を書いているものや、当時の状況を説明しているもの（国税OBが書いた書籍などに多い）が目につくようになる。

中規模の税理士法人の書籍では、実務的に悩ましい取扱いについて、積極的に意見が書かれているものもあり、実務上の取扱いを知っているが、その根拠がはっきりしていないものや、言語化できていないものについて説明をするのにとても役立った[25]。

これを、全く同じではないが、初期段階の検討（相談を受けた段階）、地裁、高裁、最高裁と、合計４回行った。主張の方針などに変化がなければ、改めて検討をする必要はないのかもしれないが、訴訟の進行に伴い、追加でリサーチが必要になることもあり、そういった場合には、リサーチをもう一回徹底的に行うこととなる。

判例の分析については、弁護士にお任せしていた。国税での研修などを通じて、判例を読むことに抵抗はないのだが、判例を読んでも、どれが使える判例なのか、判例のうちどの部分が有用なのかといった判断については、弁護士の方が圧倒的に強いと考えているためである。

[協業作業だと思う]

このリサーチはとても時間がかかったし、かなりしんどかった。論文を書く際のリサーチに似ていると思われるかもしれないが、自分のリサーチが完璧ではなかったことで、訴訟の結果を左右するような重要な情報を見逃してしまっていないかという恐怖心に近い感情を抱きつつ行うという違いがあった。

リサーチで収集した資料が、それなりの分量となるので、該当箇所のコピーと

25　弁護士との議論を通して、普段、何気なく行っている税務実務について、条文や通達などの根拠を用いて説明することの難しさに気づかされた。申告業務などの業務を通して学んだものの、その根拠が曖昧なままとなっていること（例えば、なぜ、中小企業の会計は会社法会計ではなく、税務会計なのかなど）が、たくさんある。

は別にPDFで管理し、どういった観点で収集したのか、何がひっかかったのかなど、一覧でわかるようにして管理しておくと、再リサーチの際に役に立つのではないかと思う。

上述のとおり、かなりしんどい思いをして収集していたのだが、準備書面で採用される資料は数える程度くらいになるので、結構つらい。100の情報をシェアして、２～３採用されればいい方ではないかと思う。

自分の中で、税理士と弁護士の税務訴訟における役割分担を農家と料理人で例えてみたりしていた。良い料理を提供するにあたって、農家の役割は良い食材を提供することで、それをどう生かすのかは料理人の役割。いい食材を作るのには非常に時間がかかるが、農家にとっての最高品質の食材が必ずしも、料理人にとって最良の物とは限らない。料理人は、提供先（税務訴訟においては裁判官）を意識して、食材をどう生かすのか（品質だけではなく、見栄えや、その他の食材とのバランスなど）を考え、提供先にとって一番納得が行く、評価しやすい方法で提供することに集中する。

もちろん、提供方法を考えるにあたっては、農家と料理人の信頼関係と、どういった食材が良いのかの話合いが大切ということは言うまでもない。

［リサーチによる副産物］

徹底的なリサーチによる副産物があったので、ご紹介しておきたい。

税務関連の情報誌の見え方が、がらりと変わる。情報誌によって色があり、一つの事実の報じ方が大きく違う。当然、国側の意見に賛成派と、反対派に分かれるわけであるが、記事の背景事情を想像しながら読むことができるようになる。

税務実務をしていくにあたっては、よほどのことがない限りは国側の考えに沿った税務処理を行うと思うし、その情報を得ることが専門誌を購読する一つの目的だと思うが、どうせ購読するのであれば、その情報をいったんそのまま受け入れずに、背景事情を想像してみながら、読んでみると良いのではないかと思う。場外乱闘みたいで、けっこうおもしろい。

訴訟の戦略はどのようにして決まっていったのか

どうやら更正処分になりそうだという段階で、ご相談いただき、まずは、先に挙げた方法で徹底的なリサーチを行った。そのあと、本件はどの条文が、どのような観点から問題となっているのかの共通認識を持つために何度も何度も案件メンバーでの会議（合議：「ごうぎ」と呼んでいた）を行った。合議では、こういった場合はどうなるのかという更問を受けるので、リサーチで得た情報や、実務経験に基づく考えを伝えたりしていたのだが、その過程で、規範にできそうな表現・説明がうっすらと見えてきた。そして、そのとりあえずの規範によって主張立証をした場合に、国側からどのような反論がくるのかを想定し、その反論に対して、規範に即して反論できるのかの検証を重ねることで、規範の精度を高めていったように記憶している。

質疑応答事例集や国税庁のウェブサイトで紹介されている事例を集めて類型化し、議論の中で見えてきた規範で判断した場合に、それらの回答と同じ結論となるのかの確認を一件一件行ったりもした。同じ結論とならなかった場合は、規範を修正すべきなのか検討し、さらにブラッシュアップを行った[26]。

そして、実際に準備書面などを作成していく中で出てきた問題点を議論したりして、方向性を決めていった。準備書面の作成段階でも、いろいろな検討が行われているのだと思うが、私が力になれるようなことはなく、完全にお任せ状態だったので、私が書けることはない。

噛み合わない主張合戦

準備書面を提出すると、国側の主張が書かれた準備書面が提出される。国側の訴訟の対応方針は、国側の考えを主張すれば足り、基本的にはこちらの主張に対する反論や、こちらの求め（文書提出命令など）には一切応じないというスタンスのように感じた。税務訴訟の経験がない頃は、お互いに主張立証しあって、お互

26　この検討を踏まえて、他の事例を用いて主張をしても、「事案が違う」の一言で片づけられてしまった。実際に裁判官にもそのように映っているのかはわからないが、完全に状況が一致する事案などありえないし、税務のプロとして妥当すると考える事案を用いているので、「事案が違う」の一言で片づけられることに違和感があった。

いの主張に対して反論をしていく中で、結論として妥当な線が見えてくるのかなと思っていたのだが、そうではなかった。お互いが、まったく噛み合うことのない主張をしあっているというのが、個人的な感想である。

ある程度、書面の提出合戦が行われると、やがて結審する。裁判官にもよるのだと思うが、訴訟指揮で、追加でこちらが主張立証すべき事項が見えてきたりもするので、適宜対応をしていた。

[百聞は一見にしかず]

本件の最高裁判決を傍聴することができた。その後すぐに、判決文が公表されていたが、判決文だけを見ると、非常にドライな印象を受けた。実際に、最高裁の法廷で裁判官の判示を聞いていると、表情や声のトーン、間の置き方などから、いろいろと議論しての結論だったのだろうなということが感じ取れたし、判決文をそのまま読み上げただけではなかったように記憶しているので[27]、裁判官の思いを感じ取れたようにも思う。

最高裁に限らず、税務訴訟は実際にやってみないと、判決文を読んだりするだけでは、わからないこと、感じ取れないことがたくさんあるように思う。裁判官にもいろいろなタイプがいて、そのタイプで訴訟進行がかなり変わるし、口頭弁論の段階で、旗色が悪そうな雰囲気が感じ取れることもあった。その場合に、どのように対処するのかなどは、実際に案件メンバーとして関与しないと体験することはできないと思う。

[事実上不可能だった場合どうやったら救われたのか]

今回の事例を経験して、法が予定しているルールがあって、その予定どおりの運用がされていなかったとしても、それは、判決には影響しないということを、理解することができた。

本件の判決文を読んでみると、「課税売上割合を用いることが当該事業者の事

---

27 筆記用具とメモは持ち込み可能であるが、裁判官を見て、しっかりと判決を聞きたかったので、持ち込みしなかった。よって、詳細は残っていない。

業の状況に照らして合理的といえない場合には、課税売上割合に準ずる割合を適切に用いることにより個別に是正を図ることが予定されていると解されることにも鑑みれば」とある。本件がこの「合理的といえない場合」に該当するのか否かについては、もちろん触れられていないが、これについては、不合理でなければ訴訟にまで発展していないと思うので、不合理だったとさせていただく。

果たして、本当に、「課税売上割合に準ずる割合を適切に用いることにより個別に是正を図ること」ができたのかという疑問がある。

「課税売上割合に準ずる割合」とは、事前に税務署長の承認を得ることで適用できる制度である[28]。承認を得るといっても青色申告の承認申請のように、広く一般に認められている制度ではなく、国税庁が公表した情報や国税OBの書籍が紹介している事例に基づく申請くらいしか承認されないような制度であると、これまでの経験を通じて理解している。私の知る限り、国税庁が公表している具体的な適用事例は、平成23年６月の消費税法改正に伴って公表されたQ&A[29,30]くらいしかない。

よって、このQ&Aにある情報を参考にして、承認申請を試みることとなるのであるが、果たして、本当に、本件事案が税務訴訟に発展する前であっても、準ずる割合が認められたのだろうか[31]。

これは、承認をする側である国側にしかわからないことであり、納税者側では知ることができない。仮に、訴訟に発展した後に認められた事例と同じ計算方法で、承認申請を行っていたとしても、承認を得ることができていなかったとしたら、法でそれが予定されていたとしても、それは、事実上不可能だったということとなる。この場合、納税者はどうやっていたら、不合理な状況から救われていたのだろうか。

28　タックスアンサー No.6417「課税売上割合に準ずる割合」

29　－平成 23 年 6 月の消費税法の一部改正関係－「95%ルール」の適用要件の見直しを踏まえた仕入控除税額の計算方法等に関する Q&A〔Ⅰ〕【基本的な考え方編】

30　－平成 23 年 6 月の消費税法の一部改正関係－「95%ルール」の適用要件の見直しを踏まえた 仕入控除税額の計算方法等に関する Q&A〔Ⅱ〕【具体的事例編】

31　消費税の課税売上割合に準ずる割合の承認に伴う仕入控除税額の計算方法の一部変更について https://contents.xj-storage.jp/xcontents/AS08256 a/0 fce5 cc6 /cdeb/4 ac0 /8717 /eed86 d9 bb4 e5 /14012018122645 4682.pdf

共通対応で運用されていることを知っていたとして、税務調査で否認されることのないように、共通対応に区分して申告できたかもしれないが、それは単に否認されないというだけで、不合理な計算結果となってしまっていることに変わりはない。

本件判決を見て、「国側の主張のとおり、共通対応だったね」「当社も共通対応で処理していたから、良かったね」は、実は、まったく良くない。不合理な状況を、国や裁判所が言う、法が予定する解決法で解消できていないのである。

本当に「良かったね」といえる状況は、適時に法改正がされることはもちろんのこと、共通対応で処理すべきことが、税務当局の職員が執筆した書籍や、国税不服審判所の裁決や下級審の裁判例における国側の主張を通じてではなく、国税庁からしっかりと周知されていること、そして、共通対応である場合には不合理な計算結果となることも想定されるため、その場合は、準ずる割合を用いることが予定されていることがアナウンスされている状況だったのではないだろうか。

[わざわざ訴訟で解決を図る必要があるのだろうか？]

本件判決を読んで、このような場合は、訴えを起こしてでも、是正を試みる必要があると裁判官が言っているようにも感じた。

税務訴訟はコストも手間も時間もかなりかかる。安易に訴えを起こすべきではないことはもちろん理解しているが、これ以外に是正の方法が思いつかない。

過去、制度の適用を認めていなかったにもかかわらず、急に適用を認め、訴訟においては、そういった制度があることを主張し、そして、認めた事実を訴訟において主張する。裁判官は、制度があるでしょうということで、その制度の存在を理由の一つにして判示する。裁判官としてはそのように判示することしかできないのかもしれない。また、国側も、罠にはめるために意図してこのようなことを行ったのではなく、その時々の担当者がそれぞれの立場で真面目に仕事をした結果として、このような状況になったのだとは思うが、それを踏まえても、この対応はさすがにあんまりではないかと感じた。

この章の冒頭で、税務訴訟が一般的なものになることまでは望んでいないと書いたが、こういった場面では、訴訟で是正を図ることが一般的になっても良いのではないかと思っている。ただし、税務訴訟は非常に時間がかかる。いちいちこのようなことに人的リソースや時間をかけてまで解決を図らなければならないのだろうか。

[小さな可能性に向けてのメッセージ]

昔は、現在のように国税庁のウェブサイトはなかったらしいのだが、国税庁がウェブサイトを作って、そこで税務に関する情報を公表してはどうかという議論をしていた際に、「国税の手の内を明かすようなことをすべきではない」という意見があったという話を聞いたことがある。

当時からは状況が変わってきており、国税庁もQAなどを通じて、積極的に情報を開示するようになってきているように感じているが、なぜ、わざわざ国税OBの書籍や、現職員が休日等を利用して執筆した書籍を通じて、国税庁の考えを周知する必要があるのだろうかと疑問に思っている。

この文章を現在国税組織に勤めている方が読む機会があるのかはわからないが、小さな可能性に向けてのメッセージを残しておきたい。

この事案の判決を読んで、「国が勝ったからよかったね」ではなく、「どのように税務行政をしていれば、このような事態にならなかったのだろうか？」としっかりと考えてみて欲しい。

本件で追徴課税を受けてしまい、加算税も払った納税者の方々は、脱税行為をしていたわけではないし、むしろ、税理士と議論などをして、処理方針を固めて、適切に納税をしていると考えていたところに寝耳に水といった状況なのである。

本件は追徴税額が億単位であるため、過少申告加算税だけで数千万円といった金額となる。真面目に申告納税を行ってきた納税者に対して、こういった対応を国側がすることで、不必要に国税組織に対する印象を悪くしていないだろうか。

繰り返しになるが「勝ってよかったね」ではない。「国税組織は監督官庁であって、どのような解決方法が考えられるかまで示す必要はない」といった古い考えであってはいけない。今後同様の事態を起こすことのないようにするためには、どのような対応が必要なのかを考え、将来に向けた対処をするべきなのではないだろうか。

でないと、数年間、多大な人的リソースと時間を費やした結果として、あまりにも虚しい。

税理士と弁護士がコラボすれば何かが変わるのではないか？

それぞれの専門家はそれぞれまったく違う視点を持っていると感じている。そして、世の中の取引はどんどん複雑化しており、一人の専門家の、一つの視点からの判断では、解決できないことがたくさんあるように思っている。

税務調査の現場までは税理士で、訴訟からは弁護士のフィールドといったように、互いに交わることなく、それぞれの視点だけで進めようとすることには、無理があるように感じている。税務訴訟に税理士がもっと関与しても良いと思うし、税務調査や税務ストラクチャーの検討に弁護士がもっと関与しても良いのではないかとも思う。

それぞれの視点で、わいのわいのと議論をして、最適解を見出すことが、私たちのクライアントである納税者にとって、一番の最適な状況なのではないだろうか。間違いなく、ハンドリングをする納税者の方は大変な思いをするのだと思うが、いずれは、良い感じにまとまっていくのではないだろうかと、無責任ながら、勝手にそう思っている。

索　引

【さ】

【た】

【な】

執筆者プロフィール

村上　博隆（むらかみ　ひろたか）

公認会計士・税理士。福岡県生まれ。福岡市育ち。

地元の商業高校を卒業後、東京国税局へ入局。都内の税務署にて、資本金１億円以下の中小企業の法人税・消費税・源泉所得税調査、公益法人等に対する消費税単独調査、消費税還付審査、大規模法人（主として国税局調査部所管法人）の印紙税調査等に従事する。

在職中に公認会計士試験に合格し、大手監査法人にて、上場企業等に対する会計監査（金商法監査、準金商法監査、会社法監査）、IPO（株式公開）支援業務等に従事する。

国税調査官としての経験及び会計監査人としての経験を活かすため、大手法律事務所にて、税務訴訟（東京地裁～最高裁。補佐人税理士として）、税務調査対応（東京国税局調査部、統括国税実査官部門、税務署特別国税調査官部門など）、M&A関連業務（税務会計アドバイザー）、税務顧問業務（主として上場企業）、会計不正調査対応（特別調査委員会の補助者として）等に従事し、2022年３月より村上公認会計士事務所の本格稼働を開始。

国税、監査法人、法律事務所での豊富な経験と知識を活かして、会計・税務アドバイザリー業務や会計税務顧問、執筆活動を行っている。

好きな言葉は「努力に勝る天才なし」「日々精進」「Slowly but surely」。

略歴

2004年　福岡市立福翔高等学校（旧：福岡商業高等学校）卒業
2004年　東京国税局にて、中小企業の税務調査等に従事（～2013年）
2009年　専修大学経済学部卒業（二部（夜間部））
2011年　公認会計士試験合格
2013年　大手監査法人にて、東証一部上場企業等の会計監査、株式公開支援業務等に従事（～2017年）
2015年　公認会計士登録
2017年　税理士登録
2017年　大手法律事務所にて、税務顧問業務（主として上場企業）、税務訴訟（補佐人税理士）、大規模法人に対する税務調査対応支援、税務アドバイザリー業務、税務デューデリジェンス等の業務に従事（～2022年）
2018年　日本公認会計士協会 東京会　税務委員会委員（～2019年）

2022年　村上公認会計士事務所の本格稼働を開始（2022年３月１日～）

著者の詳細なプロフィールはこちら 

主な執筆実績

『税経通信（「国税調査官」×「税理士」２つの視点で考える税務調査）』（連載）税務経理協会（2022年８月～2024年２月）

『税経通信（法人税を今一度ちゃんと調べてみる）』（連載）税務経理協会（2024年８月～）

『旬刊経理情報（国税調査官・会計監査人経験者が語る　ここが違う？！税務調査と会計監査）』（連載コラム）中央経済社（2024年１月～）

『月刊 監査役（企業法務最前線 第239回 改正電子帳簿保存法の解説）』2022年１月号　公益社団法人 日本監査役協会

『税務弘報』2024年２月号（特集 決算前に確認したい「期ズレ」の問題と対策）中央経済社　など

経験がなくて不安な税理士・調査官のための

税務調査を今一度ちゃんと考えてみる本

2024年 7月10日　初版発行
2024年10月10日　初版第2刷発行

著　　者　村上博隆
発 行 者　大坪克行
発 行 所　株式会社 税務経理協会
〒161-0033東京都新宿区下落合1丁目1番3号
http://www.zeikei.co.jp
03-6304-0505
印刷・製本　株式会社技秀堂
デ ザ イ ン　原　宗男（カバー）
編　　集　小林規明

本書についての
ご意見・ご感想はコチラ

http://www.zeikei.co.jp/contact/

ISBN 978-4-419-06986-5　C3032